Platon zur Einführung

Barbara Zehnpfennig

Platon zur Einführung

JUNIUS

Junius Verlag GmbH
Stresemannstraße 375
22761 Hamburg
Im Internet: www.junius-verlag.de

© 1997 by Junius Verlag GmbH
Alle Rechte vorbehalten
Umschlaggestaltung: Florian Zietz
Titelfoto: Archiv für Kunst und Geschichte, Berlin
Satz: Druckhaus Dresden GmbH
Printed in the EU 2024
ISBN 978-3-88506-348-3
6., ergänzte Auflage 2024

Bibliografische Information der Deutschen Nationalbibliothek
Die Deutsche Nationalbibliothek verzeichnet diese Publikation in der
Deutschen Nationalbibliografie; detaillierte bibliografische Daten
sind im Internet über http://dnb.dnb.de abrufbar.

Inhalt

1. Was not tut... 7
2. **Das Leben (Siebter Brief)** 16
   Begegnung mit Sokrates 16
   Die Akademie... 20
   Begegnung mit dem Tyrannen 21
3. **Das Frühwerk: Tugend** 28
   Politeia I 29
   - Kephalos: Gerechtigkeit ist Wiedergeben 29
   - Polemarchos: Gerechtigkeit ist Freunden nutzen, Feinden schaden 36
   - Thrasymachos: Gerechtigkeit ist das dem Stärkeren Zuträgliche 43
   Das Frühwerk im Überblick 62
   - Das Leben der Tugend: Sokrates *(Apologie, Kriton)*... 64
   - Reden über die Tugend *(Protagoras, Gorgias, Menon, Euthydemos)* 68
   - Die Tugend selbst *(Laches, Charmides)* 85
4. **Das mittlere Werk: Aufstieg** 95
   Politeia II-IX 95
   - Gründung.. 97
   - Erziehung.. 101
   - Tugend in der Polis.................................. 105
   - Tugend im Menschen............................... 106
   - Nutzen der entworfenen Polis 109
   - Möglichkeit der entworfenen Polis 111
   - Der Philosoph 112
   - Die Gleichnisse....................................... 116
   - Die Erziehung des Philosophen 128
   - Die Verfallsreihe der Staaten 132

Das mittlere Werk im Überblick 142
- Aufstieg an der Natur *(Phaidon)* 143
- Aufstieg am Menschen *(Symposion)* 148
- Aufstieg als Ziel des Lebens *(Phaidros)*. 158

5. Das Spätwerk: Rückstieg 169
Theaitetos und Parmenides 170
- Theaitetos: Erkenntnis, Wahrnehmung und Denken. . 170
- Parmenides: Denken und Sein. 191
Das Spätwerk im Überblick. 201
- Wissen *(Sophistes)*. 201
- Praxis *(Philebos, Politikos, Nomoi)* 207
- Natur *(Timaios)* 220

6. Was bleibt (Siebter Brief). 228

Anhang
Anmerkungen 234
Literaturhinweise 240
Zeittafel 248
Über die Autorin 249

»So kann man heute nicht mehr denken« – dies das Verdikt eines meiner akademischen Lehrer über die Platonische Philosophie. Manchmal ist es gut, nicht auf seine Lehrer zu hören.
Manchmal ist aber auch das Gegenteil richtig: bei einem Lehrer wie Rudolf Schrastetter.

1. Was not tut

Dass das Staunen der Anfang aller Philosophie sei, ist ein Satz, der fast immer Aristoteles zugeschrieben wird; tatsächlich hat Platon ihm diese Einsicht aber längst vorweggenommen. Für Aristoteles ist das Staunen die Reaktion auf das menschliche Unvermögen, die Phänomene, vor allem der äußeren Natur, zu erklären. Der Wissensdrang, der durch das Staunen entsteht, führt zu wissenschaftlichem Fortschritt; gesichertes Wissen tritt an die Stelle der früheren Unkenntnis. Dabei hält kein praktischer Nutzen den Forschungsprozess in Gang, er ist vielmehr Selbstzweck. Darauf verweist die Tatsache, dass Philosophie erst entsteht, wenn alles Lebensnotwendige vorhanden ist. Philosophie ist also nicht etwas, was aus einer alles andere zurückdrängenden Not betrieben wird.[1]

Später wird Kant von einem Erstaunen reden, das überhaupt nicht mehr aus Mangel, sondern aus der Fülle geboren ist: »Zwei Dinge erfüllen das Gemüt mit immer neuer und zunehmender Bewunderung und Ehrfurcht, je öfter und anhaltender sich das Nachdenken damit beschäftigt: der bestirnte Himmel über mir und das moralische Gesetz in mir.«[2] Wird der Mensch als Sinneswesen angesichts des übermächtigen Kosmos geradezu nichtig, so kann er sich als Geistwesen und Träger des moralischen Gesetzes, das in ihm wirkt, eines unendlichen Wertes seiner Persönlichkeit versichern.

In Anbetracht einer solchen Wissensgewissheit kann es dann nicht mehr verwundern, dass mit Hegel die Verwunderung ganz ausstirbt. Nun ist es an der Zeit, »daß die Philosophie der Form der Wissenschaft näherkomme – dem Ziele, ihren Namen der Liebe zum Wissen ablegen zu können und wirkliches Wissen zu sein«[3]. Das gesammelte Wissen der Menschheit gerinnt zum System, das in der Philosophie seinen Kulminationspunkt findet, weil durch sie der Weltgeist zum Bewusstsein seiner selbst gelangt. Jetzt ist kein Wunsch mehr offen, die Philosophie hat sich zum »absoluten Wissen« emporgeschwungen, man kann das Ende der Geschichte einläuten.

Diesem Urteil Hegels haben sich zwar in der Folgezeit keineswegs alle Philosophen angeschlossen. Aber wenn der Fortschrittsglaube, der die Philosophie und die Wissenschaft insgesamt seit Aristoteles beseelt, in Frage gestellt wurde, dann in der Regel von einer skeptischen Position aus; in Frage gestellt wurde und wird nicht nur, dass Philosophie und Wissenschaft das angestrebte Erkenntnisziel bereits erreicht haben, sondern dass sie es überhaupt erreichen können. Das Staunen hat tatsächlich keinen Raum mehr – es ist entweder einer problematischen Gewissheit oder einem nicht minder problematischen Zweifel gewichen.

Was aber hat es mit dem Staunen auf sich, das all dem vorausging, nämlich dem Erstaunen des jungen Theaitetos, der sich in Platons gleichnamigem Dialog auf einmal in einem Wirbel einander widersprechender Theorien wiederfindet? (The. 155c, d) Ist das Staunen, von dem Platon hier spricht, eines, das von Wissensgewissheit und skeptischem Zweifel noch nichts weiß? Handelt es sich also um ein naives Staunen einer noch anfänglichen Philosophie, das von der Geschichte der Philosophie überholt wurde?

Theaitetos wird von seinem Dialogpartner Sokrates gefragt,

was Erkenntnis ist, und eine seiner Antworten lautet: Erkenntnis ist Wahrnehmung. Sokrates prüft diese These, und es stellt sich heraus, dass in ihr eine alltägliche Erfahrung zum Ausdruck kommt. Wenn Erkenntnis Wahrnehmung ist, dann gibt es nichts Feststehendes, weil die Dinge einmal so, einmal anders erscheinen. Alles ist relativ – eine Ansicht, die im vom steten Wandel der Dinge bestimmten Alltagsdenken weit verbreitet ist. Doch diese so eingängige Antwort widerstreitet den Grundgesetzen der Logik. Wäre tatsächlich alles relativ, müsste zum Beispiel ein Ding je nach Perspektive größer oder kleiner sein, ohne sich selbst verändert zu haben. Wie aber kann etwas sich selbst Gleiches größer oder kleiner sein und nicht nur scheinen, wenn es sich selbst gar nicht verändert hat? Es ist dieser Widerstreit, der Theaitetos staunen macht.

Was also ist Gegenstand des Staunens? Nicht die Großartigkeit des Kosmos und die Gewissheit, über das Wissen des Richtigen im Grunde schon zu verfügen – wie bei Kant; nicht die Unverstandenheit des Kosmos, die aber durch Wissenschaftsfortschritt zu überwinden ist – wie bei Aristoteles. Es ist ein Erstaunen darüber, dass die alltägliche Erfahrung mit den Dingen der Welt im Widerstreit liegt mit dem Instrument, das der geistigen Erfassung dieser Dinge dient: den Gesetzen der Logik, den Gesetzen des Denkens. Erfahrung und Denken befinden sich hier im Widerspruch, und da es sich um eine theoretische Fassung der Erfahrung handelt, widerspricht sich das Denken hier letztlich selbst. Der Widerspruch befindet sich also im Menschen – deshalb kann Sokrates sagen: »In der Tat ist das der Zustand eines Philosophen, das Staunen; denn es gibt keinen anderen Anfang der Philosophie als diesen.« (The. 155d)[4]

Die Philosophie hebt an, wenn der Mensch einen Blick in den Abgrund tut, der zwischen falscher Wissensgewissheit und realem Unverstehen klafft. Philosophie ist Ausdruck eines grundlegenden, nicht einfach behebbaren Mangels im Menschen selbst, der zu einer existentiellen Erschütterung führt. Weil Philosophie Ausdruck von Mangel ist, sehnt sie sich nach Erfüllung. Sie ist nicht etwas zum Lebensnotwendigen noch Hinzukommendes, wie Aristoteles meint, sondern sie ist aus einer Not geboren, die selber Lebensnot ist.

Im Platonischen *Symposion*, das verschiedene Lobredner den großen Gott der Liebe, Eros, preisen lässt, ist Sokrates derjenige, der die Göttlichkeit der Liebe und damit auch der Liebe zur Weisheit bestreitet. Liebe heißt Bedürftigkeit, Streben nach Fülle. Gott aber ist nicht bedürftig, er ist die Fülle. Für den Menschen ist die Liebe, die Philosophie, der Mittler zwischen ihm selbst und dem, was seinen Mangel behebt. Die Einsicht aber, dass die Liebe, die Philosophie, nicht schon selbst die Erfüllung ist, sondern des sie Erfüllenden noch bedarf, diese Einsicht macht erst frei zur Suche. Nur der ist ein Wahrheitssuchender, ein Philosoph, der sich seiner grundlegenden Bedürftigkeit bewusst ist, der nicht glaubt, durch äußeres Wissen, durch bloße Bewusstseinserweiterung dem Mangel abhelfen zu können, welcher eben keiner des Wissens, sondern des Verstehenkönnens ist. Der Riss klafft nicht zwischen Mensch und Welt, er geht vielmehr durch den Menschen selbst hindurch; deshalb enden alle Befragungen der Sokratischen Gesprächspartner damit, dass sie in Selbstwiderspruch geraten. Sie verstehen nicht, was sie wissen, weil sie nie gesucht haben, sondern immer schon gefunden zu haben glauben.

Die Platonische Philosophie beginnt mit dem Staunen über das eigene Nicht-Verstehen; sie verfährt dialektisch mittels der Aufdeckung der Widersprüche, die sich daraus ergeben; sie zielt auf die Überwindung des Widerspruchs durch eine neue Selbstverständigung des Menschen. Da diese nicht stellvertretend für die Menschheit gewonnen werden kann, sondern von jedem einzelnen selbst errungen werden muss, bleibt das Staunen Anfang der Philosophie – und die Philosophie Liebe zur Weisheit, nicht »wirkliches Wissen«.

Es ist also nicht der naive Charme des geschichtlichen Beginns, der in der Platonischen Version des Staunens zum Ausdruck kommt. In ihr drückt sich vielmehr ein grundlegend anderes Verhältnis des Menschen zu sich selbst aus, als es die späteren Varianten des Staunens erkennen lassen. Platonisches Philosophieren zielt nicht auf Wissen, sondern gebraucht Wissen als das Material, an dem sich Verstehen, an dem sich Erkennen vollziehen kann. Das erklärt die besondere Form, in der sich die Platonische Philosophie darbietet, den Dialog. Und es erklärt die herausragende Rolle, die Platons Lehrer Sokrates in den meisten Platonischen Dialogen spielt. Er ist Paradigma des Menschen, der sein Leben in den Dienst einer unablässigen Suche nach Erkenntnis gestellt hat und darüber das geworden ist, wonach er suchte: er ist der Weise, der Gerechte.

In der *Apologie*, der Verteidigungsrede des Sokrates, erklärt Sokrates selber den Sinn seiner dialogischen Tätigkeit. Im Auftrag des delphischen Apollon, des Gottes mit dem Leitsatz »Erkenne dich selbst«, prüft er das Wissen, das andere, zum Beispiel Handwerker, Dichter, Politiker, ihm präsentieren. Stets erweist sich das vermeintliche Wissen als bloß behauptetes; der dialogisch Geprüfte vermag seinen für sicher gehaltenen Besitz nicht festzuhalten, wenn Sokrates ihn auf dessen unbewußt gebliebene Voraussetzungen hin untersucht. Wer sein Wissen in der Prüfung aber nicht zu bewahren vermag, beweist damit, dass er es nicht verstanden hat. Er kann nicht begründen, was er für richtig hält, er hat nicht erkannt, was er denkt. Begründung nämlich erfordert Erkenntnis, also das Überschreiten bloßen Wissens, und wenn Sokrates das Fehlen der Begründung offenlegt, hat er nicht nur das vermeintliche Wissen geprüft, sondern vor allem den Wissenden selbst. Deshalb ist Apollon der Sokratische Leitgott – das, worauf die Wissensprüfung letztlich zielt, ist die Selbsterkenntnis des Menschen. Sie erst ermöglicht den richtigen Umgang mit sich selbst und den rechten Gebrauch des eigenen Wissens.

Nun hat es jedoch den Anschein, vor allem im Hinblick auf die Platonischen Frühdialoge, als bliebe die Sokratische Erkenntnissuche ergebnislos. Regelmäßig nämlich müssen die am Dialog Beteiligten bekennen, dass sie, was sie anfänglich zu wissen glaubten, schließlich doch nicht wissen. Die ursprüngliche Wissensgewissheit ist zerstört, doch den gesuchten Gegenstand hat man ebenfalls nicht gefunden. Von dem Ergebnis enttäuscht sein muss aber nur der, der sich vom Dialog ein Wissen versprochen hatte. Diese Erwartung erfüllt zumindest der Frühdialog nicht, und auch bei den späteren Dialogen ist Vorsicht geboten, wenn man sie bloß als Präsentation von Ergebnissen verstehen wollte. Am Wissen und seiner Prüfung vollzieht sich vielmehr Erkennen. Das Wissen ist nur die Leiter, die zurückgelassen wird, wenn man auf ihr hinaufgestiegen ist.

Will man den Dialog verstehen, kommt alles auf den Nachvollzug an – er ist das Entscheidende, an dem sich das Denken einübt, das zur eigenen Wissens- und Selbstprüfung befähigt. Erst dann nämlich, wenn sich der Leser am Dialogpartner der eigenen Unfähigkeit bewusst wird, das für richtig Gehaltene zu begründen, hat der Dialog den gemeinten Adressaten erreicht. Sich mit der Platonischen Philosophie ernsthaft auseinanderzusetzen bedeutet also, eine Herausforderung anzunehmen. Denn das von Sokrates vorgeführte Denken kann nicht äußerlich adaptiert werden. Es bleibt dem Leser verschlossen und damit für ihn unfruchtbar, solange er es nicht selber vollzieht.

Dieses so Außergewöhnliche der Platonischen Philosophie, dass sie nicht Theorie ist, sondern Erkenntnisvollzug, dass sie nicht monologisches Rechthaben ist, sondern dialogisches Rechenschaft-Geben – dieses Außergewöhnliche hat auch zu einer außergewöhnlichen Verwirrung in der Literatur über Platon geführt. Bei keinem anderen Philosophen in der Geschichte gibt es eine solche Fülle einander widersprechender Deutungen, einen solchen Kampf der Interpreten um die authentische Auslegung. Die Schwierigkeit einer adäquaten Darstellung liegt auf der Hand: Wenn man versucht, das nicht Wissbare, weil nur Erkennbare, wieder als Wissen verfügbar zu machen, ist man gezwungen, im Dialog nach positiven Ergebnissen zu suchen. Damit stößt man aber schnell an Grenzen. Wollte man sich dazu nämlich, was die einzige Möglichkeit zu sein scheint, der Sokratischen Äußerungen bedienen, so täte man sich schwer, ein einheitliches Bild zu gewinnen. Im Dialog *Protagoras* beispielsweise bezweifelt Sokrates zu Beginn die Lehrbarkeit der Tugend, am Ende muss er sie notgedrungen zumindest erwägen; hat er sich nun selbst widerlegt? Oder: Im *Laches* bekennt Sokrates sein Unwissen in bezug auf die Tapferkeit, in der *Politeia* definiert er sie. Hat er nun dazugelernt? Oder: In der *Politeia* schildert Sokrates den Weg zur Erkenntnis, im danach verfassten *Theaitetos* müssen am Ende alle, einschließlich Sokrates, eingestehen, nicht zu wissen, was Erkenntnis ist. Hat Sokrates jetzt wieder alles vergessen?

Der Sokratische Umgang mit Argumenten, Positionen, Theorien bestimmt sich allein aus dem Argumentationszusammenhang. Nur von ihm her wird erkennbar, ob Sokrates als Advocatus Diaboli auftritt, ob er eine Meinung übernimmt, um sie zu durchdenken, ob er eine Position vertritt, die auch die seine ist. Will man aus diesem situationsabhängigen Argumentieren eine Platonische »Lehre« destillieren, gibt es anscheinend nur zwei Möglichkeiten. Entweder man zwingt das in sich Auseinanderstrebende unter einem Einheitsgesichtspunkt zusammen[5], oder man zerlegt das Gesamtwerk in lauter Segmente. Letzteres kann man in zeitlicher oder in sachlicher Hinsicht tun. Die zeitliche Segmentierung findet ihren Ausdruck in der oft vertretenen »Entwicklungshypothese«[6], nach der das Frühwerk Sokratisches Nichtwissen, das mittlere Werk den Übergang zur Platonischen Lehre und das Spätwerk Selbstkritik und wissenschaftlichen Neuanfang repräsentiert.[7] Die sachliche Segmentierung äußert sich darin, dass die Platonische Philosophie in Gebiete wie Ethik, Erkenntnistheorie, Ontologie aufgeteilt wird, wobei man die benötigten Theorie-Versatzstücke in einem Querbeetverfahren aus den verschiedenen Dialogen aufliest. Dem in sich differenzierten Werk Einheit einfach zu verordnen ist aber ebensowenig überzeugend, wie die Einheit vorschnell verloren zu geben. Hilft dann vielleicht die dritte in der Literatur angebotene Lösung weiter, den Archimedischen Punkt außerhalb des Werks, in einer ungeschriebenen, nur den Schülern Platons vorgetragenen Lehre zu suchen?[8] Das muss bezweifelt werden. Erstens hat man diese Lehre nicht, man muss sie aus den Aussagen Dritter rekonstruieren. Zweitens behandelt man so das Werk unter Wert: als bloße Vorstufe zu einer abstrakten Prinzipienspekulation, die bestenfalls vom Werk her zu verstehen wäre, keinesfalls aber ihrerseits das Werk erklärt.

Eine denkbare Reaktion auf diese Schwierigkeiten ist, auf die philosophische Suche nach einem Zusammenhang zu verzichten und nur noch Platon-Philologie zu betreiben. Eine andere ist es, Platon selbst zu befragen, ob er nicht einen Schlüssel zum Verständnis seines Werks liefert, der es ermöglicht, den Weg-Charakter seiner Philosophie zu erfassen, statt sie auf Lehrinhalte zu reduzieren.[9] Es gibt einen solchen Schlüssel. Die Rede ist vom Aufstieg, jenem Erkenntnisweg, den Platon in den Dialogen des mittleren Werks als die entscheidende Voraussetzung für die erfolgreiche philosophische Wahrheitssuche benennt.

Der Aufstieg, von Platon selbst als Zentrum seines Denkens kenntlich gemacht, erschließt das Werk in seinem Zusammenhang, ohne der Einheit die tatsächlich vorhandene Unterschiedlichkeit der Werkphasen zu opfern. Der Frühdialog ist die Praxis des Aufstiegs: In der scheinbar so ergebnislosen Wissensprüfung des Sokrates wird ein Erkenntnisweg zurückgelegt, auf dem das Denken sich zunehmend versachlicht, gesuchte Sache und Suchender zur Einheit finden. Das mittlere Werk ist Theorie des Aufstiegs: In ihm thematisiert Platon, was Sokrates im Frühdialog vollzogen hat und welchen Weg Sokrates seinerseits zurücklegen musste, um den Aufstieg im Dialog verwirklichen zu können. Das Spätwerk schließlich setzt den gelungenen Aufstieg voraus. Von ihm her sichtet Platon noch einmal das Wissen, das er im Aufstieg überschritten hat. In diesem Rückstieg kann das Wissen neu verstanden, neu bewertet werden.

Mit diesem Überblick ist zugleich auch das Programm der folgenden Ausführungen bezeichnet. Der Aufstieg – Symbol für den Prozess der Abwendung des Menschen von seinen Vorurteilen und der Hinwendung zur gesuchten Sache – soll als Leitfaden für einen Gang durch das Platonische Werk dienen. Wenn zuvor noch ein Blick auf das Leben Platons geworfen wird, dann um zu erhellen, wie sich bei ihm philosophische Reflexion und Lebenspraxis wechselseitig bedingen. Auch hier soll Platon selbst zu Wort kommen, mit seiner im *Siebten Brief* niedergelegten Autobiographie. Denn die gesamte Darstellung folgt der Prämisse, dass das Eigentliche der Platonischen Philosophie im Werk, nicht außerhalb zu finden ist. Die geschriebene ist die ungeschriebene »Lehre«.

2. Das Leben (Siebter Brief)

Begegnung mit Sokrates

»Damals, als ich jung war, ging es mir so wie vielen: ich glaubte, sobald ich selbständig geworden wäre, mich unverzüglich den öffentlichen Aufgaben der Polis zuwenden zu müssen.« (SB 324b) So beginnt Platon im *Siebten Brief* die Schilderung seines Lebensweges, der zunächst konventionell zu verlaufen versprach. Von seiten beider Elternteile der athenischen Aristokratie entstammend, wäre es für den kurz nach dem Tod des Perikles (ca. 427 v. Chr.) geborenen Platon naheliegend gewesen, öffentliche Ämter in seiner Heimatstadt Athen zu bekleiden. Was ihn dazu bewog, weder Neigung noch Tradition zu folgen, war die Erfahrung von Unrecht, verübt von den Machthabern sowohl der tyrannischen als auch der demokratischen Periode. Und in beiden Fällen war das Opfer der politischen Willkürakte jener Mann, der das Leben und Denken Platons grundlegend veränderte: Sokrates.

Der immerhin 27 Jahre währende Peloponnesische Krieg (431-404 v. Chr.), in dem Sparta und Athen um die Vorherrschaft in Griechenland rangen, hatte zersetzende Wirkung auf die athenische Demokratie. Althergebrachte Sitten und Traditionen waren fraglich geworden, und »viele« – so Platon im *Siebten Brief* – lehnten »die damalige Verfassung ab« (SB 324c). Daher kam es 404 zum Umsturz, und dreißig Tyrannen ergriffen die

Macht. Einer von ihnen, Kritias, war ein Verwandter Platons, und ein weiteres Mitglied der Familie, Charmides, erhielt während der Tyrannenherrschaft ein hohes Amt. Auch von Platon wurde erwartet, dass er sich unter dem neuen Regime politisch betätigte. Zunächst hegte Platon tatsächlich auch die Hoffnung, die Dreißig »würden die Polis aus ihrem ziemlich ungerechten Leben zu einer gerechten Art führen« (SB 324d). Doch dann musste er miterleben, wie die Tyrannen, um möglichst viele in Schuld zu verstricken, auch Sokrates an ihren Schandtaten zu beteiligen versuchten. Sie wollten ihn zwingen, Leon aus Salamis gewaltsam zu seiner willkürlich angeordneten Hinrichtung zu verschleppen. Sokrates weigerte sich. Nur der Sturz der Dreißig, der bald darauf erfolgte, verhinderte, dass er für diesen Akt des Widerstands bestraft wurde.

Hatte die Erfahrung, wie leicht sich Macht und Unrecht paaren, Platon während der Tyrannis veranlasst, auf öffentliches Wirken zu verzichten, so schien ihm eine politische Tätigkeit wieder erwägenswert, als Thrasybulos 403 die Demokratie wiederherstellte. Die neuen Machthaber übten Zurückhaltung bei der Vergeltung begangenen Unrechts, so dass die Chance für eine Versöhnung von Macht und Recht – das große Thema des *Siebten Briefs* – unter dem demokratischen Regiment gestiegen zu sein schien. Aber dann geschah, was für Platon Inbegriff ungerechten Tuns sein musste: Sokrates wurde ohne den geringsten Anschein von Rechtmäßigkeit der Gottlosigkeit angeklagt und von denen, deren Freund er den Tyrannen nicht hatte ausliefern wollen, zum Tode verurteilt. Aufgrund dieses Justizmordes an dem von ihm wegen seiner Gerechtigkeit über alles verehrten Menschen befielen Platon Zweifel, dass sich jemals politische Konstellationen ergeben könnten, in denen der Gerechte auch der Mächtige sein könnte. Als er später, während seiner sizilischen Reisen, von denen noch die Rede sein wird, versuchte, den Tyrannen Dionysios zur Philosophie zu bekehren und so dem Recht zur Macht zu verhelfen, tat er dies laut eigenem Bekunden mit einiger Skepsis. Er wusste wohl, dass kaum für die Mühen der Philosophie zu gewinnen ist, wer die vermeintlichen Freuden willkürlich ausgeübter Macht bereits gekostet hat.

Die in der Autobiographie geschilderte Begegnung mit dem Tyrannen Dionysios erscheint im Leben Platons als der Gegenpol zur Begegnung mit dem Philosophen Sokrates; beide Existenzformen, Philosoph und Tyrann, bezeichnen Extreme in der Lebenswahl. In Platons Hauptwerk, der *Politeia*, bildet die Tyrannis die letzte Verfallsstufe in der Reihe politischer Ordnungen, die mit der Regentschaft des Philosophenkönigs anhebt (Pol. 543a ff.): Der Herrschaft vollendeter Gerechtigkeit steht die Herrschaft der vollendeten Ungerechtigkeit gegenüber. Wieso die tyrannische Existenz nur Unrecht hervorbringen kann, zeigt das erste Buch der *Politeia*. Thrasymachos, der Ideologe des tyrannischen Lebens, offenbart dort im Dialog mit Sokrates, dass der einzige Maßstab seines Denkens und Handelns die Selbstdurchsetzung ist, ein unbedingter Wille zur Macht, der kein Recht anerkennt außer dem zur Behauptung der eigenen Willkür. In Thrasymachos ist dem Philosophen Sokrates der gefährlichste Gegner erwachsen, weil die Leugnung jedes Maßstabs jenseits der eigenen Selbstsucht die Leugnung der Möglichkeit philosophischer Wahrheitssuche bedeutet. Deshalb gestaltet sich der Dialog mit Thrasymachos auch trotz aller selbst hier noch spürbaren Ironie als ein erbittertes geistiges Ringen mit dem zwar intellektuell schwächeren, aber existentiell ebenbürtigen Gegner. Philosophie und Tyrannis bilden so die Eckpfeiler des Platonischen Denkens. Dass Platon sich für die Philosophie entschied, ist dem Vorbild zu verdanken, das ihm mit der Sokratischen Wahrheitssuche vor Augen stand.

Welch ungeheure Faszination Sokrates auf Platon ausgeübt haben muss, bezeugt Platons Werk. Die Zeugnisse der anderen Zeitgenossen hingegen lassen von solcher Faszination nichts spüren. Bei Xenophon wird Sokrates zum biederen, fast kleinbürgerlichen Ethiker[10], bei Aristophanes zum spitzfindigen, sich selbst der Lächerlichkeit preisgebenden Sophisten[11]. Platons Schüler Aristoteles, der Sokrates nicht mehr selbst erlebt hat, weiß an diesem die Erfindung von Induktion und Definition, also die Ausbildung des wissenschaftlichen Instrumentariums, zu rühmen.[12] Dass er sich aber mit »ethischen Gegenständen« und nicht »mit der gesamten Natur« beschäftigt habe[13], vermerkt Aristoteles offenbar kritisch und gibt damit zu erkennen, welcher Aufgabe die Philosophie in seinen Augen nachzukommen hätte.

Was Platon an Sokrates sah, vermochte anscheinend keiner der Genannten zu erkennen – nicht notwendig Beweis für eine Platonische Überhöhung, sondern vielleicht Zeichen für ein Nicht-Erfassen des vielschichtigen Phänomens Sokrates seitens der anderen. Wenn in Sokrates einmal der Biedermann, dann wieder der Hanswurst, schließlich der Intellektualist gesehen wird, legt das den Verdacht nahe, dass sich der Blick an der Vielfalt der Erscheinungen verfing. Das Eine, das Wesentliche jenseits der Erscheinung war für Platon offenbar, dass Sokrates das lebte, was Platon immer gesucht hatte: Er war der »Gerechteste seiner Zeit« (SB 324e). Wodurch Sokrates das sein konnte, was ihn dazu machte – dies zu erforschen und darzustellen, macht sich das Werk zur Aufgabe. Es ist wohl nicht übertrieben zu sagen, dass das ganze Platonische Werk vor allem eines ist: Erinnerung an Sokrates.

Die Akademie

Etwa im Jahr 387 eröffnete Platon außerhalb von Athen seine Akademie – ein Ort, an dem er offenbar mit ausgewählten Schülern zusammen philosophische Studien betrieb. Über Inhalte und Methoden lässt die Quellenlage zum Teil nur Vermutungen zu; so war es umstritten, ob der Lehrbetrieb tatsächlich »akademischen«, das heißt universalwissenschaftlichen und systematischen Charakter hatte. Doch dass Platon die Philosophenausbildung ohne schlüssiges Konzept unternommen haben könnte, ist kaum anzunehmen. Denn wenn man sich das systematische Erziehungsprogramm ansieht, das Platon in seiner *Politeia* dem angehenden Philosophen zugedacht hat, findet man alle Einzeldisziplinen wieder, die nach verlässlichen Quellen auch in der Akademie gelehrt wurden: Arithmetik und Geometrie, Stereometrie und Astronomie, Harmonielehre und schließlich die Dialektik. Die *Politeia* gibt ebenfalls darüber Auskunft, in welchem Sinn diese Wissenschaften betrieben werden müssen, sollen sie zur Ausbildung des philosophischen Vermögens dienen: niemals nur um des unmittelbaren Nutzens willen, niemals aber auch als Selbstzweck. Was der modernen Wissenschaft Zweck und Ziel ist, nämlich die praktische Nutzanwendung und die Befriedigung wissenschaftlicher Neugier, ist also nicht Motiv der Platonischen Wissenschaft. Im Platonischen Denken ist Wissenschaft Instrument der Geistesbildung. Mathematik und Naturwissenschaften sollen das Denken vom Sinnlichen zum Geistigen, zum Allgemeinen emporziehen; zusammen sind sie Propädeutik zur Dialektik. Dieser allein gelingt es, vom Werden, das Gegenstand der Einzelwissenschaften ist, zum Sein vorzudringen, das allem zugrunde liegt, indem sie mittels Dihairesis und Synopsis, mittels Zergliederung und Zusammenschau, die Voraussetzungen der anderen Wissenschaften durchdenkt. Deren letzte Voraussetzung ist das Gute, das die Dialektik auch als letztes erfasst, obwohl es das »an sich Erste« ist.

Bis zu diesem Letzten aber dringt nur durch, wer neben den intellektuellen vor allem auch die charakterlichen Grundlagen für eine bedingungslose Wahrheitssuche mitbringt. Wahrscheinlich wollte Platon mit seiner Akademiegründung eine bewusste Auswahl der charakterlich Geeigneten treffen, die eine gezielte Ausbildung der künftigen, auch politisch in die Pflicht zu nehmenden Philosophengeneration ermöglichen sollte.

Den Geist der Platonischen Philosophie zu bewahren ist den Schülern aber nicht gelungen. Schon die unmittelbaren Nachfolger in der Akademieleitung, Speusippos und Xenokrates, verkannten offenbar den propädeutischen Charakter der Mathematik in der Platonischen Philosophie und verkehrten zum Inhalt, was doch nur Mittel war. In der mittleren Akademie (ab 214 v. Chr.) prägte die skeptische Philosophie den Schulbetrieb, später abgelöst durch Eklektizismus und schließlich Neuplatonismus. 529 n. Chr. schloss Kaiser Justinian die Akademie als heidnisches Unternehmen.

Begegnung mit dem Tyrannen

Anders als Sokrates, der Athen nur verließ, wenn er der Polis im Krieg diente, unternahm Platon mehrere Reisen. Doch so wie Sokrates um der Philosophie willen in Athen blieb, reiste Platon um der Philosophie willen; fand der eine seine Dialogpartner in seiner unmittelbaren Umgebung, suchte der andere sie in den griechischen Siedlungen Unteritaliens und Siziliens. Laut Diogenes Laertius begab sich Platon, nachdem man Sokrates hingerichtet hatte, nach Megara zu Eukleides, nach Kyrene zum Mathematiker Theodoros und nach Italien zu den Pythagoreern Philolaos und Eurytos.[14] Die Auseinandersetzung mit den Lehren der Genannten findet sich in den Dialogen wieder. Immer ist die Aneignung eine kritische, immer wird nach Grund und Begründung dessen gefragt, was den anderen schon positiver Inhalt ist.

Über seine drei wichtigsten Reisen berichtet Platon selber im *Siebten Brief*. Es sind seine Reisen nach Sizilien, an deren Schilderung beispielhaft sichtbar wird, welche politische Verbindlichkeit sich aus einer Philosophie ergibt, die wie die Platonische den Menschen nicht nur als Denker, sondern in seiner Gesamtexistenz fordert.

Erstmals fährt Platon um 389 nach Sizilien. Die Einstellung, mit der er die dortigen Verhältnisse betrachtet, ist eine Reaktion auf seine Erfahrungen in Athen. Diese schildert Platon so: »Wie ich mir dies nun ansah – die Menschen, die sich politisch betätigten, und die Gesetze und Gewohnheiten –, je mehr ich das durchschaute und zugleich an Alter zunahm, desto schwieriger kam es mir vor, die politischen Geschäfte richtig zu führen. Denn es schien ohne Freunde und zuverlässige Bundesgenossen nicht möglich zu sein [...], und die geschriebenen Gesetze und die Sitten hatten ihr Ansehen verloren [...].« (SB 325c, d) Platon zieht daraus für sich die Konsequenz, zwar weiter darüber nachzudenken, wie eine Polis richtig zu ordnen ist, mit dem Handeln jedoch zu warten, bis die Bedingungen zur Schaffung einer gerechten Ordnung vorliegen. Den Maßstab für letztere liefert die Philosophie, weil »sie allein es ist, die erkennen lässt, was im Politischen wie im Privaten das Gerechte ist« (SB 326a). Die entscheidende Bedingung aber dafür, dass sich die Verhältnisse grundlegend zum Besseren wandeln, ist, dass »entweder das Geschlecht der auf rechte und wahrhafte Weise Philosophierenden an die Herrschaft gelangt oder die Machthaber in den Poleis durch göttliche Fügung philosophisch werden« (SB 326b).

Mit dieser Einstellung kommt Platon nach Sizilien, das er von einem Tyrannen beherrscht und von einer hedonistischen, vernunftfeindlichen Lebensweise geprägt vorfindet. An eine Änderung der dortigen Verhältnisse kann er demnach nicht gedacht haben, zumal die Grundvoraussetzung dafür – ein der Philosophie zuneigender Herrscher, der vom Volk getragen wird – nicht gegeben ist. Dennoch hat sein Aufenthalt ungewollt später den Sturz des dann regierenden Tyrannen zur Folge. Denn Platon trifft in Syrakus auf den jungen Dion, einen Verwandten des Herrschers, der sich von seiner Philosophie ergreifen lässt. So stark ist der Eindruck, den Platon bei ihm hinterlässt, dass Dion mit der sizilianischen Lebensweise bricht, weil er »die Tugend höher schätzt als Lust und Luxus« (SB 327b). Da aber gerade die Verachtung der Tugend und das Leben nach Maßgabe der Bedürfnisse der Nährboden sind, auf dem die Tyrannis gedeiht, musste Dions Abwendung von der herrschenden Lebensweise den Keim für künftige Konflikte legen.

Das zeigt sich gut zwanzig Jahre später. 367 übernimmt Dionysios II. die Herrschaft in Syrakus von seinem Vater, und Dion glaubt in ihm einen Menschen gefunden zu haben, der sich für die Philosophie gewinnen ließe. Deshalb bittet er Platon um Beistand; auch Dionysios selber fordert Platon zum Kommen auf. Dions Hinweis auf den »Kairos«, auf den rechten Zeitpunkt, die Philosophie Praxis werden zu lassen, verfehlt seine Wirkung auf Platon nicht. Er entschließt sich 366 zur Reise, für die er sich im *Siebten Brief* ausführlich rechtfertigt – offenbar, weil ihm sein Engagement in Syrakus später von vielen vorgeworfen wurde. Was ihn zur Fahrt bewegt, ist nicht nur die Tatsache, gerufen worden zu sein, sondern vor allem das Gefühl, der Philosophie gegenüber in der Pflicht zu stehen. Er gelangt zu der Überzeugung: »Wenn man es überhaupt jemals versuchen sollte, das im Hinblick auf die Gesetze und die politische Ordnung Gedachte zu verwirklichen, so müsse man es jetzt versuchen.« (SB 328b, c) Zudem schämt er sich vor sich selbst, »daß es mir selber erscheinen könnte, als ob ich gänzlich nur Wort wäre, die Tat aber niemals aus freien Stücken ergriffe« (SB 328c). Dies und die Angst um Dion, der sich durch seine oppositionelle Haltung in Gefahr gebracht hat, geben schließlich den Ausschlag.

Doch die Mission scheitert. Intriganten gelingt es, Dion bei Dionysios zu verleumden. Daraufhin wird Dion in die Verbannung geschickt; Platon aber versucht der Tyrann für sich zu gewinnen. Teils bittet er ihn zu bleiben, teils nötigt er ihn durch Verhinderung der Abreise. Das einzige jedoch, was in seinem Werben um Platons Freundschaft zum Erfolg geführt hätte, die Hinwendung zur Philosophie, verweigert er, weil er wohl fürchtet, sich von der Philosophie vereinnahmen zu lassen und damit Dion doch noch zum Sieg zu verhelfen. So reist Platon 365, nachdem er den Tyrannen gedrängt hat, ihn ziehen zu lassen, unverrichteter Dinge nach Athen zurück.

Weshalb er 361 noch einmal nach Syrakus zurückkehrt, ist vor diesem Hintergrund schwer verständlich, zumal er im *Siebten Brief* deutlich sagt, unter welchen Umständen man überhaupt nur als Ratgeber tätig werden darf. Zunächst muss man um Rat gebeten werden, denn nur dann besteht Aussicht, beim anderen auf eine innere Bereitschaft zur Änderung zu treffen. Weiterhin muss dem Ratsuchenden – sei es ein Mensch, sei es eine Polis – klargemacht werden, dass eine Besserung nur zu erreichen ist, wenn eine grundlegende Veränderung der eigenen Einstellung erfolgt, sollte die Misslichkeit der Lage auf eine falsche individuelle oder politische Verfassung zurückgehen. Wo aber diese Umkehr verweigert und vom Ratgeber nur eine äußere Korrektur erwartet wird, darf er sich nicht zur Verfügung stellen. Er diente so nur der Befestigung des einmal eingeschlagenen, falschen Weges.

Dass Platon bei seiner dritten Reise in diesem Sinn missbraucht werden soll, merkt er kurz nach seiner Ankunft. Er beschließt, es mit dem Tyrannen noch einmal zu versuchen, weil er von vielen Seiten dazu gedrängt wird: Dionysios selbst schickt dreimal nach ihm und verweist darauf, dass auch das Schicksal Dions an Platons Entscheidung gebunden sei; die Freunde aus Tarent berichten von Dionysios' philosophischen Fortschritten, und auch Dion beschwört Platon zu fahren. Angesichts seiner früher gegebenen Zusage, nach Festigung der Herrschaft des Dionysios nochmals nach Syrakus zu kommen – nur unter dieser Bedingung konnte Platon Syrakus bei seiner zweiten Reise verlassen –, sieht Platon wohl trotz größter Bedenken keine Möglichkeit, sich zu entziehen.

Wie ernst es Dionysios mit seinen Bemühungen um die Philosophie ist, ermittelt Platon durch eine Probe. Er führt ihm vor Augen, was die Sache ist, um die es geht, und mit welchen Mühen und Anstrengungen es verbunden ist, sie zu erreichen. »Wer das nun hört, der wird, wenn er wirklich ein Weisheitsliebender ist und der Sache würdig, weil göttlich, glauben, von einem wunderbaren Weg gehört zu haben und sich nun sammeln zu müssen, denn anders könne er nicht mehr leben.« (SB 340c) Ein solcher lässt nicht ab, bis er am Ziel ist; Dionysios aber will nicht einmal alles darüber hören und gibt so zu erkennen, dass er die Philosophie nur zur Hebung seines Renommees benutzen wollte, an eine innere Umkehr aber nie gedacht hat.

Die weiteren Ereignisse bestätigen das Ergebnis der Probe. Dionysios eignet sich nach und nach Dions Vermögen an, als dessen Verwalter er eingesetzt war, und bricht auch sonst alle Versprechen, die er Platon gegeben hat. Weil Dion nichts gegen ihn unternehmen kann, solange Platon als Pfand bei ihm ist, hält der Tyrann Platon fest und ersetzt die frühere Freundschaftswerbung zunehmend durch die Drohung. Als Platon erkennt, dass sein Leben in Gefahr ist, erklärt er dem Freund Archytas in Tarent seine Lage. Dieser schickt eine Triere, um Platon abzuholen. Dionysios lässt ihn schließlich ziehen. Später, im Jahr 357, gelingt Dion die Rückkehr nach Syrakus und die Vertreibung des Tyrannen; trotz Dions Aufforderung ist Platon nicht gewillt, sich an einem Rachefeldzug gegen Dionysios zu beteiligen, da er seine Aufgabe in der Versöhnung der Gegner sieht, nicht in der möglicherweise ebenso ungerechten Vergeltung tyrannischen Unrechts. Dions Triumph währt jedoch nicht lange. Er umgibt sich mit falschen Freunden, nämlich solchen, »die ihm nicht durch die Philosophie freund geworden waren« (SB 333e), und wird von diesen 354 ermordet.

So scheiterte also Platons Versuch, sein philosophisches Konzept von der richtigen Politik Praxis werden zu lassen, an der Weigerung des Machthabers, philosophisch zu werden. In der Debatte um Martin Heidegger haben manche Platons politisches Experiment mit dem Tyrannen mit Heideggers Verstrickung in den Nationalsozialismus verglichen[15], meist in der Absicht, Heidegger dadurch zu entlasten und Platon zu belasten. Was dem einen als in ihrer Weltfremdheit geradezu sympathisch anmutende Einlassung des Stubengelehrten auf die Macht zugute gehalten wurde, wurde dem anderen als bewusste Verbrüderung eines diktatorischen Denkens mit einer diktatorischen Praxis angekreidet. Der nähere Blick rechtfertigt den Vergleich nicht. Platon wurde gerufen, Heidegger fühlte sich selber berufen. Ging Platon zum Tyrannen, um ihn zu einer Umkehr, einer Hinwendung zur Philosophie zu bewegen, so ließ sich Heidegger auf die Diktatur ein, weil er in ihr offenbar etwas seiner Philosophie Verwandtes wirken sah. Ist in der Platonischen Staatskonzeption Gerechtigkeit Maß und Ziel, so spielt dieser Begriff in Heideggers Philosophie keine Rolle. Das Entscheidende aber ist, dass Platon philosophisch und damit rational nachprüfbar den Weg vorangeht, den seiner Meinung nach gehen muss, wer zur Vernunft und damit zu einer vernünftigen Einschätzung des politisch Gebotenen gelangen will. Bei Heidegger erfolgt das Urteil über die Welt auf der Grundlage einer als gegeben schlicht vorausgesetzten Befähigung zur rechten Einschätzung von Sein und Sollen.

Wenn man den am Lebensende verfassten *Siebten Brief* Platons als resigniertes Resümee eines am Leben gescheiterten Philosophen liest, dann hat man seine Intention verkannt. Gescheitert ist nur ein von vornherein mit großer Skepsis unternommener Versuch, einen anderen, Mächtigen, dazu zu bewegen, sein Leben und dadurch das der Polis philosophisch zu führen. Der Brief lässt aber keinen Zweifel daran, daß bei Platon selbst die Versöhnung von Philosophie und Leben gelungen ist; immer wird die Philosophie als die Instanz beschrieben, die seine Lebensentscheidungen leitete. So ist anzunehmen, dass Platon, als er 347 v. Chr. starb, nicht anders aus dem Leben ging als sein großer Lehrer Sokrates: in dem Bewusstsein, sich mit der Wahl des philosophischen Lebens für das richtige Leben entschieden zu haben.

3. Das Frühwerk: Tugend

Der Dialog ist das spezifische Medium Platonischen Philosophierens – und eben ihn lässt man in gewisser Weise zurück, wenn man dieses Philosophieren zum Gegenstand einer Darstellung macht. Das Gespräch, das dem Leser durch Sokrates angeboten wird, kann eine solche Darstellung nicht ersetzen; um diesen Umstand nicht in Vergessenheit geraten zu lassen, soll der Dialogcharakter in den folgenden Ausführungen zumindest erkennbar bleiben. Es geht nicht um Auflistung von Ergebnissen, sondern um Mitvollzug. Kein Ergebnis ist aus sich heraus verstehbar, alles kommt auf den Zusammenhang an, aus dem es sich ergibt. Damit nicht nur der innere Zusammenhang des Dialogs, sondern auch der des Werks nachvollziehbar wird, soll folgendermaßen verfahren werden: Pars pro toto wird je ein Dialog aus jeder Werkphase vorgestellt, der exemplarisch die für diese typischen Themen und Methoden vorführt. Anschließend soll dann ein Gesamtüberblick über die gesamte Werkphase gegeben werden. Das Spezifische jedes Teils wird so an das Allgemeine zurückgebunden, das alles trägt: den Aufstieg.

Das Spezifische des Frühdialogs ist die Suche nach der Tugend. Was ist damit gemeint? Tugenden wie Gerechtigkeit, Besonnenheit, Tapferkeit bezeichnen die Verfasstheit eines Menschen, der im Alltag wie in der Ausnahmesituation das Richtige zu tun weiß. Tugend ist Tauglichkeit und der tugendhafte Mensch derjenige, der seine entscheidenden menschlichen

Möglichkeiten verwirklicht hat. Nun mag es aus moderner Sicht anachronistisch und auch reichlich individualistisch erscheinen, wenn die Philosophie die Tauglichkeit des einzelnen Menschen zu ihrem zentralen Thema macht. Dass aber die Tugend des einzelnen unmittelbar auf das Gelingen oder Scheitern einer politischen Ordnung Einfluss hat und dass die Tugendfrage von nicht zu überbietender Aktualität ist, gilt es im weiteren zu zeigen. Deshalb soll nun der Dialog vorgeführt werden, der die Tugend zum Gegenstand hat, die laut *Politeia* als die allen anderen übergeordnete zu gelten hat (Pol. 443 d, e). Jene Tugend ist die Gerechtigkeit, jener Dialog der des Sokrates mit Kephalos, Polemarchos und Thrasymachos im ersten Buch der *Politeia*.[16]

Politeia I

Kephalos (Pol. 328c-331d)
Die Fragestellung des Dialogs, nämlich was Gerechtigkeit sei, ergibt sich wie stets bei Platon aus einer lebenspraktischen Situation. Sokrates wird in das Haus des greisen Kephalos geführt. Dort hält er sich nicht lange mit Konversation auf, sondern fragt seinen Gastgeber gleich nach dem Entscheidenden: Da dieser aufgrund seines Alters dem anderen an Lebenserfahrung überlegen ist, soll er darüber Auskunft geben, wie er das Leben einschätzt, ob es beschwerlich oder leicht zu leben ist. Kephalos verweist auf seine Altersgenossen, die über die Beschwernisse des Alters, zum Beispiel die Abnahme der Liebeslust, klagen; im Gegensatz zu ihnen sieht er die Vorteile des Älterwerdens, zum Beispiel die zunehmende Freude am Geistigen, und zieht daraus den Schluss, nicht das Alter als solches, sondern die Einstellung zum Alter mache das Leben leicht oder schwer. Was bedeutet das? Die Altersgenossen machen eine

materielle Ursache, ihr Älterwerden, für ihr unbefriedigendes Leben verantwortlich. Kephalos hingegen glaubt, eine geistige Ursache, seine richtige Einstellung, bestimme sein Leben und mache es gut.

Sokrates freut diese Antwort, doch offenbar vertraut er ihr nicht ganz, denn er bohrt weiter. Ob denn nicht vielleicht Kephalos' Reichtum eine Mitursache seines Wohlergehens sei? Kephalos leugnet das nicht, gibt aber zu bedenken, dass ohne richtige Einstellung auch der Reichtum nichts nütze. Denn dann mache man von ihm nicht den rechten Gebrauch. Der Vorteil des Reichtums aber besteht für Kephalos darin, dass man mit ihm nicht genötigt ist, Unrecht zu tun – weder den Göttern noch den Menschen muss man, wenn man Geld hat, etwas stehlen oder schuldig bleiben. Und das beruhigt das Gewissen, so dass man auch an der Schwelle des Todes nicht fürchten muss, dermaleinst noch offene Rechnungen begleichen zu müssen.

Erneut muss man innehalten und sich fragen, was mit dem Gesagten gemeint ist. Zunächst: Eben noch hatte Kephalos die rechte Einstellung für die Ursache des guten Lebens ausgegeben, nun konzediert er, dass man auch mit ihr nicht sonderlich gut lebt, wenn man arm ist. Dem Geistigen, der richtigen Einstellung oder dem Charakter, wird also etwas Materielles, der Besitz, als Mitursache für das gute Leben beigeordnet. Damit ist die richtige Einstellung zwar nicht überflüssig geworden, denn der Reiche mit schlechtem Charakter wird seinen Reichtum vernunftlos gebrauchen, also schlecht leben. Doch die Möglichkeit, seine rechte Gesinnung Tat werden zu lassen, wird nun an den Besitz gebunden; dieser wird zur nicht hinreichenden, aber notwendigen Bedingung. Dadurch ist die Monopolstellung der geistigen Ursache gebrochen. Zweitens: Recht-Tun oder Gerechtigkeit wird zur Funktion des Besitzes, das heißt, der Arme hat gar nicht die Chance, gerecht und damit gut zu leben. Gerade wenn man sich vergegenwärtigt, dass Kephalos diese Ansicht dem besitzlosen Philosophen Sokrates gegenüber vertritt, der wie kein anderer nach Gerechtigkeit strebt, wird die Brisanz dieser Aussage deutlich. Drittens: Was ist das Motiv für Kephalos' Recht-tun-Wollen? Es ist der eigene Seelenfrieden, den Kephalos auf diese Weise erreichen will. Er, der Kaufmann, der gegenüber geschäftstüchtigem Großvater und verschwenderischem Vater seinen Besitz auf mittlerer Größe zu halten verstand, folgt dem Kosten-Nutzen-Kalkül auch im sozialen Bereich. Er weiß, dass die Übervorteilung des anderen auf jeden Fall ein schlechtes Gewissen, möglicherweise aber auch eine Verstimmung der Götter zur Folge hat. Da der immaterielle Schaden größer ist als der materielle Gewinn, entscheidet er sich dafür, dem anderen das Geschuldete zu entrichten.

Kephalos repräsentiert also den Inbegriff des wohlmeinenden, maßhaltenden Besitzbürgers, der ein anständiges Leben führen möchte, weil er seine innere Ruhe finden will. Er steht für ein konservatives Weltbild: Das rechte Leben ist an den Besitz gebunden, dieser muss aber auch im Sinne des rechten Lebens verwandt werden. Übervorteilung, Betrug und Diebstahl sind Unrecht und um der schlechten Folgen für den Unrecht-Tuenden willen zu meiden. Zu meiden ist allerdings auch die Armut, denn sie nötigt dazu, all das zu tun, was das Gewissen wieder aufstören könnte.

Eine Gesellschaft, die von einem solchen Weltbild getragen ist, wie es Kephalos repräsentiert, würde sicher ein erträgliches Miteinander ermöglichen. Zwar sollte man in einer solchen Gesellschaft besser nicht zu den Armen zählen, doch als Besitzender könnte man sich auf die Achtung des Eigentums durch die anderen weitgehend verlassen. Ist denn das nicht schon Gerechtigkeit – oder vielleicht doch nur Selbst-Gerechtigkeit? Für Sokrates ist das festgefügte Gedankengebäude, in dem

Kephalos sein Leben eingerichtet hat, nicht Antwort auf die Frage nach dem richtigen Leben, sondern Ausgangspunkt für die Suche danach. Wo Kephalos aufhört, liegt für Sokrates erst der Beginn, denn hier setzt nun der Dialog im eigentlichen Sinne an: Anknüpfend an das von Kephalos fraglos vorausgesetzte Wissen, was das gerechte Leben ausmacht, prüft Sokrates, wie Kephalos dieses Wissen versteht, und damit, ob er es versteht. Es erfolgt eine Umwendung der Blickrichtung. Sah Kephalos von seiner Voraussetzung her – seinem Vorverständnis von Gerechtigkeit – auf die Folgen, so geht jetzt Sokrates von den Folgen zurück zur Voraussetzung und nimmt diese selbst in Augenschein, indem er sie für Kephalos in die Form einer Gerechtigkeitsdefinition bringt. Dieses Verfahren ist der entscheidende Schritt vom Wissen zum Verstehen – wir werden ihm wiederbegegnen, wenn Platon dieses Verfahren im mittleren Werk theoretisch fasst, nachdem er es im Frühwerk praktisch vorgeführt hat.

Kephalos hatte die Frage nach der Gerechtigkeit in seinen Überlegungen über die richtige Lebenseinstellung aufgeworfen und damit zu erkennen gegeben, dass Gerechtigkeit für ihn nichts anderes ist als die richtige Art, sein Leben zu führen. Die Dimension der folgenden Tugenduntersuchung ist also klar; es geht in ihr um nicht weniger als um die Frage, wie man leben soll – als einzelner, als Gemeinschaft, als Gemeinwesen. Das bisher Gesagte zusammenfassend, definiert Sokrates nun die Gerechtigkeit in Kephalos' Sinn und mit seiner Zustimmung als »Wahrhaftigkeit und Wiedergeben, was einer von einem empfangen hat« (Pol. 331c). Wenn dies die zutreffende Definition der Gerechtigkeit ist, muss sie auch für alle denkbaren Fälle gelten. Genau das prüft Sokrates im folgenden.

Zunächst aber muss noch einmal auf das Ungewöhnliche des Verfahrens hingewiesen werden, das Platon durch Sokrates vorführt. In gewöhnlichen Gesprächen begnügen sich die Beteiligten mit einer wechselseitigen Kundgabe ihrer Meinungen. In gewöhnlichen philosophischen Texten begnügt sich der Autor mit der Kundgabe seiner durch Reflexion gewonnenen Weltsicht. Letzteres unterscheidet sich von ersterem durch das Reflexionsniveau, durch den Versuch, über die Meinung hinaus zu wirklicher Einsicht zu gelangen, und – wenn man Glück hat – durch das Bemühen um rationale Begründung des eigenen Denkens. Beiden gemeinsam aber ist, dass in aller Regel über die jeweilige Sache, die thematisch verhandelt wird, gesprochen und geurteilt wird, als wäre sie selbst kein Problem. Man denkt und räsoniert von der Sache her. Sokrates denkt hingegen auf die Sache hin, wenn er sie selbst zum Thema macht, wenn er zum Beispiel fragt, was ist denn Gerechtigkeit? Zu wissen, was die Sache ist, setzen alle voraus, die über sie urteilen. An der Untersuchung des Urteils durch Sokrates zeigt sich jedoch, dass dieser Voraussetzung keine Wirklichkeit entspricht, dass das Urteil auf einer bloßen Vorstellung von der Sache, nicht auf dieser selbst gründet. So wird mit dem Urteil immer auch der Urteilende geprüft; vielleicht tragen deshalb die Platonischen Dialoge auch nicht den Namen der verhandelten Sache, sondern den Namen dessen, der über die Sache spricht.

Doch zurück zur Definition, mit der die Gesprächspartner gemeinhin auf Sokrates' Frage: »Was ist jene Sache XY?« antworten. Kephalos' Definition der Gerechtigkeit, nämlich Wahrhaftigkeit – oder Ehrlichkeit – und Wiedergeben, was man empfangen hat, widerlegt Sokrates durch ein einfaches Anwendungsbeispiel. Wenn einem ein Freund bei besonner Gemütslage eine Waffe leiht, sie dann aber in einem Zustand des Außer-sich-Seins zurückfordert, wäre es Unrecht, sie ihm wiederzugeben. Dieses eine Gegenbeispiel genügt, um die Allgemeingültigkeit der Definition zu widerlegen. Kephalos sieht das sofort ein und verlässt unter Hinweis auf dringende religiöse Verpflichtungen den Raum. Seine vorherige Rede von der Freude an der geistigen Auseinandersetzung überlässt er damit zumindest ein wenig dem Zweifel ...

Bevor jetzt der nächste Dialogpartner zu Wort kommt – es sind derer insgesamt drei –, soll noch einmal ein Blick auf das bisherige Ergebnis geworfen werden. Die Frage nach dem Wesen der Gerechtigkeit hatte Kephalos mit seiner Lebenspraxis beantwortet: Gerecht ist es, niemandem etwas schuldig zu bleiben beziehungsweise wiederzugeben, was man empfangen hat. Dazu, das hatte das Vorgespräch gezeigt, bedarf es des Besitzes. Die gute Gesinnung allein reicht nicht, denn der Arme kann nicht zurückgeben. Das gerechte Tun seinerseits ist nicht Selbstzweck, sondern Mittel zur Gewissensberuhigung; das Motiv für das Handeln ist somit Sorge um das Eigene, nicht Sorge um den anderen.

Was aber beunruhigt das Gewissen? Sokrates' Anwendungsbeispiel zeigt es: Ein Mann mit einer solchen Vorstellung von Gerechtigkeit, wie Kephalos sie hat, hält es für ungerecht, einem Freund, der ihm eine Wohltat erwiesen hat, zu schaden. Denn das verletzt das Gebot, das seiner Gerechtigkeitsdefinition unausgesprochen zugrunde liegt, nämlich das Gebot einer Verpflichtung auf Wechselseitigkeit. Paradoxerweise würde Kephalos im angeführten Beispiel seine Definition gerade dann verraten, wenn er sich ihr gemäß verhielte. Würde er dem Rasenden die Waffe, die dieser verliehen hatte, zurückgeben, täte er formal das Richtige, seinem eigenen Vorverständnis nach aber inhaltlich das Falsche, weil er eine Wohltat mit einer Schädigung vergelten würde. An Sokrates' Widerlegung wird sichtbar, dass Kephalos den Sinn seiner eigenen Definition nicht erfasst hat. Er hätte den Einwand aushebeln können, hätte er darauf hingewiesen, dass im vorliegenden Fall das, was man dem Freund zurückgeben muss, nicht die Waffe, sondern die Wohltat ist. Und diese hätte darin bestanden, dem Freund das Instrument der Gefährdung seiner selbst und anderer vorzuenthalten.

Kephalos füllt also sein eigenes Denkgebäude nicht aus, er versteht nicht, was er weiß. Wie kann man aber das in der Definition gefasste Wissen verstehen? Wiederzugeben, was man empfangen hat, bedeutet Verpflichtung auf Wechselseitigkeit oder Reziprozität – ein gewährter Nutzen muss ebenfalls mit einem Nutzen vergolten werden. Oder: Der Verzicht auf eine Schädigung ist mit einem ebensolchen Verzicht zu entgelten. In Kephalos' Definition steckt das Prinzip, das der bürgerlichen Gesellschaft zugrunde liegt. Die Anerkennung der Gesetze ist mit der Anerkennung des Gewaltmonopols des Staates und dem Verzicht auf eigene Gewaltanwendung verbunden. Nur deshalb aber verzichtet der einzelne auf die unmittelbare Durchsetzung seines Willens, weil er vom anderen das gleiche erwartet. Müsste er befürchten, dass der andere diesen unausgesprochenen Vertrag nicht einhält, verlöre er auch für ihn selbst seine Gültigkeit. Wer sich ein wenig mit der Philosophiegeschichte auskennt, wird hier den Grundgedanken der Theorie vom Gesellschaftsvertrag[17] wiedererkennen, wie er zum Beispiel von Hobbes[18], Locke[19] und Rousseau[20] formuliert wurde. Der Wechsel vom Natur- zum Gesellschaftszustand erfolgt dadurch, dass die Menschen sich wechselseitig verpflichten, auf einen Teil ihrer natürlichen Rechte zu verzichten – auf den Teil, dessen Durchsetzung ein friedliches Zusammenleben verhindern würde. Sie gewinnen mit diesem Verzicht Existenzsicherheit, denn die schrankenlose Selbstdurchsetzung des einzelnen gefährdet das Überleben aller. Dieses die neuzeitliche politische Theorie prägende Modell ist also keine Erfindung der Neuzeit; in leicht variierter Form findet es sich auch im Kulturschaffungsmythos des Platonischen Dialogs *Protagoras*.[21]

Was die Neuzeit aus der Antike allerdings nicht übernommen hat, ist die Widerlegung der Annahme, mit der Reziprozität als solcher sei schon Gerechtigkeit verwirklicht. Sokrates zeigt, dass die wörtliche Erfüllung des Vertrags ungerecht, weil schädigend sein kann. Nicht der Vertrag garantiert Gerechtigkeit, sondern die Erkenntnis, wann und wie er zu erfüllen ist. Die Gerechtigkeit muss also noch hinzukommen, um vertragsgemäßes Verhalten gerecht zu machen. Eine Definition aber, der eben das fehlt, was sie definieren soll, darf als gescheitert betrachtet werden – dies das Ergebnis des ersten Dialogteils.

Polemarchos (Pol. 331d-336a)

Als Sohn des Kephalos und »Erbe seiner Rede« (Pol. 331e) versucht nun Polemarchos, die Definition des Vaters zu retten, indem er auf den Dichter Simonides verweist. Der habe ebenfalls gesagt, man müsse jedem das Geschuldete zukommen lassen. Sokrates gibt sich wie immer mit dem bloßen Wort nicht zufrieden, sondern will wissen, was damit gemeint ist; das Verstehen zeigt sich am Gebrauch des Wortes oder Wissens. Polemarchos versteht den Satz des Simonides so, dass man Freunden Gutes schulde, Feinden aber Böses. Dies ist die zweite Gerechtigkeitsdefinition, die Sokrates im folgenden prüft.

Dass zwischen den beiden Definitionen ein Zusammenhang besteht, deutet Platon durch das Vater-Sohn-Verhältnis der Definierenden an. Es leuchtet aber auch sachlich sofort ein. Polemarchos hat das allgemeine Prinzip benannt, welches sein Vater in der Anwendung vorgeführt hatte. Reziprozität bedeutet im Fall des Freundes, entweder die geliehene Waffe zurückzugeben, sofern der Freund bei Sinnen ist, oder sie vorzuenthalten, wenn er außer sich ist. In beiden Fällen tut man ihm etwas Gutes. Reziprozität in bezug auf den Feind erfordert das umgekehrte Verhalten: vorenthalten, wenn er das Geliehene in besonnenem Zustand zurückfordert, wiedergeben, wenn er rasend ist. Beide Male tut man ihm Böses an. Bei Kephalos war nur vom Freund die Rede. Der Feind muss aber mitgedacht worden sein, sonst ergäbe die Rede vom Freund keinen Sinn. Polemarchos legt mit seiner Definition offen, was der des Vaters sachlich zugrunde liegt: das Prinzip, Gleiches mit Gleichem zu vergelten, im Guten wie im Bösen.

Damit ist ein Gerechtigkeitsverständnis bezeichnet, das im Alltagsdenken weit verbreitet ist: »wie Du mir, so ich Dir«, beziehungsweise die Differenzierung des eigenen Verhaltens nach Freund und Feind. Eine unmittelbare politische Umsetzung dieses Grundsatzes wäre zum Beispiel eine Oligarchie oder Klassengesellschaft, in der die herrschende Klasse sich selber Wohltaten, den Beherrschten aber Pressionen zukommen ließe. Denkbar wäre auch eine Demokratie, in der die Reichen unterdrückt und die Armen in allem bevorzugt werden. In der bürgerlichen Gesellschaft des Kephalos ist der Feind noch Randphänomen, deshalb bleibt er unerwähnt; der Gesellschaftsvertrag ist ein »Freundschafts«-Vertrag. Nur wer außerhalb der Gesellschaft steht, ist Feind. Bei Polemarchos' Betonung der anderen Seite des Reziprozitätsprinzips wird deutlich, dass das Freund-Feind-Verhältnis schnell auch zum innergesellschaftlichen Prinzip werden kann. Dann wird ein ganzer Bevölkerungsteil, in der Oligarchie sogar die Mehrheit der Besitzlosen, zum politischen Gegner.

Vier Schritte benötigt Sokrates diesmal zur Untersuchung der Definition, denn deren höheres theoretisches Niveau erfordert auch höheren intellektuellen Aufwand. Die Vierzahl der Schritte ergibt sich daraus, dass Sokrates alle relevanten Aspekte des Satzes prüft: den in der Definition versprochenen Nutzen, den Schaden, die Freund-Feind-Unterscheidung und den Tugendcharakter des Definierten.

Als erstes soll der Nutzen einer solchen Gerechtigkeit, wie Polemarchos sie vertritt, ermittelt werden. (Pol. 332d-333d) Dazu greift Sokrates noch einmal auf den Satz des Simonides zurück, dessen richtige Auslegung Polemarchos mit seinem »den Freunden Gutes, den Feinden Böses tun« zu liefern behauptete. »Jedem das Geschuldete zu geben« ist die Grundstruktur jeder Techne, jedes Fachwissens. Derjenige, der das Fachwissen anwendet, lässt seinem jeweiligen Objekt das diesem Gebührende zukommen. Der Arzt beispielsweise versorgt den Körper des Kranken mit Arznei. Der Fachkundige gibt also dem Bedürftigen, was dieser jeweils bedarf. Im Fall des Gerechten wäre nach Polemarchos das Objekt Freund und Feind, das Bedurfte Nutzen und Schaden. Schon an dieser Parallelisierung zeigt sich die Problematik seiner Auslegung des Satzes. Der Fachmann unterscheidet innerhalb seines Gegenstandsbereiches nicht nach Freund und Feind, Nutzen und Schaden. Vorbehaltlos gibt er – idealiter! – dem Bedürftigen das, was er durch sein Können vermag, also etwas Gutes.

Handelt der Fachmann dagegen im Sinne der Definition des Polemarchos, muss er zum Beispiel den kranken Freund heilen, den kranken Feind aber möglichst noch kränker machen. So könnte jeder Fachkundige in seinem Fachgebiet Nutzen und Schaden verteilen. Welches Gebiet aber bliebe dem Gerechten für sein Tun, das nicht schon vom Fachmann abgedeckt ist? Mit anderen Worten: Gibt es für die Gerechtigkeit des Polemarchos überhaupt noch einen Ort außerhalb der Techne? Dazu fällt Polemarchos konsequenterweise nicht mehr viel ein. Es bleibt nur zweierlei übrig. Der »Gerechte« kann im Krieg Bündnistreue beziehungsweise Verrat üben, im Frieden Geld bewahren oder unterschlagen. Für den Gebrauch des Geldes ist schon wieder der Fachmann zuständig, so dass die Gerechtigkeit nur dann gebraucht würde, wenn eine Sache nicht gebraucht wird. Daher kann Sokrates ironisch resümieren: »Keineswegs, mein Freund, scheint die Gerechtigkeit etwas sehr Wichtiges zu sein, wenn sie nur in bezug auf das Nutzlose nützlich ist.« (Pol. 333e)

Tatsächlich verweist das Schwinden des Gegenstandsbereichs auf den Kern der Definition des Polemarchos. Relevant wird die Unterscheidung von Freunden und Feinden, denen man nutzt oder schadet, vor allem im Krieg. Im Frieden ist der entscheidende Nutzen einer so verstandenen Gerechtigkeit die Sicherung des Besitzes, die auch für den Vater Kephalos im Mittelpunkt des Interesses stand. Denkt man daran, wie einer der wesentlichen Theoretiker des Gesellschaftsvertrags, John Locke, den Zweck des durch den Vertrag begründeten Staates definiert, als Sicherung des Besitzes an Leben, Freiheit und Gütern[22], erkennt man, dass bestimmte Grundüberzeugungen immer wieder dieselben Konsequenzen zeitigen. Darin liegt die Zeitlosigkeit des Platonischen Denkens: in der Fähigkeit, alltägliche Meinungen auf theoretische Grundtypen zurückzuführen und diese bis in ihre letzte Konsequenz hinein zu durchdenken. Dass dies in der Regel in der Selbstaufhebung, im Selbstwiderspruch des Untersuchten endet, liegt daran, dass der Theorie die Begründung, dem Wissen das Verstehen fehlt. So scheitert dann selbst die »richtige Meinung« regelmäßig an der Sokratischen Prüfung.

Das zweite Gegenargument gegen Polemarchos' Definition entwickelt Sokrates aus ihrer Ambiguität, sowohl Gutes als auch Schlechtes zu bewirken. (Pol. 333e-334b) Der Gerechte muss als Fachmann in Sachen Nutzen und Schaden auf seinem Gebiet, der Besitzsicherung, die besten Unterschlagungsmethoden beherrschen. Gerechtigkeit, also Tugend, wandelt sich so unter der Hand in die Kunst der Täuschung – zugunsten der Freunde, zu Lasten der Feinde. Befragt, ob das das von

Polemarchos Behauptete sei, kann dieser nur entsetzt abwehren – um sogleich hinzuzufügen, er wisse nun selber nicht mehr, was er gesagt habe. (Pol. 334b)

An diesem Punkt versteht man, wieso Sokrates, der intellektuelle Gegner der Sophisten, oftmals selbst sophistischer Verdrehung beschuldigt wurde.[23] Hat er denn nicht Polemarchos das Wort im Mund herumgedreht, wie dieser offenbar auch meint? Entgegen dem äußeren Anschein hat sich aber tatsächlich das Wort selbst gegen seinen Urheber gekehrt – Sokrates ist nur der Entlarver eines im Denken des anderen angelegten Widerspruchs. Die anfänglich vollzogene Umwendung des Blicks von den Folgen her zurück zur Sache ermöglicht es Sokrates, die Ambiguität der Meinung über die Sache zu erkennen. Von den Gesprächspartnern des Sokrates wird die Enthüllung dieser Ambiguität oftmals als böswillige Verdrehung verstanden, weil sie ihrerseits die Umwendung des Blicks nicht mitvollzogen haben. Der Widerstand, der Sokrates entgegenschlägt, ist der Widerstand gegen die Aufgabe der eigenen Prämissen. Da es sich in der Regel um Prämissen handelt, auf denen Lebensgebäude errichtet sind, wird die Vehemenz des Widerstands verständlich.

Diese beeindruckt Sokrates jedoch nicht, und so setzt er zur dritten Untersuchung an. Jetzt wird durchleuchtet, was die Freund-Feind-Unterscheidung voraussetzt. (Pol. 334c-335b) Zum Freund nimmt man einen Menschen, weil man ihn für gut hält. Feind wird entsprechend der, dem man nichts Gutes zutraut. Leider ist aber das Für-gut-Halten nicht notwendig identisch mit dem Gut-Sein. Weil man sich im Freund, aber auch im Feind bisweilen täuscht, kippt die Gerechtigkeitsdefinition des Polemarchos in der Praxis leicht um in ihr Gegenteil. Man nützt dem Feind und schadet dem Freund. Oder, noch weiter zugespitzt: Da man den Freund für gut, also auch für gerecht hält, hieße Gerechtigkeit manchmal, dem Gerechten zu schaden und dem Ungerechten zu nützen.

Polemarchos protestiert gegen dieses Ergebnis, als wäre es nicht Folge seines Denkens. Denn was hatte er unterstellt? Er war davon ausgegangen, die rein subjektive Unterteilung der Welt in Freund und Feind bürge bereits dafür, dass ihm und anderen Gerechtigkeit widerfährt. Dabei hatte er zugleich vorausgesetzt, mit seiner Gerechtigkeitsdefinition etwas Allgemeingültiges, Objektives erfasst zu haben. Diesen Widerstreit zwischen Anspruch auf Objektivität und Verwendung rein subjektiver Maßstäbe legt Sokrates offen. Aus dem Dilemma gibt es nur zwei Auswege. Entweder man verzichtet auf die Allgemeingültigkeit der Definition. Dann würde sie nur für Polemarchos gelten, der so in eine solipsistische Welt verbannt wäre. Oder man lässt die subjektiven zu objektiven Maßstäben werden – dies der Weg, den Polemarchos nun wählt – und beharrt darauf, nur der sei Freund, der auch wirklich gut und gerecht ist. Nur: Dann steht man vor derselben Aporie wie Kephalos, der in der Definition der Gerechtigkeit das zu Definierende implizit vorausgesetzt hat. Denn nun hieße Gerechtigkeit, dem Gerechten zu nützen, dem Ungerechten zu schaden, eine Begriffsbestimmung, die erkennbar nur begrenzt weiterhilft.

Doch schon folgt der vierte Streich; diesmal wird der »Schaden«, den die Gerechtigkeit bewirken soll, näher untersucht. (Pol. 335b-335e) Was geschieht mit demjenigen, dem man schadet? Er erleidet eine Einbuße hinsichtlich dessen, worin ihm geschadet wird. Nun hat jedes Ding und jedes Lebewesen, einschließlich des Menschen, einen zumindest denkbaren Zustand optimaler Entfaltung seiner selbst, eine Arete oder Tugend. Das Pferd, das ganz seiner Möglichkeit, Pferd zu sein, entspricht, ist tauglich, hat Arete. Schadet man ihm aber, dann nimmt man ihm von seiner spezifischen Tauglichkeit. Analog ist es beim Menschen. Erleidet er Schaden an seinem Mensch-Sein, so wird er auch an Tugend verlieren. Die Gerechtigkeit, die Polemarchos im Auge hat, beraubt also der Tugend; wie kann aber Gerechtigkeit ungerecht machen? Kein Vermögen kann, sachgerecht angewandt, sein Gegenteil bewirken, kein Wissen Unwissenheit hervorrufen. Deshalb – so das Resümee – »ist es auch nicht Sache des Gerechten zu schaden, weder dem Feind noch irgendeinem anderen, sondern es ist Sache seines Widerparts, des Ungerechten« (Pol. 335d). Die richtige Auslegung des Satzes, jedem das Geschuldete zu geben, hat Polemarchos demnach nicht liefern können, was er am Ende auch einsieht.

So harmlos der letzte, ebenso wie die anderen Widerlegungen nur auf logische Unvereinbarkeiten hinweisende Gedankengang auch erscheinen mag, er birgt Sprengstoff. Er zerstört philiströse Selbstgerechtigkeit, die Nutzen- und Schadenszuteilung nach dem Maßstab eigener Neigung oder Abneigung vornehmen zu können glaubt. Zugleich ist er ein Vorverweis auf das christliche Liebesgebot, das nicht nur den Freund, sondern auch den Feind zu lieben heißt. Denn dies ist offenkundig: Wenn Gerechtigkeit niemals schaden kann, dann muss sie auch dem Feind Gutes gewähren. Das stellt in der Tat das Alltagsdenken auf den Kopf.

Was ist das Fazit der Prüfung des zweiten Versuchs, Gerechtigkeit zu definieren? Wie sein Vater Kephalos ist auch Polemarchos gescheitert. Mit der Auffassung, Gerechtigkeit übe, wer nach subjektivem Maß Freund und Feind unterscheidet und demgemäß Nutzen oder Schaden verteilt, ist aber ebenfalls jede politische Ideologie, die nach diesem Prinzip verfährt, als ungerecht entlarvt. So bestreitet Sokrates auch, Simonides könne in diesem Sinne gedacht haben, und verweist auf Oligarchen und Tyrannen (Pol. 336a) als mögliche Urheber der Deutung, die Polemarchos dem Satz des Simonides gab.

Aber ob die Schadens- und Nutzenzumessung nun auf politischer oder auf privater Ebene erfolgt, das dahinterstehende Motiv ist jeweils dasselbe, wie die Untersuchung gezeigt hat. Es geht um Besitzstandswahrung, letztlich um die Überlebenssicherung. Deshalb werden Freund und Feind unterschieden, deshalb wird Nutzen gewährt und Schaden zugefügt. Was in bürgerlicher, zivilisierter Form bereits bei Kephalos wirksam war, die Sorge um das Eigene, hat beim Sohn Polemarchos, der den Krieg schon im Namen trägt, die Züge des kämpferischen Einsatzes für das Eigeninteresse angenommen. Wie der wohlmeinende, um seinen Seelenfrieden besorgte Plutokrat in der zweiten Definition zum konfliktbereiten Oligarchen oder Demokraten mutiert, so wandelt sich die bürgerlich-friedliche Gesellschaft des Kephalos in die Kampfarena der von gegensätzlichen Interessen zerrissenen Klassengesellschaft des Polemarchos. Noch gilt der Gesellschaftsvertrag, denn nach wie vor wird den Freunden Gutes gewährt. Doch die Zahl der Feinde, denen man nichts Gutes schuldet, ist gewachsen. Drohend steht die Auflösung des Vertrags am Horizont, und es wird jemand kommen, der als Ideologe dieser Auflösung in Erscheinung tritt: Thrasymachos.

Thrasymachos (Pol. 336b-354c)

Gewaltsam ist schon das Auftreten des Sophisten Thrasymachos; alles bisher Gesagte qualifiziert er als Geschwätz ab, als gefälliges, den harten Tatsachen ausweichendes Gerede. Den bescheidenen Hinweis des Sokrates, dass er wenn, dann nicht freiwillig fehlgegangen sei in der bisherigen Untersuchung, wertet Thrasymachos als Flucht in die Ironie. (Pol. 337a) Überhaupt mache es sich Sokrates zu einfach, wenn er nur andere widerlege, selber aber keine positiven Aussagen treffe, weil er wohl wisse, »daß Fragen leichter ist als Antworten« (Pol. 336c).

Hier finden sich die wesentlichen Vorwürfe versammelt, die man in späterer Zeit gegenüber der Philosophie Platons, vor allem der des Frühwerks, erhoben hat. Die Sokratische Dialektik sei rein destruktiv, und der Verweis auf das eigene Nichtwissen ermögliche es Sokrates, sich selber einer Stellungnahme zu entziehen. Damit habe er im Dialog stets den leichteren Part. Doch ist das wirklich so?

Dass Fragen leichter ist als Antworten, gilt nicht für die Sokratische Frage. Denn Antworten haben die Dialogpartner schnell parat, aber wer versteht es, so zu fragen wie Sokrates? Wer hat überhaupt ein Interesse zu verstehen, was der andere meint, und nicht sofort seine eigene Meinung dagegenzuhalten? Welch intellektuelle und existentielle Leistung die Sokratische Art zu fragen darstellt, zeigt sich daran, dass Sokrates durch alle Wendungen und Ausflüchte der Gesprächspartner hindurch das Ziel der Untersuchung nicht aus dem Auge verliert; die Widerlegung wird möglich, weil die Meinung von der gesuchten Sache an der Sache selbst gemessen wird. Weil in der Widerlegung das Gesuchte stets präsent ist, gibt sich in ihr die Sache selbst zu erkennen. Es handelt sich also keineswegs um eine destruktive Dialektik. Das ironisch betonte Nichtwissen des Sokrates aber eröffnet erst den Weg, die Sache gemeinsam zu suchen. Natürlich kann es sich dabei nicht um ein absolutes Nichtwissen handeln, denn sonst wäre kein gezieltes Fragen möglich. Sokratisches Nichtwissen bezeichnet vielmehr nichts anderes als die Einsicht in die Unzulänglichkeit bloßen Wissens, das immer ambivalent bleibt, solange es nicht begründet ist. Erst durch Begründung wird Wissen verstehbar – und die Begründung entspringt ausschließlich der Prüfung.

Diese gestaltet sich bei dem nachfolgenden Dialog mit Thrasymachos besonders schwierig, weil sich Sokrates der willkürlichen und sprunghaften Art des Sophisten zu denken stellen muss, ohne ihr zu verfallen. Die Schritte der Widerlegung sind dann auch von den jeweiligen Ausführungen des Sophisten diktiert, doch hinter dem als zufällig Erscheinenden öffnet sich mit großer Folgerichtigkeit das Gesamtpanorama einer Ideologie, die den Willen zur Macht predigt.

Sokrates solle also gefälligst selber sagen, was Gerechtigkeit sei, dabei aber nicht solche albernen Floskeln wie »das Geschuldete, Nützliche, Vorteilhafte und Zuträgliche« (Pol. 336d) verwenden. Letztlich gibt aber Thrasymachos doch lieber selber die Antwort, »weit von allen diesen entfernt und besser als sie« (Pol. 337d) – schon dem eigenen Anspruch nach präsentiert sich Thrasymachos als der Rebell, der mit dem bürgerlich-wohlmeinenden Gerede von der Gerechtigkeit als einer moralischen Verbindlichkeit anderen gegenüber bricht. Seine Definition der Gerechtigkeit lautet dann auch: »das dem Stärkeren Zuträgliche« (Pol. 338c).

Wieder mag Sokrates nicht über das Gesagte urteilen. Wieder möchte er erst verstehen, bevor er urteilen kann. Was bedeutet die Definition? Bedeutet sie, dass das, was dem Stärkeren zuträglich ist, auch dem Schwächeren zukommen sollte? Thrasymachos macht schnell klar, dass dies nicht das Gemeinte ist. Vielmehr verhält es sich so: »Jede Regierung gibt die Gesetze nach dem, was ihr selbst zuträglich ist, die Demokratie demokratische, die Tyrannis tyrannische und die anderen ebenso. Indem sie sie so geben, zeigen sie, dass dies das Gerechte für die Beherrschten ist, das den Herrschenden Zuträgliche.« (Pol. 338e) Es ist die Theorie des Rechtspositivismus, die hinter der Thrasymachosschen Formel steckt: Ein Recht, eine Gerechtigkeit an sich gibt es nicht, sondern die Macht diktiert das Recht. Damit hätte auch jede Rücksichtnahme auf Freunde oder Feinde ein Ende. Wer alles beherrscht, ist auf Reziprozität nicht mehr angewiesen. So bezeichnet die Definition des Thrasymachos recht eigentlich die Ideologie der Tyrannis, die auch in nichttyrannischen Staaten am Werke sein kann: dann nämlich, wenn die jeweils Herrschenden – seien es die Vielen, seien es wenige – die Definitionsmacht für das Recht, die Gerechtigkeit für sich beanspruchen und jede Möglichkeit, es könne ein dem gesetzten übergeordnetes Recht geben, leugnen.

Nachdem nun offenkundig ist, was die Definition bedeuten soll, nämlich ein Plädoyer für das Recht des Stärkeren, folgt unweigerlich die Prüfung. Kann das Gerechtigkeit sein? Methode der Prüfung ist nach wie vor, die Prämissen der Definition offenzulegen und sie am Anspruch des Definierenden zu messen. Da zeigt sich gleich am Anfang Merkwürdiges. Hat Thrasymachos noch den Bruch mit allen bürgerlichen Konventionen behauptet und seine Definition als das ganz andere dargestellt, so kommt auch er nicht umhin, sich des gängigen, moralisch aufgeladenen Vokabulars zu bedienen und Gerechtigkeit mit dem »Zuträglichen«, also etwas Gutem in Verbindung zu bringen. Schon hier deutet Platon an, was später noch klarer zutage tritt. Thrasymachos' Definition bedeutet gegenüber den vorigen Definitionsversuchen nur äußerlich einen Bruch, innerlich aber besteht eine Kontinuität. Denn soviel ist schon jetzt erkennbar: Das Motiv des Stärkeren, sich alles anzueignen, ist dasselbe, das auch den bürgerlichen Vertrag begründete – die Überlebenssicherung. Sie ließ den Besitzbürger Kephalos Frieden mit den anderen Besitzbürgern halten, sie war Grundlage des Kampfbündnisses, das der Oligarch bzw. Demokrat Polemarchos mit den Freunden gegen die Feinde schloss. Für den Tyrannen Thrasymachos besteht die Notwendigkeit des Bündnisses nicht mehr, weil er stärker als alle anderen ist. Er hat eben nur noch Feinde, denen er naturgemäß nichts schuldet.

Die erste Untersuchung des Sokrates bedient sich eines Argumentes, das schon im Polemarchos-Gespräch Verwendung fand.

Der Stärkere mag anordnen, was er will – was aber, wenn er sich getäuscht hat und das ihm Unzuträgliche befiehlt? Ist es dann trotzdem gerecht, das Befohlene zu tun? Damit wird auf den Widerspruch verwiesen, der zwischen dem Anspruch auf objektive Verbindlichkeit und dem verwandten subjektiven Maßstab besteht. Die Anordnung des Regenten sollte für ihn etwas Gutes zur Folge haben, Maßstab seiner Anordnung ist jedoch nur seine Willkür, also ein Für-gut-Halten. Doch der Regent mag zwar Herr über die Regierten sein, er ist aber nicht Herr über das Gute. So verkehrt sich die Definition in praxi leicht in ihr Gegenteil.

Das ist ein einfacher Gedanke, aber ein schlagendes Argument, auch gegen den Rechtspositivismus. Alles, was Gesetz ist, müsste auch Recht sein, wenn Thrasymachos' Definition stimmte. Doch die bloße Durchsetzungsstärke, die sich im Gesetz niederschlagen mag, garantiert noch nicht die Einsicht in das, was je nach System rechtens ist, also objektiv der Selbsterhaltung nützt. Auch wenn es den Anspruch auf übergeordnete Gerechtigkeit aufgibt, genügt das positivistische Rechtsverständnis sich selbst nicht – denn es ist doch jenseits der eigenen Setzung immer wieder auf etwas Objektives angewiesen, was das System auch nur in seinem Status quo erhält.

Einen Rettungsversuch für die Definition unternimmt nun ein Zuhörer. Sein Vorschlag ist die Aufgabe jedes objektiven Maßstabs und die Umänderung der Definition in: Gerechtigkeit ist das Tun dessen, was der Stärkere für zuträglich hält. Diesen Ausweg zu nehmen, lehnt Thrasymachos jedoch ab, weil er sich sicher denken kann, wohin er führen würde. Wenn es nur darum ginge durchzusetzen, was immer einem gerade in den Sinn kommt, würden Wahnsysteme Gesetz und die anschließende Selbstdestruktion die Regel. Sein Ausweg ist ein anderer. Nur der ist wahrhaft Regent, der sich eben nicht täuscht; kein

Fachmann irrt als solcher, sondern nur, »wenn ihn sein Wissen verläßt« (Pol. 340e). Wie Polemarchos nur den als Freund gelten lassen wollte, der auch tatsächlich gut und damit Freund ist, akzeptiert Thrasymachos nur den als Gesetzgeber, der sich über das für ihn Gute, über seine Wissenschaft, nicht täuscht. Doch die Akzeptanz eines objektiven Maßstabs für den Herrschenden, der als Willkürherrscher konzipiert war, muss Thrasymachos in die Aporie treiben, was zu zeigen sich Sokrates nicht entgehen lässt.

Was folgt aus Thrasymachos' neuer Prämisse, dass der wahrhafte Regent sich nicht täuschen könne, weil er wie jeder wahrhafte Fachmann über sein spezifisches Wissen verfügt? (Pol. 341c-342e) Der Fachmann – das war bereits festgestellt worden – sorgt für seinen jeweiligen Gegenstand, er lässt ihm das ihm jeweils Zuträgliche zukommen. Das ist die Aufgabe des Fachwissens, und das macht auch die Kompetenz des Fachmanns aus: dass er weiß, was seinem Gegenstand not tut, und dass er über die Möglichkeit verfügt, dies Nottuende zu gewähren. Die Fachkunde ist also die Gebende und selber nicht bedürftig, genausowenig wie der Fachmann. Nun war aber Thrasymachos' Analogie Fachmann – Regent gar nicht falsch, denn die Fachkunde führt auch eine Art von Regentschaft über ihr Objekt. Fazit: Wie zum Beispiel der wahre Steuermann mittels seines Fachwissens das den Passagieren Zuträgliche tut, so der wahrhafte Regent das den Regierten Zuträgliche. Weil der Wissenschaft selber nichts mangelt, wohl aber ihrem Objekt, sorgt der, der über die wahre Regierungskompetenz verfügt, nicht für sich, sondern für die von ihm Regierten. Oder andersherum: Der Herrscher, der nur für sich sorgt, ist eben kein wahrhafter Herrscher.

Der Widerstreit der Prämissen, von denen Thrasymachos unbewusst ausging, hat den Sophisten also in die Aporie geführt. Glaubte er, wer stark ist, habe recht, so zeigte sich, dass der Starke eben nicht recht hat, wenn er irrt – die objektiven Gegebenheiten setzen seiner Willkür Grenzen. Verfocht er daraufhin, wer stark ist, irre nicht, so verwies Sokrates darauf, dass der von Thrasymachos eingeforderte irrtumsfreie, das heißt wahre Fachmann nicht für sich, sondern für die von ihm Abhängigen sorgt, der Starke also nicht das ihm selber Zuträgliche anstrebt. Verzichtet der Starke auf einen objektiven Maßstab seines Tuns, so schadet er sich selbst, erkennt er aber einen objektiven Maßstab an, so nutzt er anderen und nicht primär sich.

Thrasymachos kann sich unmöglich geschlagen geben und flüchtet sich in einen langen Monolog, in dem er sein ganzes Weltbild aufrollt. (Pol. 343a-344c) Zunächst einmal: Welcher Weltfremdheit ist Sokrates eigentlich erlegen, wenn er glaubt, der Hirte sorge aus einem anderen Grund für seine Schafe, als um sie schlachtreif zu machen? Ebenso halten es die Herrschenden; wenn sie für die Untertanen sorgen, dann nur, um sie besser ausbeuten zu können. Denn das weiß doch jeder, dass der Gerechte einfältig ist und anderen Nutzen verschafft, während der Ungerechte klug für das Seine Sorge trägt. Deshalb kommt der Gerechte überall zu kurz und führt ein elendes Leben. Dem Ungerechten hingegen fügt sich alles zum Guten, vor allem dem vollendet Ungerechten, dem Tyrannen. Er kann ungestraft alles an sich reißen und so glücklich sein Leben fristen. Das weiß im Grunde auch der, der die Ungerechtigkeit verdammt. Warum tut er es trotzdem? »Nicht weil er fürchtet, Unrecht zu tun, sondern zu leiden, schmäht das Unrecht, wer es schmäht.« (Pol. 344c) So ist in allem die Ungerechtigkeit »stärker und vornehmer und gebieterischer als die Gerechtigkeit« (Pol. 344c), und daher ist es in der Tat gerecht, das dem Stärkeren Zuträgliche zu tun.

Hat da Thrasymachos oder Friedrich Nietzsche gesprochen? Hier finden sich tatsächlich die tragenden Säulen von Nietzsches Philosophie: die Theorie, dass hinter allem Weltgeschehen der Wille zur Macht die treibende Kraft ist[24]; die Umwertung aller Werte, welche die gängige Moral durch eine ganz neue ablösen will[25]; die Entlarvung bisheriger Moral als Moral der Schwachen, die auch gerne Unrecht täten, sich aber nicht trauen und heuchlerisch das Loblied der Gerechtigkeit singen, um die Starken zu demoralisieren. So kommen sie selber an die Macht, womit bewiesen wäre, dass auch hinter ihrer bürgerlichen Moral nichts anderes als der Macht- oder Selbsterhaltungswille lauert.[26]

Kann man ein solches Weltbild widerlegen? Scheint es in der Tat nicht viel realistischer zu sein als Sokrates' Bild des Gerechten, der sich uneigennützig um das Wohl der anderen kümmert? Was soll denn eigentlich die Rede vom wahrhaften Regenten, wenn doch ein Blick in die alltägliche politische Praxis genügt, um zu erkennen, dass man einem solchen bestenfalls in Utopia begegnen kann?

Solche Einwände drängen sich auf und gehen dennoch fehl, weil sie verkennen, was Sokrates tut. Er fordert kein Ideal, sondern deckt auf, dass das Alltagsdenken noch in der Leugnung des Ideals, der Tugend, Tugend voraussetzt. Das Denken kommt nicht umhin, sich der Logik der Sache zu beugen, seiner inneren Teleologie zu folgen. Was denknotwendig ist, lässt sich nicht per Willensdekret beseitigen; beseitigen lässt sich höchstens der Mensch, der immer wieder darauf aufmerksam macht, was Sokrates im wahrsten Sinne am eigenen Leib erfuhr.

Ohne zu viel vorwegnehmen zu wollen – hier lässt sich bereits ahnen, worauf die Platonische Rede von der Idee zielt. Wenn danach gefragt wird, was Gerechtigkeit ist, wird nach der Idee der Gerechtigkeit gefragt; der Terminus »Idee« kommt, obwohl meist als Platonische »Erfindung« der mittleren Werkphase dargestellt, auch in den frühen, den Sokratischen Tugenddialogen schon vor. Die Idee bezeichnet, was eine Sache selbst ist, jenseits bloßer Meinung, jenseits bloßer Setzung. Nun leugnen zwar die Gesprächspartner oft, dass es ein Sein jenseits bloßer Meinung geben könne. Dennoch fordern sie für ihre Meinung Allgemeinverbindlichkeit, denn ihr Gerechtigkeitsverständnis beispielsweise soll natürlich nicht nur für sie selbst, sondern für alle gelten. Noch die Behauptung, es gäbe keine Wahrheit, beansprucht Wahrheit für sich – und dies im Denken immer Vorausgesetzte ist es, was Sokrates sucht. Wenn er also das Eine im Vielen, die Tugend in den Meinungen über die Tugend sucht, dann ist dies ein Suchen nach Begründung dessen, was unbegründet und daher schwankend und widersprüchlich im Denken immer schon präsent ist. Die Dialogpartner reden über die Tugend, als hätten sie sie bereits. Sie haben sie aber nur der Möglichkeit nach, nicht in Wirklichkeit. Die Wirklichkeit der Tugend schafft erst der Dialog.[27]

Dem will sich Thrasymachos nun entziehen, denn Tyrannen führen keine Dialoge. Doch da es nicht um eine »Kleinigkeit« geht, sondern schlicht um die Frage, »wie jeder von uns sein Leben einrichten soll, um das nutzbringendste Leben zu führen« (Pol. 344e), muss er sich weiterer Prüfung stellen (Pol. 344d-347e). Dabei zeigt sich, dass der Sophist seine eigenen Vorgaben vergessen und den Hirten nicht nach dem geforderten Maß des Fachmanns bestimmt hat. Es ist nicht die Obliegenheit des Hirten, die Schafe zu verwerten, sondern die des Metzgers oder des Kaufmanns. Der Hirt sorgt nur dafür, dass es den Schafen gut geht, so wie jeder Fachmann für seinen Gegenstand das Optimum zu erzielen sucht. Jedes Fachwissen hat je nach Gegenstand seinen spezifischen Nutzen. Damit auch der Fachmann selber noch einen Nutzen aus seinem Wissen ziehen kann, muss er über sein spezifisches Fachwissen hinaus noch die

Kunst des Lohnerwerbs anwenden. Sein eigenes Wissen führt immer nur zu dem Nutzen seines jeweiligen Objektes. Ebenso verhält es sich mit der Wissenschaft von der richtigen Regierung. Sie zielt auf das Wohl der Regierten, nicht auf das des Regenten. Deshalb ist der wahre Fachmann in Sachen Regierung auch nur durch ein Mittel zur Amtsübernahme zu nötigen, durch die Furcht, ansonsten von Schlechteren regiert zu werden. Das bedeutet: Wo sich alle um die Ämter reißen, handelt es sich ganz offenkundig nicht um die richtige Art zu regieren.

Sicherlich wäre Sokrates weit davon entfernt zu bestreiten, dass es sich dabei nichtsdestotrotz um die normale Art zu regieren handelt. Es geht um anderes, nämlich zu durchdenken, was Politik ist, wenn sie auf wirklicher Einsicht beruht. Daraus lässt sich dann ein Maßstab für die Praxis ableiten. Die Praxis wird diesem wahrscheinlich höchst selten genügen. Den Maßstab zu kennen ist aber unabdingbar, um die Abweichung zu erkennen, der die Praxis unterliegt. Wer sich niemals um objektive Beurteilungsmaßstäbe bemüht hat, kann die Praxis nur nach Maßgabe seiner Willkür beurteilen. Ein solcher ist – das wird an Thrasymachos vorgeführt – mit sich selbst im Widerspruch und somit ein zerrissener und unglücklicher Mensch.

Genau dies nachzuweisen ist Thema des letzten Teils des Thrasymachos-Gesprächs. (Pol. 347e-354a) Die Definition ist bereits widerlegt, zu widerlegen bleibt, dass Thrasymachos mit seiner Umwertung der Werte recht hat, mit der Behauptung, Ungerechtigkeit sei Tugend, Stärke und der Weg zum Glück. Diese drei Annahmen werden nacheinander entkräftet. Es ist dies nicht nur ein Ringen mit Thrasymachos, sondern auch ein Ringen mit der Doppelmoral des Alltagsdenkens, das Unrecht verdammt, sofern es einen selber betrifft, und doch die Bewunderung für den, der im großen Unrecht tut, nicht verhehlen kann, weil man sich insgeheim an seine Stelle wünscht.

Thrasymachos hat in seinem langen Monolog gut sophistisch mit zwei verschiedenen Moralbegriffen operiert. Einmal hat er den gängigen Moralbegriff verwandt, indem er den Gerechten als den Menschen charakterisierte, der über der Sorge um das rechte Tun das Eigene vernachlässigt, das andere Mal benutzte er seinen neuen Moralbegriff, nach dem der Gerechte derjenige ist, der sich nur um seinen eigenen Nutzen kümmert. Nun soll er sich zu einer von beiden Sichtweisen bekennen, und so kann er nicht umhin, das, was gemeinhin als Ungerechtigkeit bezeichnet wird, als neue Tugend zu propagieren. Entsprechend soll Gerechtigkeit, wenn nicht als Laster, so doch zumindest als Einfalt gelten. Doch Begriffe lassen sich eben nicht mit beliebigen Inhalten füllen, die Logik der Sache beugt sich nicht der Macht des Tyrannen. Das beweist folgender Gedankengang. Der Gerechte will, eben weil er nach Thrasymachos so gutmütig und dumm ist, nicht grenzenlos mehr haben; das ist vielmehr Kennzeichen des Ungerechten. Das Mehr-haben-Wollen, die Pleonexie, soll aber Ausdruck von Tugend, also von Einsicht und Güte sein. Wie sieht es nun mit der Pleonexie beim Fachmann aus? Der wahre Fachmann hat, was er braucht, nämlich sein Fachwissen, er will daher seinesgleichen nichts vorausgaben, sondern nur gegenüber dem, dem das Fachwissen fehlt. Pleonexie kennt der Fachmann also nicht; zugleich ist er in seinem Gebiet gut und einsichtig – eben das, was vorher als Tugend definiert war. Ergo: Der Gerechte gleicht dem Fachmann, welcher Tauglichkeit besitzt, weil ihn seine Fachkompetenz autark macht. Gerechtigkeit ist Tugend, Ungerechtigkeit oder Pleonexie Laster.

Der Widerspruch, dem Thrasymachos hier erlegen ist, besteht in der Unvereinbarkeit von Tugend und Mangel. Mehr-haben-Wollen ist immer Ausdruck von Mangel, der von Pleonexie getriebene Mensch sucht in den Gütern, was er an Gutem entbehrt. Tugend ist hingegen Ausdruck von Fülle, der nach Gerechtigkeit strebende Mensch nähert sich, indem er sich dem Guten nähert, einem Zustand der Autarkie. Kann man aber wirklich, wie Sokrates es tat, das Gut-Sein, die Tauglichkeit des Fachmanns mit moralischer Güte, Tugend gleichsetzen? Wird hier nicht technisches Denken unzulässig auf den moralischen Bereich übertragen? Vielleicht ist es aber genau umgekehrt: Wie stellt man sich eigentlich Moral vor, wenn man sie von anderem Gut- oder Tauglich-Sein trennt? Dass die Tauglichkeit eines Menschen – bei aller sonstigen Verschiedenheit – mit der eines Dings etwas gemeinsam hat, unterstellt schon die Alltagssprache, wenn sie bei beiden die gleiche Begrifflichkeit verwendet. Platons Rede vom Guten, das in allen Seinsbereichen wirken soll, knüpft an den Voraussetzungen an, von denen das Denken immer schon ausgeht. Was es mit dem im gewöhnlichen Denken stets vorausgesetzten, doch kaum in sich konsistent gedachten Guten auf sich hat, wird im mittleren Werk Platons noch deutlicher werden.

Doch zunächst ist noch zu zeigen, wie Thrasymachos' Behauptungen entkräftet werden, die Ungerechtigkeit sei stärker als die Gerechtigkeit und ermögliche ein glückliches Leben. Wieder wird nicht »moralisierend«, sondern durch Aufweis logischer Widersprüche widerlegt. Es geht um objektive Moral, nicht um eine Moral des subjektiven Gefühls.

Hat eine Gewaltherrschaft Bestand, die ohne jede Gerechtigkeit ist? (Pol. 350d-352b) Thrasymachos muss zugeben, dass selbst eine Räuberbande ihre unrechtmäßigen Ziele nicht verfolgen kann, solange ihre Mitglieder sich auch untereinander Unrecht tun. Ungerechtigkeit entzweit, bewirkt Hader, Feindschaft und Zerfall. Das gilt für das Verhältnis der Menschen zueinander im Gemeinwesen, in kleineren Gemeinschaften bis hin zur Zweiergemeinschaft, es gilt aber auch für das Verhältnis des Menschen zu sich selber. Wer ungerecht ist, ist sich selber feind, denn er enthält sich das vor, was, wie Platon in *Politeia* 509b sagt, Sein und Erkenntnis erst ermöglicht: das Gute. So kann Ungerechtigkeit nicht stärker sein als Gerechtigkeit. Sie ist nicht selber etwas, sondern nur Mangel.

Auch diese Überlegung stellt das gewöhnliche Denken auf den Kopf, denn die meisten Menschen werden zwar zugeben, dass Gerechtigkeit, so es sie denn gibt, etwas Schönes ist, auf der Welt aber gegen die Macht der Ungerechtigkeit keine Chance hat. Doch möglicherweise trügt der äußere Schein. Unrecht schafft nicht, sondern zerstört, letztlich zerstört es sich selbst. Auch wenn der ungerechte Mensch alle Hindernisse für seine Selbstdurchsetzung aus dem Weg räumen kann und es ihm gelingt, hemmungslos seiner Pleonexie zu frönen, bleibt doch die Frage, ob er dadurch nicht seine Selbstzerstörung in Gang setzt, ob er nicht das Wesentliche an sich einbüßt, das, was ihn zum Menschen macht. Ist Ungerechtigkeit wirklich der Weg zum glücklichen Leben? (Pol. 352b-354a)

Das ist nach dem, was bisher entwickelt wurde, kaum mehr vorstellbar, kann aber noch deutlicher expliziert werden. Jedes Ding und jedes Lebewesen hat seine spezielle Funktion und einen Zustand, der die optimale Erfüllung dieser Funktion ermöglicht: Tauglichkeit. Funktion der Seele ist es, das Leben zu regeln, indem sie Fürsorge trägt, Herrschaft ausübt, mit sich zu Rate geht. (Pol. 353d) Wenn ihr das gut gelingt, taugt sie etwas oder hat Tugend. Der Tugend beraubt aber, wird sie ihre Funktion nicht angemessen erfüllen können. Wie kann also ein Ungerechter gut und das heißt dann auch glücklich leben? Thrasymachos gibt sich zähneknirschend geschlagen. Nur der Druck durch die Zuhörerschaft hatte ihn überhaupt bewogen, sich der philosophischen Untersuchung zu stellen.

Hat er damit zu früh kapituliert, ist das nicht wieder ein

reichlich idealistisches Gerede? Doch auch hier ist es von Vorteil, sich vom gängigen Urteil zu lösen und sich zu fragen, was eigentlich Maßstab ist, wenn immer behauptet wird, der Ungerechte habe ein viel besseres Leben als der, der nach Gerechtigkeit sucht. Maßstab sind immer die äußerlich sichtbaren Erfolge, als wären sie das Entscheidende. Dass sie das nicht sind, erkennt man spätestens dann, wenn man beispielsweise in einem Unrechtsregime erfahren muss, wie bei allen machtpolitischen Erfolgen menschliche Werte zugrunde gerichtet werden. Dann sieht man, dass sie das Entscheidende sind, was das Leben trägt und lebenswert macht. Was für eine politische Ordnung gilt, muss auch für das individuelle Leben gelten – ein Leben in der Ungerechtigkeit mag einfacher sein als das gerechte Leben. Besser ist es nicht.

Doch weiß man jetzt eigentlich, was Gerechtigkeit ist? Der Dialog ist beendet, und man hat nur erfahren, was Gerechtigkeit nicht ist. So behauptet Sokrates nun auch, durch das ganze Gespräch nichts gelernt zu haben (Pol. 354c), weil er sich immer schon um mögliche Eigenschaften des Gesuchten Gedanken gemacht habe, ohne zur Sache selbst zu kommen. Spricht hier der Ironiker, oder ist das ernst gemeint? Ein Blick zurück soll helfen, eine Antwort zu finden.

Äußerlich betrachtet ist das Dialogergebnis tatsächlich negativ. Alle drei Gesprächspartner des Sokrates waren voller Zuversicht, bestimmen zu können, was Gerechtigkeit ist, und alle drei sind an ihrem Anspruch gescheitert. Aber welches geistige Panorama hat Platon durch dieses Scheitern hindurch vor unseren Augen entfaltet! Erstens sind drei Gerechtigkeitsvorstellungen dargestellt und durchdacht worden, die schlechthin fundamental sind. Zweitens wurde der Zusammenhang erkennbar, der zwischen ihnen besteht. Drittens hat die Art, wie sie widerlegt wurden, Hinweise und Maßstäbe für richtiges Verstehen geliefert – das Instrumentarium für den philosophischen Weg vom bloßen Wissen zur wirklichen Einsicht.

Zum ersten Punkt. Gerechtigkeit, das wurde an den drei Antworten deutlich, bezeichnet immer eine Relation: das richtige Verhältnis der Menschen zueinander oder zu sich selbst, meist vermittelt über Dinge. Was dieses richtige Verhältnis ist, darüber gingen die Meinungen allerdings auseinander. Kephalos plädierte mit seinem »Wiedergeben, was man empfangen hat« für eine Gerechtigkeit des Ausgleichs; Polemarchos mit »den Freunden Gutes, den Feinden Böses tun« für eine Gerechtigkeit im Sinne der Vergeltung; Thrasymachos mit »das dem Stärkeren Zuträgliche« für das Recht des Stärkeren. Alle gingen, wie es anders auch kaum denkbar ist, davon aus, dass Gerechtigkeit etwas Gutes sein müsse, nur nahm die Zahl derer, die in den Genuss dieses Guten kommen sollten, kontinuierlich ab. Bei Kephalos waren es die Freunde, neben denen die wenigen Feinde offenbar nicht erwähnenswert waren, bei Polemarchos die politischen Bündnispartner, die sich bereits einer erheblichen, nämlich kriegsrelevanten Feindeszahl gegenübersahen, bei Thrasymachos blieb nur noch er selbst. Schon an diesem Vergleich zeigt sich, dass hier drei grundlegende Denkmöglichkeiten durchgespielt worden sind. Ebenso belegt dies die Übersetzung der Gerechtigkeits- in politische Ordnungsmodelle. Kephalos steht für eine friedliche, bürgerliche Gesellschaft, Polemarchos für eine konflikträchtige Klassengesellschaft und Thrasymachos für die auf Gewalt gegründete Tyrannis. Damit sind die entscheidenden Grundtypen benannt, wenn auch nicht alle Möglichkeiten erschöpft, denn Platon führt im folgenden (Buch II-VII) noch eine vierte Möglichkeit vor. Von der Grundlage aus, die alle drei Dialogpartner teilen, ihrer rein subjektiven Bestimmung des Guten, stellen die drei Gerechtigkeitsdefinitionen aber wohl eine vollständige Typisierung dar. Sie zeichnen den Weg nach vom Frieden über den Konflikt bis hin zum Krieg.

Bei allen drei Gerechtigkeitsdefinitionen spielte der Besitz eine zentrale Rolle, wohl weil letztlich als inhaltliche Bestimmung des Guten, das Gerechtigkeit bewirkt, nur die Güter übriggeblieben waren. Für Kephalos war der Besitz noch das – allerdings unverzichtbare – Mittel, um für einen »gerechten« Ausgleich zu sorgen und so Freundschaft zu begründen oder zu erhalten; für Polemarchos war die Besitzsicherung schon zum Selbstzweck geworden; für Thrasymachos schließlich ging es um ein unbegrenztes Mehrhaben an Besitz. Es fand also eine fortschreitende Verlagerung statt von der Verwendung des Besitzes über die selbstzweckhafte Sicherung bis hin zur selbstzweckhaften Anhäufung. Der Mittelcharakter von Eigentum geriet zunehmend aus dem Blick. Dass Gerechtigkeit der Vermittlung über Dinge, über Güter gar nicht unbedingt bedarf, kam keinem der Dialogpartner in den Sinn; vielleicht deshalb, weil das Verhältnis, in dem Güter naturgemäß keine Rolle mehr spielen, nämlich das Selbstverhältnis des Menschen, ihrerseits überhaupt nicht zur Sprache gebracht wurde. Erst Sokrates wies darauf hin, dass Gerechtigkeit schon im Verhältnis des Menschen zu sich von fundamentaler Bedeutung ist, möglicherweise – das soll bei der Betrachtung des mittleren Werks nochmals geprüft werden – ist das gerechte Verhältnis des Menschen zu sich die Voraussetzung für ein gerechtes Verhalten dem anderen gegenüber.

Zweitens. Bereits aus den eben genannten Vergleichsgesichtspunkten lässt sich schließen, dass die Entwicklung der drei Gerechtigkeitsvorstellungen einer inneren Logik folgt. Dem scheint aber zu widersprechen, dass Ausgleich und Vergeltung beide auf dem Prinzip der »Waage« beruhen – der Durchsetzung vermeintlichen oder realen Rechts per Absprache oder Vertrag –, während das Recht des Stärkeren Durchsetzung von

Recht per Gewalt bedeutet. Doch ein kleiner Fingerzeig Platons weist darauf hin, dass dennoch alle drei Definitionen zusammengehören. Polemarchos nämlich versteht die Definition des Kephalos als Anwendung des Simonides-Satzes: Gerecht ist es, jedem das Geschuldete zu geben. Er selbst will dann mit seiner Definition eine bessere Auslegung desselben Satzes liefern. Thrasymachos behauptet zwar, eine Gerechtigkeitsbestimmung vorzulegen, die mit solchen Albernheiten wie »dem Geschuldeten, Gebührenden, Zuträglichen« nichts mehr zu tun hat, doch seine Definition lautet dann, gerecht ist »das dem Stärkeren Zuträgliche«.

Und tatsächlich: Alle drei Definitionen lassen sich als Auslegungen jenes Prinzips verstehen, dass man jedem das Geschuldete zu leisten habe. Nach Kephalos schuldet man dem Freund Gutes, nach Polemarchos dem Freund Gutes, dem Feind Böses, nach der Logik des Thrasymachos, der nur noch Feinde hat, nur noch dem Feind Böses. Die Definition des Polemarchos nimmt also eine mittlere Stellung zwischen der des Kephalos und der des Thrasymachos ein, die Definitionen der beiden Letztgenannten sind Vereinseitigungen des allgemeinen Prinzips, das Polemarchos repräsentiert. Daraus folgt aber, dass tatsächlich eine Kontinuität besteht zwischen dem friedlichen Egoismus des Kephalos und dem gewaltsamen Egoismus des Thrasymachos. Es sind nur verschiedene Formen der Selbstdurchsetzung, die sich da im Gewand der Gerechtigkeit eingeschlichen haben. Sicher ist die friedliche, bürgerliche Art des Kephalos bei weitem angenehmer als die tyrannische des Thrasymachos, doch Thrasymachos hatte mit seiner Entlarvungspsychologie darauf verwiesen, dass auch dem bürgerlichen Denken, das die Moral so hochhält, der Wille zur Macht innewohnt. Die Ausgangsfrage, ob das Dialogergebnis rein negativ sei, findet hier eine erste Antwort: Auf faszinierende Weise hat Platon die ideologischen Grundlagen dreier fundamentaler Gerechtigkeits- und Gesellschaftsvorstellungen und ihre Verbindung untereinander offengelegt – Anlass beispielsweise für einen philosophischen Gang durch die Geschichte, für eine Analyse, wie aus Demokratien Diktaturen werden.

Drittens. Das von Sokrates angewandte Untersuchungsverfahren darf man getrost als Paradigma philosophischen Denkens schlechthin bezeichnen: die selbst möglichst voraussetzungsarme Prüfung der Voraussetzungen, die im Wissen oder Scheinwissen des Dialogpartners immer schon mitschwingen. Ausgangspunkt ist stets die Frage nach dem Wesen der Sache, über die der andere so selbstverständlich urteilt. Dann ermittelt Sokrates, wie die Antwort, im allgemeinen eine Definition, zu verstehen ist, um der folgenden Untersuchung nicht das eigene Verständnis zugrunde zu legen, sondern tatsächlich das des Antwortenden. Die Untersuchung schließlich besteht darin aufzudecken, was die Antwort impliziert, und zu durchdenken, was daraus folgt. Von den Prämissen führt der Weg zu den logischen Konsequenzen, diese werden wieder an der Ausgangsposition gemessen. In aller Regel tut sich dann ein Widerspruch auf. Ganz voraussetzungslos kann natürlich auch dieses induktive Prüfungsverfahren des Sokrates nicht sein, weil schon der Gebrauch der Sprache bestimmte Grundbedingungen des Denkens vorgibt. Letztlich lassen sich die Sokratischen Voraussetzungen aber wohl auf sehr wenige reduzieren: im Formalen auf die Verwendung der logischen Grundsätze des Satzes vom Widerspruch[28], vom ausgeschlossenen Dritten[29] und vom zureichenden Grund[30], im Inhaltlichen auf die Prämisse, dass der gesuchte Gegenstand, die Tugend, etwas ist und nicht nichts und dass Tugend etwas Gutes ist. Beides hört sich banal an, ist es aber keineswegs. Viele nämlich leugnen beispielsweise, dass es Gerechtigkeit gibt, was sie nicht davon abhält, über Ungerechtigkeit zu klagen. Hier legt die Betonung des Seins der Gerechtigkeit offen, welchen Widerspruch solche Leugnung darstellt. Und dass Tugend gut ist, musste zum Beispiel Thrasymachos klargemacht werden, der aufgrund der scheinbaren Vorteile, die die Ungerechtigkeit gewährt, eine Umwertung der Werte versuchte. Jenseits dieser Fundamentalvoraussetzungen wird man aber schwerlich etwas finden, was in der Prüfung selbst als Prämisse verwendet würde, außer natürlich die zu prüfenden Prämissen der Dialogpartner.

Warum endet nun die Prüfung so gut wie immer im Widerspruch? Es ist die falsche Wissensgewissheit der Dialogpartner, die sich im widersprüchlichen Ergebnis zeigt. Im Dialog *Thrasymachos* waren alle drei Gesprächsteilnehmer davon überzeugt zu wissen, was Gerechtigkeit ist, doch ihr Versuch, sie zu definieren, verlief stets zirkulär. Kephalos musste einsehen, dass das Wiedergeben des Empfangenen nicht per se gerecht ist, sondern nur dann, wenn man weiß, wann es gerecht ist. Bei Polemarchos setzte die Unterscheidung von Freund und Feind das Wissen voraus, wer gut und gerecht und somit Freund ist. Bei Thrasymachos blieb noch der Wille, Unrecht zu tun, an das Wissen gebunden, was das Gerechte wäre. Das als solches vorausgesetzte Wissen war nicht vorhanden, das gesuchte Wissen wurde nicht gefunden. War überhaupt ein Wissen gesucht?

Damit kommen wir zum entscheidenden Punkt unserer Ausgangsfrage, ob das Dialogergebnis rein negativ ist. Die Untersuchung im Dialog hatte ergeben, dass eine Definition – die hier relevante Form des Wissens – noch nicht das Verstehen des Definierten garantiert. Das Verstehen dessen, was die Definition meinte, war ausschließlich die Leistung der Sokratischen Prüfung. Erst durch das Verstehen kann Wissen – sofern es sich nicht um Scheinwissen handelt – begründet werden, und so liegt das Ergebnis dieses und der anderen aporetischen Frühdialoge Platons auf ganz anderer Ebene als vermutet: Das Ergebnis ist nicht, dass der Sokratische Weg der Wissenssuche zu nichts führt; es ist auch nicht jenes skeptische Resultat, dass wahres Wissen dem Menschen überhaupt nicht möglich ist; das Ergebnis ist vielmehr die Einsicht, dass Wissen ohne Begründung nichts ist und dass Begründung nur durch sachliche Prüfung erreicht werden kann. Natürlich ist das Wissen nicht verzichtbar, denn es bildet die Basis des Verstehens. Um aber zum Verstehen oder zur Erkenntnis zu gelangen, bedarf es eines Erkenntnisweges, wie er in der dialektischen Prüfung vorgeführt wird. Die drei Antworten der Dialogpartner bilden nämlich bei genauerem Zusehen drei Stufen, die in ähnlicher, zum Teil variierter Form auch in anderen Frühdialogen zu finden sind. Kephalos schildert mit seiner Definition eine mögliche Erscheinungsweise von gerechtem Verhalten in seinem Sinne, er nähert sich der Sache ganz von außen. Polemarchos benennt das allgemeine Prinzip, das der Erscheinung zugrunde liegt, eben jenes Reziprozitätsprinzip. Thrasymachos deckt mit seiner Entlarvungspsychologie auf, was letztlich das Fundament dieses Prinzips ist, seine Ursache – nämlich der Wille zur Selbstbehauptung oder -erhaltung. In diesen drei Stufen werden ex negativo – denn im Grunde wurde die Ungerechtigkeit gefunden, nicht die Gerechtigkeit – drei Stufen jenes Erkenntnisaufstiegs sichtbar, der als Leitfaden zum Verstehen des Platonischen Gesamtwerks dienen sollte. Was das näher bedeutet und welche Verbindung sich daraus zum übrigen Frühwerk ergibt, soll Gegenstand des nächsten Kapitels sein.

Das Frühwerk im Überblick

Die Tugendfrage ist das Herzstück des Frühdialogs; Tugend bezeichnet das Gut-Sein des Menschen. Was ist dieses menschliche Gute? Nicht das, was man gemeinhin dafür hält, nicht das, wovon man im alltäglichen Gerede einfach ausgehen zu können glaubt. Wie kommt man dann zu diesem menschlichen Guten? Nicht indem man über Tugend redet, sondern indem man fragt, was Tugend selber ist. Wer ist es, der nach dem Wesen der Tugend fragt? Sokrates, der um dieser Frage willen von den Athenern zum Tode verurteilt wird und sich weigert, sich dem Urteil zu entziehen: Denn der Tod ist ein Zeugnis für sein Leben, das philosophische Leben.

Mit diesem Gedankengang lässt sich der Zusammenhang der wichtigsten Dialoge in Platons Frühwerk fassen. Im Zentrum steht die Sokratische Existenz, die ausschließlich der Frage gewidmet ist, wie man leben soll, um am Ende sagen zu können, man habe das richtige Leben gewählt. *Apologie* und *Kriton*, die Verteidigungsrede des Sokrates vor Gericht und sein Gespräch mit dem Freund, der ihn zur Flucht überreden will, geben Auskunft über die Rückwirkung der Sokratischen Philosophie auf Leben und Sterben. Eine zweite Dialoggruppe beinhaltet das Reden über die Tugend: ihre Einheit und ihre Lehrbarkeit *(Protagoras, Gorgias, Menon, Euthydemos)*. Kann man aber über die Tugend urteilen, ohne vorher gefragt zu haben, was sie selber ist? Die Dialoge der zweiten Dialoggruppe verweisen auf die Notwendigkeit, zu dieser ursprünglichen Frage zurückzugehen. In der dritten Dialoggruppe steht die Tugend selbst im Mittelpunkt: die Frömmigkeit *(Euthyphron)*, die Besonnenheit *(Charmides)*, die Tapferkeit *(Laches)*, die Gerechtigkeit *(Thrasymachos)*. Auch *Hippias maior* und *Lysis* kann man zu dieser Gruppe zählen. Im *Hippias* wird nach dem Wesen des Schönen gefragt, aber das Schöne ist nur die Erscheinung des Guten; im *Lysis* geht es um Liebe und Freundschaft, doch das, was in Liebe und Freundschaft begehrt wird, ist letztlich nichts anderes als das Gute. Schwieriger einzuordnen ist der *Kratylos*, der sich dem Problem widmet, ob der Sachbezug der Sprache auf Konvention beruht oder von Natur aus besteht. In der Reflexion auf die Sprache wird über das Medium reflektiert, das den Dialog ermöglicht. So kann man den *Kratylos* fassen als Nachdenken über die Voraussetzungen, die das Instrument mitbringt, mit dem man sich über Sachverhalte verständigt. In den anderen Dialogen hingegen werden die Voraussetzungen aufgedeckt, mit denen das Denken, das sich des Instrumentes »Sprache« bedient, immer schon an Sachverhalte herangeht. Der Weg zur Sache selbst, der Tugend, dem Guten, führt immer über das Durchdenken der Voraussetzungen.

Das Leben der Tugend: Sokrates
Sokrates war für Platon das Vorbild des Philosophen schlechthin. In der *Apologie* erklärt Sokrates seinen Richtern, was es mit seinem philosophischen Tun auf sich hat. Chairephon, ein Freund des Sokrates, hatte das Delphische Orakel befragt, ob jemand weiser sei als Sokrates. (Apol. 21a) Die Antwort war Nein – Anlass für Sokrates, die Bedeutung dieser Antwort zu erforschen, indem er die, die allgemein für weise gehalten wurden und sich auch selbst dafür hielten, auf ihre Weisheit hin prüfte. In dieser Prüfung, die man sich so vorzustellen hat, wie am ersten Buch der *Politeia* vorgeführt, versagten die Geprüften regelmäßig, womit sich das Orakel bestätigte. Denn keiner der so Befragten hatte vorher gewusst, dass er tatsächlich nichts wusste, jedenfalls nichts von dem alles Entscheidenden, das den Wert eines Menschen ausmacht, dem Guten. Sokrates hingegen war als wissend Nichtwissender frei für die Suche nach dem Guten und insofern weiser als sie: als jemand, der über die »menschliche Weisheit« (Apol. 23a) verfügt, nämlich die Einsicht in die Notwendigkeit, sich philosophierend, also der Erkenntnis noch bedürfend, dem Guten zu nähern. Die anderen

hatten so getan, als besäßen sie die göttliche Weisheit, das unmittelbare Einssein mit dem Guten. Weil sie von Sokrates in ihrem Scheinwissen entlarvt wurden, hassten sie ihn, verleumdeten sie ihn. Aus der Verleumdung erwuchs die Anklage, aus der Anklage die Verurteilung.

Die Tatsache, dass Chairephon das Orakel in der genannten Weise befragte, deutet darauf hin, dass Sokrates schon vor dieser Wissensprüfung etwas an sich gehabt haben muss, das ihn als Weisen erscheinen ließ. Das kann kaum jene Skepsis gewesen sein, die man oft als Quintessenz Sokratischen Philosophierens missversteht, nämlich der Zweifel an der Fähigkeit des Menschen, überhaupt etwas Sicheres zu wissen. Was aber ist es dann? Platon gibt einige deutliche Hinweise, wie zu verstehen ist, was Sokrates schon vor seinem öffentlichen Tätigwerden ausmachte. Seine Prüfung bezieht sich letztlich immer auf die Tugend. Sie ist der Vergleichsmaßstab, an dem er seine Weisheit mit der der anderen misst.

Die Tugend, das Gute, ist der Inhalt; worin unterscheidet sich aber Sokrates' Verhältnis zur Tugend von dem der von ihm Geprüften? Sein Denken ist nicht von der naiven Gewissheit getragen, Tugend zu besitzen und von ihr zu wissen, sondern von der Einsicht, dass nur Gott gut ist, der Mensch es aber erst durch eigene Anstrengung werden muss. Genau die Prüfung, die Sokrates nach dem Orakel an anderen vollzieht, muss er vorher an sich selbst vollzogen haben – dem äußeren Dialog ist der innere vorausgegangen (vgl. auch Apol. 38a). Dieser Dialog kann nicht in der Aporie geendet haben, denn so sehr Sokrates auch sein Nichtwissen betont, verweist er doch zugleich darauf, dass er um dieses Nichtwissen weiß – ein Paradox, das aufgelöst sein will. Die Auflösung wurde schon mehrfach angedeutet: Das Wissen allein ist noch nichts, erst die Erkenntnis, das Verstehen verleiht ihm Wert. Die Notwendigkeit des Verstehens sieht aber nicht ein, wer sich in seinem Wissen sicher fühlt. Aus dieser Sicherheit stört Sokrates die anderen auf, nachdem er sich selbst dieser Sicherheit begeben hat.

Schon an der Reaktion auf das Orakel zeigt Platon die Andersartigkeit des Verhältnisses auf, das Sokrates zu sich und der Welt hat. Das Orakel nimmt Sokrates nicht als Bestätigung seiner selbst, sondern als Auftrag, den Götterspruch zu verstehen. Die Reaktion der anderen auf die Tätigkeit des Sokrates hingegen bezeugt die Weigerung, verstehen zu wollen. Die Befragten sehen wohl, was ihnen widerfährt. Sie erkennen es aber nicht als Wohltat, als Befreiung vom Schein, sondern sehen darin eine Beschädigung ihres Ansehens und beschuldigen Sokrates daher absurder Vergehen wie der Erforschung über- und unterirdischer Dinge sowie sophistischer Praktiken, die er auch andere lehre. (Apol. 23d)

Eben weil sie nur die Erscheinung des Sokratischen Tuns sehen, sein Wesen aber nicht verstehen, müssen sie dies Tun wieder in ihnen fassliche Kategorien übersetzen, und das sind solche des Wissens. So kommen sie zu der Behauptung, es gäbe eine Sokratische Lehre – wie später in der Platon-Forschung von einer Platonischen Lehre gesprochen werden wird.

Wie wenig aporetisch die Suche des Sokrates nach Einsicht für ihn selbst ausgegangen ist, zeigt Platon in der *Apologie* recht deutlich. Mit kaum überbietbarem Selbstbewusstsein bezeichnet Sokrates sein Tun als »Gottesdienst«. Er ist Athen von Gott gesandt worden, damit er seine Mitbürger mahne, sich um nichts anderes als das Wichtigste zu kümmern, den eigenen Seelenzustand. (Apol. 31a, 36c) So verteidigt er sich auch nicht um seiner selbst, sondern um der Polis willen, weil sie sich durch seine Verurteilung ihres größten Wohltäters berauben würde. (Apol. 30c-31b) Denn die Wissensprüfung ist nicht nur Destruktion des Falschen, sondern schlechthin der Weg, »möglichst gut und vernünftig zu werden« (Apol. 36c). Und dass Sokrates auf diesem Weg so weit gekommen ist wie wohl kein anderer, bezeugt seine Zuversicht angesichts des Todes, weiß er doch, »daß es für den guten Menschen nichts Schlechtes gibt, weder im Leben noch im Tod« (Apol. 41d). Von Skepsis in bezug auf die Möglichkeit einer Erkenntnis des Guten und Richtigen ist also nicht die Rede.

Getragen von der Erkenntnis dessen, was in der konkreten Situation gut und richtig ist, ist auch die im *Kriton* vorgetragene Begründung des Sokrates, sich dem Todesurteil nicht durch Flucht zu entziehen. Ebenso wie in der *Apologie* analysiert Sokrates noch in dieser extremen Lebenslage die Argumente seines Gegenübers, hier allerdings in Berufung auf Logoi, auf Aussagen, die ihm in seinen früheren Wissensprüfungen als die besseren und daher befolgenswerten erschienen sind. (Krit. 46b) Solche Logoi sind: Man soll nur die Meinung des Vernünftigen achten (Krit. 47a); nicht das Leben ist der höchste Wert, sondern nur das gute und das heißt: das gerechte Leben (Krit. 48b); Unrecht-Tun ist immer falsch, es schadet vor allem dem, der es praktiziert (Krit. 49a, b); ein zu Recht gegebenes Versprechen ist auch zu halten (Krit. 49e). An diesen Sätzen werden die Argumente des Kriton für die Flucht gemessen. Das Ergebnis lautet, dass eine Flucht ein Unrecht gegenüber der Polis und ihren Gesetzen wäre. Außerdem hätte man damit das Versprechen gebrochen, als Bürger nicht nur die Wohltaten, sondern auch die möglichen Fehlentscheidungen der Polis zu akzeptieren, sofern sie nicht auf falsche Gesetze, sondern auf deren falsche Auslegung zurückgehen.

Der *Kriton* beweist demnach ebenfalls, dass Sokrates durchaus zu positiven Aussagen, zu Wissen gelangt ist, keineswegs also als Skeptiker verstanden werden darf. Zugleich aber wird wieder eines deutlich: Wie das Wissen in der konkreten Situation angewandt, verstanden werden muss, ist im Wissen selbst nicht enthalten – so wie die richtigen Gesetze noch lange nicht die richtige Auslegung garantieren. Die Logoi, auf die sich Sokrates bezieht, sind Kriton geläufig und auch einsichtig. Dennoch kommt er in der konkreten Lage zu einem gänzlich anderen Schluss als Sokrates, was zu tun richtig ist. Das spezifisch Sokratische ist immer der Umgang mit dem Wissen, das richtige Verstehen. Das erwächst aus der Prüfung der Argumente, die man in sich vollzogen haben muss, um sie bei anderen vornehmen zu können. Ist das geleistet, werden auch die lebensleitenden Maßstäbe deutlich; der Weg zum guten Leben, das sich – wie Platon unmissverständlich klarmacht – selbst noch in einem gewaltsamen Tod als gutes vollendet.

Reden über die Tugend
Den Weg zum guten Leben zu weisen, versprachen auch die Sophisten. Mit ihnen setzt sich Platon durch Sokrates vornehmlich in der zweiten Dialoggruppe des Frühwerks auseinander. Warum wird die Auseinandersetzung zu einem solch erbitterten Ringen, was ist das Provozierende an der Sophistik? Ihr Gegenstand ist derselbe wie der der Philosophie: das Gute, die Tugend. Doch ihre Haltung dem Gegenstand gegenüber unterscheidet sich fundamental von der philosophischen. Besagt schon der Begriff »Philosophie«, dass hier Liebe zur Weisheit, also Bedürftigkeit herrscht, so liegt in dem Begriff »Sophist« der Anspruch, bereits weise zu sein. Die Sophisten behaupten zu wissen, was die Philosophen erst noch suchen – für den Philosophen Sokrates Anlass genug zu prüfen, ob Anspruch und Realität einander entsprechen. Im Dialog zeigt sich, dass die Sophisten Antworten geben, ehe ihnen noch die Notwendigkeit der richtigen Frage bewusst ist, der Frage danach, was Tugend ist.

Der Dialog *Protagoras* führt vor, dass der sophistische Tugendlehrer seinen eigenen Gegenstand nicht einmal soweit kennt, dass er darüber Auskunft geben könnte, ob er in sich Eines oder Vieles ist. Im *Gorgias* wird erkennbar, von welch widersprüchlichem Tugendverständnis die sophistischen Rhetoriklehrer ausgehen, wenn sie den Nutzen ihrer Kunst benennen sollen. Im *Menon* wird gezeigt, wie sehr man auf unbegründete Hypothesen angewiesen ist, wenn man über die Tugend urteilt, ohne sie selbst schon zu kennen. Und im *Euthydemos* zerfällt der Gegenstand der Tugendlehrer unter dem Ansturm ihrer eigenen Dialektik gänzlich, was zu einem völligen Zweifel am Wert eines geistigen Ringens um die Tugend führen würde, machte Sokrates nicht klar, dass hier nur sophistisches, nicht aber philosophisches Denken ad absurdum geführt wird. Letzteres erfordert die Umwendung des Blicks von den möglichen Eigenschaften der Tugend zurück zur Tugend selbst – der Schritt, der dann in der dritten Dialoggruppe vollzogen wird.

Protagoras, der berühmte Sophist aus Abdera, behauptet in dem gleichnamigen Dialog, Lehrer der Techne politike, der bürgerlichen Tugend oder auch politischen Wissenschaft zu sein. Mit dieser gelinge es, die eigenen Angelegenheiten und die der Polis auf das beste zu regeln. (Prot. 318e, 319a) Um zu begründen, wieso diese Tugend potentiell jeder erlernen könne, erzählt er den »Kulturschaffungsmythos«, eine Art umgewendeter Schöpfungsgeschichte. (Prot. 320c-322d) Denn hier ist die menschliche Existenz nicht Ergebnis göttlicher Vorsehung, sondern einer anfänglichen Verkehrung. Statt des Prometheus, des Vor-Denkers, übernimmt Epimetheus, der Nach-Denker, die Ausstattung der Lebewesen, und so kommt es, dass alle Gaben, die das Überleben sichern, schon vergeben sind, als der Mensch bei der Verteilung an die Reihe kommt. Die Conditio humana ist also die eines Mängelwesens – eine Sicht, die sich in der modernen Anthropologie wiederfindet –, und so muss Prometheus nachbessern und den Göttern für die Menschen Wissenschaft und Handwerkskunst entwenden, damit der Mensch auf diese Weise seine mindere physische Ausstattung ausgleichen kann. Noch immer aber ist der Mensch nicht überlebensfähig, weil er der Techne politike ermangelt. Zu ihr gehört die Kriegskunst, die es erlaubt, die wilden Tiere zu bekämpfen, vor allem aber die Kunst, sich untereinander zu einigen und ein Gemeinwesen zu begründen. So erbarmt sich Zeus und schickt den Menschen Scham und Recht, damit jeder sie sich aneigne. Dadurch hat der Mensch endlich die Chance zu überleben, denn nun hat er die innere Disposition und das äußere Regelsystem, die ein staatliches Zusammenleben ermöglichen.

In dem Mythos wird erkennbar, von welchem Tugendverständnis Protagoras ausgeht. Die bürgerliche Tugend ist die Technik individuellen Überlebens mittels der Gemeinschaft, sie ist ein Instrument der Selbsterhaltung. Letztere ist auch der Sinn jedes Gemeinwesens. Den Willen zum Überleben setzt Protagoras zu Recht als Mitgift jedes Menschen voraus, und so beschränkt sich die Leistung der Sophistik darauf, diese natürliche Ausstattung durch Vermittlung entsprechender Technik zu optimieren. Doch ist das Lehre von Tugend? Ist das Überleben schon das gute Leben?

Um Protagoras zur weiteren Offenbarung seines Verständnisses von Tugend zu veranlassen, fragt ihn Sokrates, wie sich die von dem Sophisten bereits genannten Tugenden wie Frömmigkeit, Gerechtigkeit und Weisheit zueinander verhalten. Sind sie nur Aspekte desselben, oder sind sie so voneinander unterschieden, dass man zugleich tapfer, aber ungerecht sein kann oder gerecht, aber töricht? (Prot. 329e) Protagoras entscheidet sich für die zweite Möglichkeit und setzt damit ein Untersuchungsverfahren in Gang, an dessen Ende alle Tugenden als eine erscheinen; sie stimmen darin überein, dass sie allesamt auf Einsicht beruhen. Die Position der beiden Dialogpartner hat sich dabei ironisch verkehrt. Protagoras, der Tugend zu lehren behauptete, leugnet am Ende, dass sie etwas mit Erkenntnis zu tun hat, während Sokrates, der anfangs die Möglichkeit der Lehre bestritt, sich aufgrund des Ergebnisses genötigt sieht, die Lehrbarkeit zumindest zu erwägen. Für beide wiegt diese Verkehrung jedoch unterschiedlich schwer. Sokrates hatte seine Ausgangsposition erkennbar als Advocatus Diaboli bezogen, um Protagoras zur Prüfung herauszufordern. Protagoras ist hingegen in seiner Existenz betroffen, wenn er als Lehrer der Tugend am Ende ihre Lehrbarkeit leugnen muss, um seine Ausgangshypothese halten zu können. Daran wird klar: Er weiß nicht, was er lehrt, er prätendiert ein Wissen, das er nicht hat.

Diesen seinen Unverstand lässt er erkennen, wenn er die Tugenden vollständig voneinander trennt, was nicht möglich ist, wenn sie – wie er andererseits voraussetzt – etwas Gutes sein sollen. Im Guten haben alle Tugenden ihren Einheitsgrund. Wenn aber, wie bei Protagoras, an die Stelle des Guten die Selbsterhaltung tritt, verliert die Tugend ihre Einheit und wird zur Funktion subjektiver Willkür. Deutlich wird das, wenn Sokrates Protagoras' These entkräftet, man könne alle Untugenden aufweisen und dennoch tapfer sein. Dazu beleuchtet Sokrates das Verhältnis der Erkenntnis zum Guten. (Prot. 351b-360d) Die meisten Menschen glauben, man könne wissen, was gut ist, und dennoch das Falsche tun. Den Grund für diese Verfehlung sehen sie darin, dass eine momentan beherrschende Lust stärker war als die Einsicht. Ihre Präferenz beweist jedoch, dass sie in diesem Fall die Lust als das Gute empfunden haben. Zugleich aber weiß jeder um die Ambivalenz der Lust, da sie oft Unlust zur Folge hat. Selbst wenn man die Lust für das Gute hält – was in sich widersprüchlich ist, weil es auch schlechte

Lust gibt –, müsste man also zur Lustoptimierung ein Kosten-Nutzen-Kalkül anstellen, und das heißt: Erkenntnis suchen, um Lust zu ermöglichen. Noch unter der – falschen – Prämisse, die Lust sei das Gute, zeigt sich, wie sehr dieses »Gute« zu seiner Verwirklichung auf rationale Überlegung angewiesen ist. Wer das Falsche tut, hat demzufolge nicht wider bessere Einsicht, sondern tatsächlich aus Unverstand gehandelt. Angewandt auf die Tapferkeit bedeutet das: Feige und Tapfere meiden beide, was Furcht erregt. Dass beide sich dennoch unterschiedlich verhalten, liegt daran, dass die Feigen sich irren in bezug darauf, was zu fürchten ist. Auch die Tapferkeit ist auf Erkenntnis angewiesen und damit – gegen Protagoras' Ansicht – unvereinbar mit Untugenden, die schon als Unverstand erwiesen waren.

Die Bedeutung dieser Lustanalyse liegt darin, dass sie den Hintergrund des Protagoräischen Tugendverständnisses weiter erhellt. Obwohl als »Meinung der Leute« ausgewiesen, steht auch hinter Protagoras' Trennung der Tugenden die Auffassung, dass das in ihnen wirksame Gute ein subjektives sei; reinster Ausdruck von Subjektivität ist der Luststandpunkt. Hier schließt sich der Kreis zu dem die Selbsterhaltung propagierenden Mythos am Dialoganfang. Wenn der Sinn des Lebens seine Erhaltung ist, es also keines über die Erhaltung hinausweisenden Guten bedarf, dann ist die gelungene Selbsterhaltung und Selbstdurchsetzung selbst schon das Gute. Die Erkenntnistheorie des Protagoras, nach der der Mensch das Maß aller Dinge ist[31], setzt sich konsequent fort in seiner voluntaristischen Ethik und seinem Verständnis von Politik, das das Gemeinwesen auf seine Überlebensfunktion reduziert.

Mit dem Dialog *Protagoras* hat Platon nicht nur *den* sophistischen Standpunkt vorgeführt, er hat auch eine gängige Deutung des Guten widerlegt: dass es das Angenehme, die Lust sei. Auf dieses Thema kommt er mehrfach zurück, so im *Gorgias*, im

Philebos und auch in der *Politeia*. Dort werden zwei Lebensalternativen einander gegenübergestellt: diejenige, die die Lust zum Guten erklärt, und die, der Erkenntnis das Gute ist. Am Ende des *Protagoras* scheint die Entscheidung für letztere gefallen zu sein, denn alle Tugenden gründen, so hatte sich gezeigt, in der Erkenntnis. Das würde die in der Sekundärliteratur oft verwandte Formel vom »Sokratischen Intellektualismus«[32] plausibel machen. Doch in der *Politeia* lautet die Frage an diejenigen, die den Erkenntnisstandpunkt vertreten: Die Erkenntnis wovon ist denn das Gute? Und die Antwort lautet tautologisch: nun, eben die Erkenntnis des Guten! Das zeigt, dass die Sache komplizierter ist und der Verweis auf die Erkenntnis als Antwort auf die Frage nach dem Guten noch nicht ausreicht. Wo also liegt der Fehler? Sokrates benennt ihn. (Prot. 361c, d) Man hat – ähnlich wie Epimetheus – das Pferd am Schwanz aufgezäumt und über Einheit und Lehrbarkeit der Tugend geredet, als wäre die Frage, was Tugend selber ist, längst geklärt. Dass diese Frage aber der Klärung bedarf, wird nur verständlich, wenn man die Folgen einer fehlenden Klärung selbst erfahren hat. Im Dialog *Gorgias* dürfen die dort angetretenen Rhetoriklehrer diese Erfahrung machen – mit zweifelhaftem Erfolg. Denn zu der philosophischen Konsequenz, die Wahrheit erst noch suchen zu müssen, führt sie ihre Erfahrung wohl kaum. Diese Konsequenz zu ziehen bleibt dem Leser vorbehalten.

Kallikles erzählt begeistert von der Redekunst des Gorgias und veranlasst Sokrates damit zu der Frage, wer Gorgias denn sei. (Gorg. 447d) Nun, Gorgias ist ein Rhetoriklehrer; aber mit dieser schlichten Antwort hat es nicht sein Bewenden. Was ist denn der Gegenstand der Rhetorik, jenes entscheidenden Werkzeugs sophistischer Tugendlehre? Mit der Bestimmung des Gegenstands tut man sich jedoch im folgenden schwer, denn potentiell kann natürlich jedes Thema rhetorisch aufbereitet werden. Wenn Rhetorik so nur eine Vermittlungstechnik wäre, deren sich der Fachmann auf dem je eigenen Gebiet bediente, wäre sie keine Wissenschaft für sich, als die sie Gorgias verstanden wissen will. (Gorg. 449a-e) Also bleiben nur zwei Möglichkeiten: Entweder der Rhetor weiß auf allen Gebieten Bescheid, oder er versteht sich nur darauf, andere ohne eigene Sachkenntnis zu etwas zu überreden. (Gorg. 454e- 455a) Gorgias entscheidet sich ohne Bedenken für die zweite Alternative, denn das scheint ihm gerade das Großartige an der Redekunst zu sein, dass sie, obgleich sie kein Fachwissen beinhaltet, »alle anderen Kräfte zusammengenommen unter sich begrifft« (Gorg. 456 a, b). Rhetorik verheißt Herrschaft durch Überredenkönnen, nicht zuletzt politische Herrschaft. Ist diese aber nicht an das Wissen von Recht und Unrecht gebunden? Allerdings, doch dieses Wissen erscheint Gorgias so unproblematisch, dass er es jedermann zu vermitteln vermag, »wenn er es zufällig noch nicht weiß« (Gorg. 460a).

Wie Protagoras im Kulturschaffungsmythos »Scham und Recht« als jedermanns Mitgift kennzeichnete, ist auch für Gorgias das Wissen von der Gerechtigkeit etwas per se Gegebenes. Mittels Rhetorik gelingt es dann, sich das Recht, von dem man von Natur aus weiß und das einem auch von Natur aus zusteht, selbst gegen Widerstand zu verschaffen. Die nächsten beiden Gesprächspartner, Polos und Kallikles, bestimmen noch deutlicher, was der Nutzen einer so verstandenen Redekunst ist. Für Polos haben die Rhetoren »die meiste Macht in den Staaten« (Gorg. 466), denn sie »tun, was sie wollen« (Gorg. 467b). Und Kallikles radikalisiert diesen Standpunkt, indem er das ihm zugrunde liegende Gerechtigkeitsverständnis benennt: Gerecht ist es, wenn der Bessere, d.h. Stärkere, mehr hat als die Schwächeren und über sie herrscht (Gorg. 483d), sich selbst hingegen keine Beschränkungen auferlegen muss (Gorg. 491e).

Oder, wie es bereits Gorgias formulierte, dessen Konzessionsbereitschaft gegenüber Sokrates für Kallikles noch Ausdruck bürgerlicher Durchsetzungsschwäche war: Rhetorik verschafft dem Menschen das größte Gut, nämlich »selbst frei zu sein und über andere zu herrschen« (Gorg. 452d).

Wenn dies bereits Recht, Gerechtigkeit ist, bedarf es in der Tat keiner großen Anstrengung, sich das Wissen davon anzueignen. Von bürgerlichen Konventionen befreit und zu Kalliklesscher Radikalität gesteigert, entpuppt sich das Ganze schlicht als die Ideologie der Selbstverwirklichung: das Großzüchten und Ausleben der je eigenen Bedürfnisse (Gorg. 491e, 492a), deren Durchsetzungschance um so größer ist, je besser man auf der Klaviatur der Rhetorik zu spielen und die anderen für seine Zwecke zu instrumentalisieren versteht. Dass Platon im *Gorgias* sophistischen Selbstbehauptungswillen und sophistische Selbstbehauptungstechnik in ihrem Zusammenhang darstellt, öffnet den Blick für eine andere Art der Herrschaft als z.B. im ersten Buch der *Politeia* vorgeführt. So sehr sich die Positionen des Thrasymachos und des Kallikles inhaltlich gleichen, sind in ihnen doch verschiedene Wege zur Macht symbolisiert: Thrasymachos repräsentiert eher den Typus, der seine Eroberungen mit der Gewalt der Waffen durchführt, Kallikles hingegen den, der mit der Gewalt des Wortes operiert. Die Menschen von innen, mittels Demagogie, zu beherrschen ist das sicherste Mittel, sie zum Werkzeug der eigenen Interessen zu machen (Gorg. 452e); hier ist bereits die Struktur der ideologisch begründeten Herrschaft vorgezeichnet.

Wie reagiert nun Sokrates, konfrontiert mit der geballten Wissensgewissheit des Gorgias, Polos und Kallikles? Seinem geübten Blick entgehen die Widersprüche nicht, denen die Gesprächspartner erliegen, wenn sie das entscheidende Wissen, nämlich das vom Gerechten, vom Guten, bei sich selbst voraussetzen. Es genügt, sie zur Selbstoffenbarung zu führen – durch den Dialog, der sich schon hier, wie später noch deutlicher im *Phaidros*, als die eigentliche Alternative zur Rhetorik präsentiert. (Gorg. 488d)

Gorgias hat behauptet, durch Rhetorik das Gerechte zu lehren, zugleich aber hat er den Rhetoriklehrer von der Verantwortung für denjenigen Schüler entlastet, der die Rhetorik unrechtmäßig gebrauchte. (Gorg. 454b; 456d-457c) Wenn aber ein unrechtmäßiger Gebrauch der Rhetorik möglich ist, liegt das Gerechte nicht bereits in ihr beschlossen, sondern müsste noch hinzukommen, um ihren Gebrauch rechtmäßig zu machen. Die Rhetorik entbehrt also tatsächlich des Maßstabs, den sie doch zu lehren behauptet. Analog sind die folgenden Widerlegungsgänge angelegt. Polos hat behauptet, der Rhetor könne tun, was er will, worunter er das ihm Angenehme, Lustbereitende verstand. Bewirkt die Lust hingegen Schaden, so hat der Rhetor de facto nicht getan, was er eigentlich wollte, denn niemand schadet sich freiwillig. (Gorg. 468d) Auch hier zeigt sich, dass das mit der Rhetorik beanspruchte Wissen, was gerecht, gut, nützlich ist, in Wahrheit fehlt. Und Kallikles, der ganz ungeniert das Recht des Stärkeren propagierte, sieht sich zunehmend genötigt zuzugeben, dass die in seinem Standpunkt liegende Maßlosigkeit der Bedürfnisse nicht den erwünschten Lustgewinn verspricht; das Angenehme ist um des Guten willen zu tun, nicht umgekehrt. (Gorg. 499c, 500a) An die – unterstellte – Identität des Angenehmen mit dem Guten ist nicht mehr zu denken.

Als eine natürliche Mitgift hat sich das Wissen um das Gute, die Gerechtigkeit, die Tugend mithin nicht erwiesen. Der *Gorgias* zeigt in Fortsetzung des im *Protagoras* entwickelten Standpunktes, welch zerstörerische Folgen es haben kann, wenn falsche Wissensgewissheit politisch virulent wird, wenn der private Egoismus sich zum verbindlichen Maßstab verallgemeinern darf.

Nicht mit den politischen, sondern mit den logischen Konsequenzen einer als gegeben vorausgesetzten Tugend befasst sich der *Menon*. An dem in ihm vorgeführten hypothetischen Verfahren wird erkennbar, dass man notwendig im Zirkel der eigenen, unbewussten Voraussetzungen kreist, solange man über die Tugend urteilt, ohne sie schon verwirklicht zu haben.

Der Sophistenschüler Menon will von Sokrates wissen, ob er glaube, dass Tugend lehrbar ist. Sokrates gibt zu erkennen, für wie abwegig er eine solche Frage hält, da er nicht einmal wisse, was die Tugend selbst ist. Wie soll er dann über ihre Eigenschaften urteilen können? (Men. 71a, b) Allerdings, und das lässt die Sokratische Bescheidenheit in anderem Licht erscheinen, habe er auch keinen anderen getroffen, der das gewusst habe (Men. 71c) – eine gezielte Provokation gegenüber den sich als wissend präsentierenden Sophisten. Befragt, was er, Menon, für das Wesen der Tugend halte, gibt Menon eine Reihe von Antworten, die Sokrates nacheinander widerlegt. Denn alle Wesensbestimmungen ermangeln gerade dessen, was sie bestimmen sollen. Die Tugend muss, wie schon im ersten Buch der *Politeia* gezeigt, immer noch dazukommen, damit die Bestimmung die gesuchte Sache enthält. Menons letzter Bestimmungsversuch mündet in der These, Tugend bestehe in dem »Vermögen, sich Güter zu verschaffen« (Men. 78c). Doch die meisten Güter sind in sich ambivalent, erst der rechte Gebrauch macht sie gut – und der erfordert Gerechtigkeit, Besonnenheit etc., also genau das, was mit der Definition hätte erfasst werden sollen.

Dieser Zirkel treibt Menon in den Zweifel. Wie soll man eigentlich etwas suchen, von dem man nicht weiß, was es ist? Seinen prägnanten Ausdruck findet dieser Zweifel in dem sophistischen Satz: »Es ist dem Menschen weder möglich zu suchen, was er weiß, noch was er nicht weiß. Weder nämlich kann er suchen, was er weiß, denn er weiß es ja und bedarf daher keiner Suche mehr. Noch kann er suchen, was er nicht weiß, denn er weiß dann ja nicht, was er sucht.« (Men. 80e) Gegen diesen Sophismus stellt Sokrates seine Anamnesis-These, die These, Lernen sei Erinnerung. Plausibel gemacht wird dies mit dem mythologischen Verweis auf ein vorgeburtliches Leben, in dem die Seele von allem gewusst hat, was sie später einmal wieder zu wissen erstrebt. Doch welcher Sachverhalt ist mit diesem Gedanken gemeint, von dessen mythologischer Einkleidung sich Sokrates später (Men. 86b) vorsichtig wieder distanziert? Dieser Gedanke ist ein Gegengift gegen die Skepsis, die »träge« macht, während die Anamnesis-Theorie den Menschen »tätig und forschend« (Men. 81d, e) werden lässt. Der gemeinte Sachverhalt aber ist, dass die Verwandtschaft der gesamten Natur (Men. 81d), zu der auch die Seele gehört, alles im Zusammenhang erfahrbar werden lässt. Was Gegenstand der Erkenntnis werden kann, ist von vorneherein nicht das ganz andere, sondern ein dem Erkennen Verwandtes.

Bedeutet das nun, dass der Mensch das Wesentliche im Grunde schon weiß und es sich nur bewusst zu machen braucht? Eine praktische Vorführung zeigt, dass dies nicht das Gemeinte ist. Ein Sklave soll durch Befragung dazu gebracht werden, selbständig einen mathematischen Satz zu entwickeln. (Men. 82b-85b) Der entscheidende Lerneffekt ist dabei aber nicht die ihm am Ende praktisch in den Mund gelegte Lösung, sondern seine Erfahrung, dass das bisher als richtig Angenommene der Überprüfung nicht standhält. »Jetzt nämlich möchte er wohl gerne suchen, was er nicht weiß, damals aber glaubte er, leicht und vor vielen oftmals gut über das zweifache Viereck zu reden.« (Men. 84b, c) Lernen ist möglich, das will die Anamnesis-Theorie besagen, denn die Möglichkeit zu erkennen hat der Mensch von Natur. Dass aus der Möglichkeit Wirklichkeit wird, setzt die Einsicht voraus, dass diese Wirklichkeit durch Lernen erst noch geschaffen werden muss. Und Lernen ist »Erinnerung«, das heißt, »die Erkenntnis aus sich selbst aufzunehmen« (Men. 85d). Was von der in der Literatur oft so mythisch überhöhten Anamnesis-Theorie übrigbleibt, ist also schlicht die Aufforderung zur geistigen Selbsttätigkeit. Lernen, das macht Sokrates ganz deutlich, ist die je eigene Leistung jedes einzelnen, die durch Fragen höchstens angeregt werden kann. Es ist nicht zu erreichen durch die so einfache äußere Belehrung, die den Menschen nicht ändert, sondern bloß seinen Wissensbestand mehrt.

Diese klare Absage des Sokrates an die sophistische Lehrtätigkeit hält Menon nicht davon ab, auf seiner Frage nach der Lehrbarkeit der Tugend zu beharren. Weil aber die Wesensfrage nach wie vor ungeklärt ist, sieht sich Sokrates zu einer Hypothese über das »Was« der Tugend genötigt, um die nachgeordnete Frage des »Wie« untersuchen zu können. (Men. 86e) Tugend ist dann lehrbar, so die Hypothese, wenn sie Erkenntnis ist. Ist sie Erkenntnis? Tugend ist per definitionem gut; doch die meisten guten Dinge werden erst dann gut, wenn man sie vernünftig gebraucht. Tugend ist also identisch mit Einsicht oder zumindest auf diese angewiesen. (Men. 89a) Tugendhaft oder gut ist man demnach nicht von Natur. Wird man es aber durch Belehrung? Alle Versuche, einen Lehrer der Tugend aufzufinden, enden im weiteren Gespräch ergebnislos. Die sich dafür ausgeben, die Sophisten, werden von den als tugendhaft angesehenen Bürgern nicht anerkannt, und diese Bürger selber sind offenbar auch unvermögend, ihre Fähigkeit weiterzuvermitteln. War also die Hypothese falsch, und Tugend bedarf nicht unbedingt der Erkenntnis, sondern kann auch auf richtiger Meinung beruhen? Doch richtige Meinung ist etwas Flüchtiges, solange sie nicht gebunden wird durch »Aufweisen ihrer Begründung«, also durch »Erinnerung« oder Lernen. (Men. 98a) Entweder hat man also die richtige Meinung per Zufall, oder man hat sie per

Begründung, dann aber ist sie bereits wieder Erkenntnis. Der Zirkel ist perfekt, die Hypothese, Tugend müsse, um lehrbar zu sein, auf Erkenntnis gründen, hat sich selbst eingeholt. Der ironische Ausweg ist, auf »göttliche Fügung« (Men. 100b) zu verweisen, wodurch die der Erkenntnis ermangelnden, nach bürgerlichen Maßstäben tugendhaften Leute tugendhaft sind. Der ernstgemeinte Ausweg aber ist, »es erst zu unternehmen zu untersuchen, was die Tugend an sich selbst ist« (Men. 100b), bevor man sich zu irgendwelchen Hypothesen über ihr Wesen versteigt, um sekundäre Fragen beantworten zu können.

Wohin es führen kann, wenn man sich nie ernstlich um die Sache selbst bemüht hat, über die man ständig urteilt, zeigt der *Euthydemos*. Hier werden zwei sophistische Tugendlehrer vorgeführt, Euthydemos und Dionysodoros, die eine praktische Demonstration ihrer Kunst geben wollen und dabei so erfolgreich sind, dass am Ende im Grunde nur noch die Sprachlosigkeit bleibt. Wahrheit und Lüge, Wissen und Nichtwissen, Widerspruch und Widerspruchsfreiheit sind aufgehoben, und die Tugend besteht darin, ungeachtet der Sachlage immer wieder Recht zu behalten. Wollte sich Platon hier über die sophistischen Tricks lustig machen, wenn er zum Beispiel »logisch« herleiten lässt, das es dem Koch zukommt, geschlachtet und gebraten zu werden (Eu. 301d), oder hat der Dialog noch einen tieferen Sinn? Man kommt einer Antwort näher, wenn man auf die antithetische Struktur des Dialogs achtet, die Gegenüberstellung von sophistischem Treiben und Sokratischem Philosophieren.

Zu Beginn »beweist« Euthydemos, dass nur die Dummen lernen, weil sie das noch nicht wussten, was ihnen beigebracht wird, woraufhin Dionysodoros zeigt, dass nur die Klugen lernen, weil sie alleine fähig sind, das Neue aufzunehmen. Ebenso wie das Subjekt des Lernprozesses wird dann das Objekt in

Frage gestellt. Man lernt, was man weiß, denn man kann nur mittels des bereits Bekannten lernen; man lernt, was man noch nicht weiß, denn man bekommt eine Erkenntnis hinzu, die man bisher nicht besaß. (Eu. 275d-277a) Sokrates deckt auf, was der Kniff bei dieser sophistischen Dialektik ist: der Wechsel des Bezugspunktes, der je nach momentan verfolgter Intention unterschiedliche Gebrauch der Worte. Das Problem bei einem solchen Umgang mit den Worten ist nur, dass jemand, »wenn er auch vieles oder alles derartige lernte, von den Dingen keineswegs besser wüßte, wie es sich mit ihnen verhält« (Eu. 278b). So kommt man den Sachverhalten nicht näher – wie dann? Sokrates führt vor, wie er sich einen protreptischen, einen zur philosophischen Suche anregenden Dialog vorstellt. Durch Befragung seines Dialogpartners Kleinias entwickelt Sokrates mit ihm folgenden Gedankengang: Alle Menschen wollen glücklich sein und suchen das Glück in der Regel in den Gütern. Doch die meisten Güter werden erst durch den rechten Gebrauch gut, sie selbst sind immer nur relativ gut. Absolut gut ist hingegen, was den rechten Gebrauch ermöglicht, die Weisheit. Doch wie gelangt man zu ihr – durch Belehrung? Und gibt es eine spezielle Erkenntnis, die den glücklich machenden Gebrauch ermöglicht? Die Frage richtet sich an die Sophisten, die darin nur den Anlass sehen, ihr zerstörerisches Spiel fortzusetzen.

Durch unzulässige Verallgemeinerungen, Verkehrung von Existenz- in Allaussagen und ähnliche Techniken weisen sie nach, dass man weder lügen noch über Dinge so reden kann, wie sie sich verhalten. Auch ein Widerspruch sei nicht möglich. Wenn demnach – so die von Sokrates gezogene Schlussfolgerung – weder falsches Denken noch falsches Tun möglich ist, wozu bedarf es dann sophistischer Belehrung? Dieser Widerspruch zeigt, dass es Widerspruch gibt; und überhaupt ist das Erstaunliche an dem Satz, es gäbe keinen Widerspruch, »daß er nicht nur alle anderen Sätze aufhebt, sondern auch sich selbst« (Eu. 286c). Sobald das Kontradiktionsprinzip aufgehoben ist – der Satz, dass etwas nicht zugleich und in gleicher Hinsicht sein und nicht sein kann –, ist sinnvolles Reden nicht mehr möglich, denn dann ist alles ebenso, wie es nicht ist. Nur dann gilt eben gleichfalls der Satz, dass das Kontradiktionsprinzip nicht aufgehoben ist. Der Versuch der Sophisten, über die Grundregeln des Denkens hinwegzuspringen, ist immer nur erfolgreich, solange der Verblüffungseffekt anhält. Sobald man die Techniken aufdeckt, die hinter dem Effekt stehen, sieht man, dass die Sophisten nicht nur die Fundamente des anderen, sondern auch die ihres eigenen Denkens untergraben.

Die beharrliche Weigerung der Sophisten, sich auf die angesprochene Sachfrage einzulassen, nötigt Sokrates, sie seinerseits wieder aufzunehmen. (Eu. 288d) Gesucht war die Erkenntnis, die wahrhaften Nutzen bewirkt, weil sie den rechten Gebrauch der in sich ambivalenten Güter ermöglicht. Alle hervorbringenden Wissenschaften beschränken sich auf die Verfertigung von Gütern, Maßstäbe für einen vernünftigen Gebrauch liefern sie nicht. Gesucht ist demnach die Erkenntnis, »in der das Hervorbringen und das Wissen, wie das Hervorgebrachte zu gebrauchen ist, zusammenfallen« (Eu. 289b). Noch wird nicht gesagt, auf welche Erkenntnis Platon hier anspielt, der ganze Dialog lässt die Antwort in der Schwebe. Doch es ist nur eine Antwort denkbar, die in späteren Dialogen auch explizit gegeben wird: Gemeint ist die Erkenntnis des Guten. Hier wird bloß beschrieben, was die gesuchte Erkenntnis bewirken muss. Sie ist Hervorbringen und Wissen um den Gebrauch in einem, sie ist die Erkenntnis, wodurch alles andere gut wird (Eu. 292d), und sie vermittelt keine andere Erkenntnis – wie beispielsweise die des einzelnen Fachmanns –, sondern nur die von sich selbst. (Eu. 292d) Deshalb ist es auch fraglich, ob sie mit der Techne politike identisch ist, obwohl diese doch alle andere Fachkunde und Erkenntnis unter sich zusammenfasst und über deren Gebrauch entscheidet. Zu tun haben aber muss sie mit der politischen Wissenschaft, wenn diese nicht nur für Freiheit, Wohlstand und Sicherheit der Bürger sorgen soll (Eu. 292b), sondern auch dafür, dass all diese relativen Güter auch wirklich zum Nutzen der Menschen verwandt werden.

Ein drittes Mal werden nun die Sophisten um Auskunft in der alles entscheidenden Frage nach der gesuchten Erkenntnis gebeten, und wieder gelingt es nicht, sie zu einer ernsthaften Einlassung zu bewegen. Vielmehr zeigen sie, indem sie einschränkende Zusätze willkürlich weglassen, dass Sokrates ohnehin alles wisse, wenn er eines weiß. Also wisse er auch, welches die gesuchte Erkenntnis ist. So hat sich eine ironische Verkehrung des Sokratischen Bekenntnisses zum wissenden Nichtwissen ergeben, denn jetzt versuchen ihn die Sophisten zu überzeugen, dass er tatsächlich ein nichtwissend Wissender sei. (Eu. 295a) Doch hier hört der Spaß auf, wie Sokrates feststellen muss (Eu. 294b), denn mit der Theorie, dass man im Grunde immer schon im Stande des Wissens ist, ist man zum Kern des sophistischen Denkens vorgestoßen. Das ist ihr eigentliches Credo, das, womit es den Sophisten ernst ist. Nun wird auch klar, was sie als ihre eigene Aufgabe verstehen, nämlich das unbewusste Wissen zu Bewusstsein zu bringen. Allerdings: Nachdem sie bereits Wahrheit und Lüge, Wissen und Nichtwissen relativistisch zersetzt haben, bleibt als Wissensbestand, den es bewusst zu machen gilt, nichts anderes übrig als die »Einsicht«, dass jeder selbst das Maß aller Dinge ist. Die Sophistik liefert der Selbstbehauptung das Instrumentarium; Sachlichkeit, das heißt Orientierung des Selbst an etwas Objektivem, wird dann zu einer sinnlosen Forderung, wenn es »die Sache« gar nicht mehr gibt. (Eu. 295c)

Die weiteren sophistischen Übungen führen zu so absurden Ergebnissen wie dem von dem gebratenen Koch. Das Spiel mit dem Wechsel der Perspektive, die Ausnutzung grammatischer Doppeldeutigkeiten, das die Intention eines Satzes missachtende Anknüpfen an dem zuletzt geäußerten Wort sind Mittel, um wilde logische Kapriolen zu schlagen. Doch was in diesem Dialog in puncto Übertölpelungstechniken auf die Spitze getrieben wird, ist doch nur die Extremierung alltäglichen Ander-Sache-vorbei-Redens. Bei genauerem Hinsehen kann man durchaus Argumentationstechniken wiedererkennen, wie man sie auch in Alltagsgesprächen verwendet, wenn man unbedingt recht behalten will. Der Dialog führt vor, was es heißt, wenn die in ihm gesuchte Erkenntnis fehlt. Ein vernunftloser Gebrauch ist auch bei Worten möglich. Wenn das Wort sich nicht an der Sache orientiert, wird es zum Spielball des eigenen Durchsetzungswillens.

Sokrates warnt am Ende des Gesprächs davor, auch von der Erfahrung falschen Gebrauch zu machen. (Eu. 307a) Die Tatsache, dass die sophistische Tugendlehre de facto auf eine Zerstörung von Wissen und Wahrheit hinausläuft, darf nicht zu einem Zweifel an der Philosophie führen. Über der Verwandtschaft der Themen darf die Verschiedenheit der Verfahren nicht aus dem Blick geraten. Mit der Gegenüberstellung von Philosophie und Sophistik hat Platon den wesentlichen Unterschied beider erkennbar gemacht: Der Philosophie ist es um die Sache zu tun, der Sophistik um das Ich. Philosophie ist Erkenntnissuche, Streben nach dem noch nicht Besessenen, Sophistik leugnet die Möglichkeit von Erkenntnis und begnügt sich mit beliebig verfügbaren Versatzstücken von Wissen. In letzter Konsequenz mündet sophistisches Denken in der Selbstaufhebung, weil mit der Zerstörung des Gegenstandes auch das Denken, das über ihn urteilt, den Boden verliert. Einen Ausweg bietet nur die Rückwendung zur Sache; die Sache der Philosophie, die Sokrates gründlich zu prüfen empfiehlt (Eu. 307b, c), und damit natürlich auch die Sache, die Gegenstand der Philosophie ist, das Gute, die Tugend. Alles Reden über die Tugend – das haben die Dialoge der zweiten Gruppe des Frühwerks gezeigt – bleibt bodenlos, solange man das Wissen von ihr einfach voraussetzt. Was also ist die Tugend?

Die Tugend selbst
Tugend ist das Gute, das dem Menschen zu verwirklichen aufgegeben ist. Das ist die Antwort der Philosophie auf die Tugendfrage – im Gegensatz zur sophistischen Antwort, in der Tugend das Gute ist, das der Mensch immer schon hat und sich nur noch bewusst zu machen braucht. Die sophistische Antwort ignoriert die bestehende Wirklichkeit, die philosophische Antwort fordert eine Wirklichkeit, die es noch nicht gibt. Wie wird aus der Forderung Realität, aus dem Sollen Sein? Eine bloße Willensentscheidung reicht da nicht aus, denn man muss erkennen, was man will, um es verwirklichen zu können. Ein Erkenntnisweg ist also zurückzulegen, und dieser Erkenntnisweg wird in der dritten Gruppe des Frühwerks vorgeführt. Es sind verschiedene Varianten des »Aufstiegs«, der im mittleren Werk dann selbst zum Thema wird. Hier ist er noch nicht Thema, sondern praktischer Vollzug.

Wie schon im ersten Buch der *Politeia*, so ergibt sich auch in den anderen hier kurz zu skizzierenden Dialogen *Laches* und *Charmides* die Tugendfrage aus einer alltäglichen Gesprächssituation. Kephalos war nach dem Grund seiner Zufriedenheit im Alter gefragt worden und hatte daraufhin auf sein gerechtes Leben verwiesen. Im *Laches* suchen Lysimachos und Melesias nach einer Fachkunde, durch die ihre Söhne einmal berühmt werden könnten, und Nikias empfiehlt die Fechtkunst, weil sie tapfer mache. Charmides schließlich, der vielumschwärmte schöne Jüngling, wird von Kritias auch wegen seiner seelischen Vorzüge gerühmt, vor allem aber wegen der ihm eigenen Besonnenheit.

Sokrates trifft demnach auf Gesprächspartner, die mit großer Selbstverständlichkeit über Tugend urteilen: Kephalos nimmt für sich in Anspruch, gerecht gelebt zu haben; Nikias und später auch Laches urteilen so sicher über das, was tapfer macht, wie Kritias darüber, wer besonnen ist. Von – scheinbar – unerschütterlicher Gewissheit sind sie alle. Kephalos ist sich sicher, dass es richtig ist, was er getan hat; Nikias und Laches wissen, was man tun soll; Kritias weiß, wie man sein soll. Die Sokratische Frage schreckt sie aus dieser Sicherheit auf. Es kommt ein Prozess in Gang, an dessen Ende regelmäßig die Aporie steht. Doch wie mehrfach angedeutet, muss genau betrachtet werden, was da scheitert. Wer den Dialog für ergebnislos hält, übersieht, welche intellektuelle Herkulesarbeit bis zum scheinbar ausweglosen Ende geleistet wurde.

So unterschiedlich die drei genannten Dialoge auch sind, vergleichbar werden sie durch die Stufen, die das Denken auf der Suche nach der Tugend zurücklegt. Angestoßen wird die Suche durch die Sokratische Frage: »Was ist die Gerechtigkeit (Tapferkeit, Besonnenheit)?«, eine Frage, die an die gestellt werden kann und muss, die sich so fraglos im Besitz der Tugend wähnen. Welche Antworten sind auf diese Frage denkbar? Die Antworten, die im Dialog gegeben werden, zeichnen den Weg vom natürlichen Weltverhältnis des Menschen bis zur Höhe der Reflexion nach – ein Stufenweg, der sich je nach Gegenstand und Dialogpartner anders konkretisiert, aber sich in seiner Struktur doch einheitlich darstellen lässt.

Die erste Antwort auf die Frage: »Was ist die gesuchte Tugend?« ortet die Tugend im Bereich der Phänomene, in bestimmten Verhaltensweisen. Das entspricht dem natürlichen

Denken, das sich noch ganz in der Welt der Objekte verliert. Auf der zweiten Stufe entdeckt das Subjekt sich selbst. Nun werden innere Einstellungen oder subjektive Maßstäbe als Wesen der Tugend ausgegeben. Es hat eine Wendung von außen nach innen stattgefunden. Das Ungenügen eines solchen Tugendverständnisses treibt weiter zur dritten Stufe. Es wird ein allgemeines Prinzip benannt, das jenseits von Objekt und Subjekt liegt: ein Absolutes. Doch das Absolute *ist* für das Subjekt nur, wenn es von diesem auch erfasst wird. Das versucht das Denken auf der vierten Stufe. Jetzt wird in der Regel ausgesprochen, was von Anfang an unbewusst vorausgesetzt war: dass die Tugend ihren letzten Grund, ihre Ursache im Guten hat. Dennoch verfällt auch diese vierte Stufe dem Widerspruch, obwohl in ihr zur Sprache kommt, was denknotwendig vorausgesetzt werden muss. Warum scheitert auch dieser letzte Erfassungsversuch? Er scheitert, weil das Gute nur ein gedachtes, kein wirkliches ist. Erst die fünfte Stufe des Aufstiegs ist die Wirklichkeit der gesuchten Sache, und diese ist bei den Gesprächspartnern nicht zu finden. Wohl aber findet sie sich bei Sokrates. In gegenläufiger Richtung zum Denken seiner Gesprächspartner denkend, also nicht von der Sache her, sondern auf die Sache hin, hält er gegen den Schein des Gesuchten, den die Gesprächspartner präsentieren, das Sein des Gesuchten aufrecht. Dieses Sein wird immer greifbarer, je mehr die Widerlegung den Schein offenbart.

Das soll nun ein wenig konkretisiert werden. Doch zuvor sei auf jenes Problem verwiesen, das das der Darstellung schlechthin ist, bei der Darstellung des Aufstiegs aber ganz besonders bedacht werden muss. Wenn es in der Platonischen Philosophie darum geht, ein Umdenken in Gang zu setzen, das den Leser letztlich dazu führt, den Aufstieg selbst zu vollziehen, dann kann die Beschreibung des Aufstiegs niemals das erfassen, was dessen eigentliches Ziel ist – die Wirklichkeit der je eigenen Erkenntnis. Die Beschreibung darf also niemals für die Sache selbst genommen werden; diese zu schaffen ist Aufgabe dessen, der in der Auseinandersetzung mit der Platonischen Philosophie selbst zum Philosophen wird.

Die Tapferkeit im *Laches*. Die berühmten Feldherren Nikias und Laches sind sich nicht einig, ob die Kunst des Fechtens tapfer macht oder nicht. Da sie trotz ihres Widerspruchs Fachkundige in Sachen Tapferkeit zu sein scheinen, sollen sie Auskunft über ihren Gegenstand geben. Laches macht den Anfang. »Wenn jemand entschlossen ist, in der Schlachtreihe verharrend die Feinde abzuwehren, und wenn er nicht flieht« (La. 190e), dann ist der Betreffende tapfer, so seine Antwort auf die Frage nach der Tapferkeit. Formal genügt diese Bestimmung nicht, weil sie keine Definition ist, sondern bloß ein Beispiel. Inhaltlich ist sie ungenügend, weil sie nur darstellt, wie Tapferkeit sich phänomenal äußern kann, nicht aber, was sie ist. Sokrates zeigt das an einem Gegenbeispiel. Tapfer kann auch sein, wer den Feind fliehend bekämpft. Zudem gibt es auch Tapferkeit gegenüber Krankheit und Armut und in der Politik. Was ist das Eine, das sich auf so verschiedene Weise zeigen kann? Laches' zweite Antwort lässt die Phänomenwelt hinter sich. Ihr liegt die Einsicht zugrunde, dass Tugend nicht in äußerem Verhalten aufgeht, sondern mit innerer Einstellung zu tun hat. Tapferkeit ist jetzt »eine gewisse Standhaftigkeit der Seele« (La. 192b). Doch nicht jede Standhaftigkeit ist auch tapfer, die mit Unverstand gepaarte ist es nicht. Die Wende zum Subjekt, die Laches vollzogen hat, deckt zwar auf, dass Tugend eine seelische Grundlage hat, sie verdeutlicht aber zugleich, dass der bloßen Subjektivität der Maßstab mangelt. Daher die dritte Definition: Tapferkeit ist »verständige Standhaftigkeit« (La. 192d). Aber Sokrates weist nach, dass nicht jede verständige Standhaftigkeit Tugend ist; wer mit Kalkül und um des eigenen Nutzens willen auf seinem Tun beharrt, ist wohl kaum tapfer zu nennen. Auch das allgemeine Prinzip, das Laches nun gefunden hat, löst sich im Widerspruch auf, obwohl es mit der »Verständigkeit« etwas beinhaltet, was Maßstab für subjektive Einstellung und verobjektiviertes Verhalten sein könnte. Verständigkeit aber ist ambivalent. Sie kann egoistischen Zwecken dienen oder Grundlage richtigen Urteilens sein. Doch was ist das Richtige? Laches kapituliert, Nikias übernimmt.

Nikias verteidigt den Wissenscharakter der Tapferkeit und bestimmt sie in einem Zwischenschritt als »Erkenntnis des Gefährlichen und Ungefährlichen« (La. 194d, 195a). Gemeint ist damit, wie die weitere Untersuchung zeigt, die Erkenntnis künftigen Übels bzw. Nicht-Übels. Wer aber für die Zukunft entscheiden kann, was gut oder übel ist, kann das auch für Gegenwart und Vergangenheit, so dass die vierte Definition der Tapferkeit, nämlich »die Erkenntnis alles Guten und Üblen« (La. 199c), das Spezifische der Tapferkeit aus dem Blick verloren und die gesamte Tugend bestimmt hat.

Nikias konnte die Tapferkeit nicht festhalten, sie ist ihm ins Allgemeine entglitten. Sokrates hatte vorher betont (La. 194a), dass auch in der Untersuchung Tapferkeit, Beharrlichkeit in der Sache, praktiziert werden müsse. Er hat sie bewiesen, denn immer wenn der Dialogpartner nach Maßgabe seines Vorurteils antwortete, führte ihn die Sokratische Frage zurück zum sachlich Notwendigen. So konnte sich eine Aufstiegsbewegung entfalten, die hinauf führte zu immer höheren Reflexionsebenen und zugleich hinab zu immer tiefer liegenden Voraussetzungen des Denkens. Von dem Verständnis der letzten Voraussetzung, des Guten, hängt alles andere ab – dass das richtige Verständnis mit dem bloßen Wort noch lange nicht gegeben ist, wird in der Widerlegung offenbar. Denn der Inhalt, der dem Guten grundsätzlich gegeben wird, solange es nicht wahrhaft gesucht, sondern schlicht vorausgesetzt wird, ist immer das Ich. Dann ist tapfer, wie ich mich im Krieg verhalte, wie ich auf meinem Standpunkt beharre, wie ich mein Verstandeskalkül verfolge, wie ich schließlich Gut und Böse einschätze. Die Abwendung vom Ich und die Hinwendung zur Sache ermöglicht erst die Vollendung des Aufstiegs: die Erkenntnis des Guten, die nicht länger Setzung des Guten ist. »Sagbar wie andere Kenntnisse« (SB 341c) ist das Gute selbst nicht, weil es Einsicht ist, nicht Wissen. Aber es wird in seiner Wirkung erkennbar, in der dialogischen Entlarvung des Scheins.

Die Besonnenheit im *Charmides*. Ähnlich wie im *Laches* verlaufen die Bestimmungsversuche der gesuchten Tugend auch im *Charmides*. Nur weitet sich hier die Erklärung der vierten Stufe zu einer eigenständigen Erkenntnistheorie aus, wohl deshalb, weil es sich bei der »Besonnenheit« um eine Tugend handelt, die mit der Selbstbesinnung des Menschen zu tun hat. Charmides' erste Bestimmung der Besonnenheit, »wenn man alles geordnet macht und bedächtig [...], eine gewisse Bedächtigkeit« (Cha. 159b), weist dieselben Mängel auf wie Laches' erste Definition. Sie ist reine Phänomenologie, nicht Wesensbestimmung. Hier genügt Sokrates' Hinweis, dass in vielen Fällen Schnelligkeit besser ist als Bedächtigkeit, um die Ambivalenz der Bestimmung nachzuweisen. Die Wendung zum Subjekt, Kennzeichen der zweiten Stufe, äußert sich bei Charmides in der Definition »Besonnenheit ist so etwas wie Scham« (Cha. 160e). Nicht immer aber ist Scham gut, der Bedürftige – zu ergänzen ist wohl: der der Wahrheit bzw. Tugend Bedürftige – sollte sich nicht schämen. Mit diesem Argument entlarvt Sokrates das Ungenügen der Subjektivität als Grundlage von Tugend. Zu einer angemessenen Auslegung seiner von anderen übernommenen dritten Definition, »das Tun des Seinen« (Cha. 161b), ist der Knabe

Charmides nicht imstande. Er benennt zwar ein allgemeines Prinzip, das Objektivität und Subjektivität zugrunde liegt, er versteht es aber nicht. So kann er Sokrates' Argument, eine Polis, in der sich jeder nur um das Eigene kümmere, sei doch wohl nicht gut verwaltet, nichts entgegensetzen.

Welche andere Auslegung man dem Satz »Tun des Seinen« geben kann, führt Platon in *Politeia* 433a vor. Hier ist mit dieser Definition die Gerechtigkeit bezeichnet und das »Tun des Seinen« nicht Ausdruck von vernunftloser Vielgeschäftigkeit im Eigenen, sondern im Gegenteil von vernünftiger Beschränkung auf die je eigene Aufgabe. Auch an diesem Beispiel wird erkennbar, dass es nicht auf das Wort, sondern auf dessen rechtes Verständnis ankommt, wie Sokrates seinem nächsten Dialogpartner Kritias klarmacht, als der die dritte Definition des Charmides haarspalterisch zu retten versucht. »Ich gestatte dir wohl, jedes Wort zu nehmen, wie du willst. Gib nur an, worauf du das Wort beziehst, das du verwendest.« (Cha. 163d) Am Bezug zeigt sich, dass Kritias unter dem »Tun des Seinen« das »Tun des Guten« (Cha. 163e) versteht. Wieder hat der Versuch, das allgemeine Prinzip der dritten Stufe richtig auszulegen, auf seine Ursache, das Gute geführt. Doch wie ist nun seinerseits das Gute zu verstehen?

Es schließt sich eine erkenntnistheoretische Untersuchung an, die in ihrer Modernität verblüfft. Es geht um die Selbstbezüglichkeit des Wissens, die später in der Kantschen und Fichteschen Transzendentalphilosophie programmatisch entfaltet wurde.[33] Auf die Notwendigkeit, den Wissensaspekt der Besonnenheit nicht aus dem Auge zu verlieren, weist Sokrates hin, nachdem Kritias Besonnenheit als das Tun des Guten charakterisiert und damit das Spezifikum der gesuchten Tugend ebenso vergessen hat wie Nikias, als dieser Tapferkeit mit der »Erkenntnis alles Guten und Üblen« gleichsetzte. Kann man Gutes tun, ohne davon zu wissen? Kritias verneint und expliziert sein Verständnis des Guten, indem er das »Sich-selbst-Kennen« (Cha. 164d) zu dessen Voraussetzung erklärt.

Doch wenn Besonnenheit auf Erkenntnis beruht, was ist dann Gegenstand dieser Erkenntnis? Und was bewirkt sie? Theoretische Erkenntnisse wie die Besonnenheit haben kein unmittelbar aufweisbares »Werk«, argumentiert Kritias, aber der Gegenstand der Besonnenheit lasse sich sehr wohl ausmachen: Sie sei »Erkenntnis der anderen Erkenntnisse und auch ihrer selbst« (Cha. 166c). Aus der Erkenntnis des Selbst ist die Erkenntnis ihrer selbst, die Erkenntnis der Erkenntnis geworden. Damit ist schon klar, was hinter dem Kritiasschen Tugendverständnis steht. Das Gute, das Tugend verwirklicht, hat seine Grundlage im Selbst des Subjekts, und dieses Selbst geht auf in dem Wissen, dessen sich das Selbst reflexiv versichern muss. In langen Widerlegungsgängen legt Sokrates die Widersprüchlichkeit einer solchen Vorstellung offen. Der entscheidende Punkt ist: Eine Erkenntnis der Erkenntnis, eine Metaerkenntnis sozusagen, ist nicht möglich, wenn nicht schon auf der Primärebene Erkenntnis stattgefunden hat. Eine solche liegt aber nur vor, wenn das Denken sich auf etwas bezieht, und nicht auf sich selbst, denn sonst kreist es im leeren Zirkel seiner Projektionen. Was ist das »Etwas«, das man erkannt haben muss, will man Tugend verwirklichen? Natürlich ist es das Gute und Böse (Cha. 174b), wie Kritias zugeben muss. Eine solche inhaltliche Erkenntnis ist mit seiner selbstbezüglichen Erkenntnis jedoch nicht zusammenzubringen.

So endet auch dieser Dialog äußerlich in der Aporie. Aporetisch sind aber nur die Vorstellungen der Dialogpartner: das naiv um das eigene Ich kreisende Denken des Charmides, der das eigene Sein in »Bedächtigkeit«, »Scham« und »Tun des Seinen« verobjektivierte; das das eigene Ich theoretisch überhöhende Denken des Kritias, dem das »Tun des Guten« zur reflexiven

Selbstversicherung gerann. Auf jeder Stufe führt Sokrates das Denken durch seine Widersprüche hindurch zurück auf das von diesem zu Unrecht Beanspruchte, die gesuchte Sache, und treibt das Denken so weiter zur nächsten Stufe. Immer aber bleibt das Verstehen der Gesprächspartner hinter dem Gesagten zurück, das Gewonnene zerfällt sogleich – unausweichliche Folge des fehlenden Sachbezugs, denn das Ich, das an die Stelle der Sache tritt, ist selbst keine Einheit, sondern die Vielheit seiner Vorstellungen.

Die Gerechtigkeit im ersten Buch der *Politeia*. Dieser Dialog wurde schon dargestellt, er soll hier nur noch einmal unter dem Aspekt des Aufstiegs betrachtet werden. In ihm die beschriebenen vier Stufen des Erkenntnisweges ausmachen zu wollen erscheint bedenklich angesichts der Tatsache, dass nur drei Gerechtigkeitsdefinitionen gegeben werden. Bei genauerem Zusehen findet sich jedoch ein Zwischenschritt, der die sachliche Lücke auffüllt.

Unproblematisch ist die Identifikation der ersten Stufe. Kephalos' »Wiedergeben, was man empfangen hat« (Pol. 331c) verlegt die Gerechtigkeit in äußeres Tun. Die Tatsache, dass aber auch das gegenteilige Tun gerecht sein kann, treibt die Suche weiter vom objektivierbaren Handeln zur zugrundeliegenden subjektiven Einstellung. Warum gibt man je nach Situation etwas zurück oder enthält es vor? Polemarchos gibt die Antwort: weil man damit jedem »das Geschuldete leisten« (Pol. 331e) will, womit er, wie Sokrates präzisiert, das »jedem Zukommende« (Pol. 332c) meint. Dessen Maßstab ist in Polemarchos' Augen natürlich der Gebende oder Vorenthaltende, also das Subjekt. Daher unterscheidet sich das jeweils Zukommende auch nach Freund und Feind.

Diese Stufe der Subjektivität wird überschritten, als Sokrates darauf hinweist, dass der Fachmann derjenige ist, der am besten über das jeweils Zukommende urteilen kann. Er hat ein anderes

Maß als das subjektive, nämlich das des Sachnotwendigen. Daher bildet die sich nun anschließende zweite Definition de facto die dritte Stufe: »den Freunden nutzen, den Feinden schaden« (Pol. 332d) ist das allgemeine Prinzip, in dem die vorangegangenen Stufen aufgehoben sind. Mit Nutzen und Schaden, Gutem und Bösem sind Sachverhalte benannt, die allgemeine Geltung beanspruchen; doch ihre Ausführung durch Polemarchos bleibt – wie die Widerlegung zeigt – ebenso subjektiv, wie es schon seine Freund-Feind-Unterscheidung war. Der Nutzen seiner Gerechtigkeit reduziert sich auf die Besitzstandssicherung, der ihr angedichtete Schaden hat in der Tugend als Inbegriff des Guten gar keinen Ort.

Unbeeindruckt von dieser Einsicht, lässt Thrasymachos seine Gerechtigkeitsdefinition folgen, »das dem Stärkeren Zuträgliche« (Pol. 338c). Das ist der Sinn des allgemeinen Prinzips, das Polemarchos repräsentierte: Der Starke kann die Welt in Freund und Feind einteilen und sich durch Gewährung von Nutzen und Zufügung von Schaden das für ihn Zuträgliche, das heißt Gute sichern. Was ist dieses Zuträgliche, Gute, mit dem die vierte Stufe des Aufstiegs beschritten ist? Thrasymachos nennt es. Es ist das Mehr-haben-Wollen (Pol. 344a ff.), die Pleonexie. Dieser Pervertierung des Guten in den nackten Egoismus verleiht Thrasymachos noch ein theoretisches Fundament – in seiner Umwertung der Werte, durch die die Gerechtigkeit zu gutmütiger Einfalt, die Ungerechtigkeit zu welterfahrener Klugheit wird. Das Ich ist Maßstab selbst noch des Guten. Damit erscheint hier unverhüllt, was in den anderen beiden Dialogen erst in der Widerlegung offenbart wurde: dass die Stufen des Aufstiegs nur für Sokrates Annäherung an die gesuchte Sache bedeuteten. Bei den Dialogpartnern hingegen offenbarte sich in der Aufstiegsbewegung nur ihre bereits zu Beginn gefällte Grundentscheidung, nicht den Maßstab zu suchen, sondern Maßstab zu sein.

4. Das mittlere Werk: Aufstieg

Politeia II-IX

In seinem mittleren Werk, zu dem der zweite Teil der *Politeia* gehört, hat Platon sich von der übermächtigen Vaterfigur Sokrates gelöst und zu seiner eigenen Philosophie gefunden – so lautet das gängige Vorurteil.[34] Es hat sich in der Platonischen Philosophie der mittleren Werkphase tatsächlich etwas geändert. Doch es ist nicht die Wende vom Sokratischen Nichtwissen zur Platonischen Lehre, die sich hier vollzieht. Es ist etwas anderes: Platon tritt einen Schritt zurück und betrachtet, was im Dialog des Sokrates durch die Wissensprüfung hindurch wirksam wird. War bisher primär die Tugend das Thema, so wird nun das Vermögen thematisiert, das sich zum Gegenstand »Tugend« verhält und sich ihm annähert. Bestimmte sich bisher der Weg vom Ziel her, so wird nun der Zielcharakter des Weges selbst dargelegt. Der Aufstieg ist die Voraussetzung für die verwirklichte philosophische Existenz, deren Protagonist Sokrates ist. So ist es auch immer Sokrates, der in den Dialogen des Mittelwerks vom Aufstieg berichtet.

Später dann, im *Siebten Brief*, der schon zitierten Autobiographie Platons, führt Platon einen Aufstieg vor, in dem Sokrates keine Erwähnung findet. Doch hier geht es um das Problem der Schriftlichkeit der Philosophie, ein spezifisch Platonisches Problem, da Sokrates wohlweislich keine Zeile hinterlassen hat.

Daher hat dieser Aufstieg auch eine andere Funktion als seine Vorläufer in *Phaidon, Symposion, Politeia* und *Phaidros*. Davon wird später die Rede sein, wenn das mittlere Werk im ganzen in den Blick genommen wird. Zunächst aber soll wieder ein Dialog paradigmatisch für die anderen vorgeführt werden: die *Politeia*.

Am Ende des ersten Buchs der *Politeia* hat Sokrates sich beschuldigt, aufgrund seines Vorgehens gar nichts über die Gerechtigkeit erfahren zu haben. Welche Ironie bei dieser Selbstbezichtigung am Werk war, zeigt sich zu Beginn des zweiten Buches, wenn Sokrates glaubt, damit weiterer Rede enthoben zu sein. War die Widerlegung der falschen Vorstellung von Gerechtigkeit nicht aufschlussreich genug? Wurde nicht ein Weg gewiesen, wie man durch den Widerspruch hindurch zum Widerspruchslosen gelangen kann? Die Zuhörer aber sind noch nicht zufrieden, sie wollen die Gerechtigkeit an sich, nicht um ihrer Folgen willen gelobt wissen – wohl, weil sie nicht wirklich überzeugt werden konnten, dass das Leben des Gerechten besser ist als das des Ungerechten. (Pol. 357 a, b) Das nötigt Sokrates zu einer positiven Bestimmung der Gerechtigkeit, die aber auch nicht unmittelbar erfolgt, sondern allmählich entwickelt wird.

Ein echter Dialog ist das nicht mehr, da der Gesprächspartner im Grunde nur noch bestätigt, was Sokrates ausführt. Auch die anderen Dialoge des mittleren Werks haben umfangreiche Passagen, in denen monologisiert wird. Der Schluss jedoch, daß es sich hier eben um die Platonische Lehre handle, die den Dialog entbehrlich macht, ist trügerisch. Bei genauerem Zusehen nämlich zeigt sich, dass das positiv Ausgeführte entweder in dialektischer Spannung zu Ausführungen der Gesprächspartner steht (so in *Phaidros* und *Symposion*) oder dass es Gleichnisrede oder Bild ist, also wieder den Dialog mit dem Leser fordert. Das Eigentliche der Platonischen Philosophie ist nicht unmittelbar zugänglich, weil es auf einer Einsicht beruht, die nicht übertragbar ist.

Daher nähert sich Sokrates auch in der *Politeia* den positiven Inhalten nur auf Umwegen: Um die Gerechtigkeit, wie sie im Menschen ist, zu erkennen, wird sie zunächst am größeren Modell gesucht, in der Polis. Die politische Dimension der Gerechtigkeit, im ersten Buch der *Politeia* schon implizit erkennbar, ist damit explizit gemacht. Zugleich aber wird kein Zweifel über Mittel und Zweck gelassen. Mit dem Größeren, der Polis, zu beginnen hat nur heuristische Gründe. Ausgangs- und Endpunkt bleibt der einzelne Mensch, denn, so wird Glaukon in Buch VIII gefragt, »meinst du denn, dass die Verfassungen von der Eiche oder dem Felsen abstammen und nicht von der Gesinnung derer, die in der Polis leben?« (Pol. 544d, e)

Gründung
In Gedanken wird nun eine Polis gegründet. (Pol. 368b ff.) Deren Ursprung ist das Bedürfnis: Niemand ist für sich »autark« (Pol. 368b), jeder bedarf zum Überleben der Hilfe anderer. Deshalb schließt man sich zur Gemeinschaft zusammen. Weil die Menschen unterschiedliche Begabungen haben, empfiehlt sich Arbeitsteilung; wenn jeder nur »selbst für sich selbst das Seine tut« (Pol. 370a) (die Formel aus dem *Charmides*!), wird weniger und Schlechteres produziert. Mit der Differenzierung der Berufe wächst die Polis. Der unmittelbare Warentausch wird abgelöst durch den über Geld vermittelten Tausch; der Binnenhandel wird durch den Außenhandel erweitert, und auch die Arbeit wird zur Ware. (Pol. 371e) Ein frugales, aber zufriedenes Leben ist jetzt möglich, und die gesuchte Gerechtigkeit vermutet der Gesprächspartner Adeimantos in dem vom Bedürfnis geprägten Umgang der Menschen miteinander. (Pol. 372a)

Diese Ur-Polis, das Zusammenleben auf niedrigem materiellem Niveau, aber in einer Zufriedenheit, die verfeinerte Bedürfnisse noch nicht kennt, mutet dem Zuhörer Glaukon wie eine »Polis von Schweinen« (Pol. 372d) an. Er wünscht sich offenbar eine »üppige Polis« (Pol. 372e), wiewohl Sokrates zu bedenken gibt, dass die bescheidene Urgemeinschaft ihm die »rechte«, weil »gesunde« Polis zu sein scheine. Doch auch in der üppigen Stadt lassen sich Gerechtigkeit und Ungerechtigkeit auffinden, und so entsteht in Gedanken eine zweite Polis. Die Speisen werden raffinierter, die Vergnügen anspruchsvoller, Kultur entsteht, aber auch die Medizin muss sich aufgrund der ungesunden Lebensweise fortentwickeln. Vor allem jedoch reicht der Boden nicht mehr aus, die gestiegenen Bedürfnisse zu befriedigen. Landnahme von Nachbarn ist die Folge, und so hat man den Ursprung des Krieges ermittelt: Es ist das »unbegrenzte Streben nach Gütern« (Pol. 373d, e) oder mit anderen Worten die Pleonexie, die zum Krieg führt. Deshalb benötigt man jetzt auch eine Kriegerkaste, weil die Vorteile einer beruflichen Spezialisierung auch für die Kriegskunst gelten. Sokrates beschreibt im folgenden die Aufgaben der Krieger oder »Wächter« und die zur Wahrnehmung dieser Aufgaben geeigneten Naturen. Unvermerkt mündet diese Beschreibung in die Gründung der idealen Polis, in der die Philosophie und mit ihr die Gerechtigkeit regiert. Die Wächter sind quasi das Scharnier zwischen der üppigen Polis, in der mit der Pleonexie die Ungerechtigkeit herrscht, und der idealen Stadt, die gerecht und wohlgeordnet sein soll. Später, wenn Sokrates die drei Stände in der Polis als vergrößertes Abbild der drei Seelenteile im Menschen entschlüsselt (Pol. 435b ff.), wird deutlich werden, wieso der Stand der Wächter den Ausschlag dafür gibt, wohin die Polis sich neigt.

Aufgabe des Wächters ist es, »gegenüber dem Befreundeten

sanft, gegenüber dem Feind aber hart« (Pol. 375c) zu sein, er muss also einander widerstreitende Kräfte in sich vereinbaren. Tapferkeit und Willensstärke braucht er für die Verteidigung, und eine philosophische Natur benötigt er, um das Befreundete und das Feindliche unterscheiden zu können. (Pol. 376b) Damit hat Platon den Übergang zur gerechten Polis eingeleitet. Wenn die Wächter von philosophischer Natur sein müssen, können sie nicht länger im Dienst der Selbstsucht stehen, die die üppige Polis prägt. Ein versteckter Hinweis Platons bestätigt diese Deutung. Die Erziehung der Wächter, die im Anschluss detailreich geschildert wird, hat einschneidende Wirkung auf das Wesen der Stadt, was Sokrates zu der Aussage veranlasst: »Unvermerkt reinigen wir die Stadt wieder, von der wir vorher sagten, sie sei üppig.« (Pol. 399e) Die ideale Stadt ist keine bruchlose Fortentwicklung der luxuriösen Stadt, sondern es hat eine grundlegende Umorientierung stattgefunden. An die Stelle des subjektiven Maßes der Pleonexie tritt das objektive Maß der Philosophie, das durch die Erziehung vermittelt und gegen jede Anfechtung aufrechterhalten werden muss.

Bevor die Maximen dieser Erziehung zur Sprache kommen, ist noch einmal ein Blick zurückzuwerfen. Warum fängt Platon nicht direkt mit dem Entwurf seiner idealen Polis an, wozu bedarf es des geschilderten Vorlaufs? An dem vergrößerten Abbild der Polis sollen die innerpsychischen Verhältnisse des Menschen verdeutlicht werden; die Entwicklung der Polis und die Entwicklung des Menschen sind also in Analogie zu verstehen. Drei Phasen durchläuft diese Entwicklung. Am Anfang steht die Unschuld der Urgemeinschaft mit ihrer natürlichen, vorreflexiven, deshalb auch nicht näher analysierten Gerechtigkeit. Erst in der zweiten Phase, der Verfallsstufe, lässt sich ahnen, worin diese urwüchsige Gerechtigkeit bestand: im Verzicht auf das Mehr-haben-Wollen, in der genügsamen Beschränkung auf das Eigene, im von mäßigen Bedürfnissen angetriebenen, zu beiderseitigem Nutzen betriebenen Austausch mit anderen. Die Pleonexie ist sozusagen der Sündenfall, durch den die Harmonie gestört, das Fremde wie das Eigene behandelt wird. Doch die Pleonexie ist ebenfalls Ursprung der Kultur und, wie man wohl ergänzen kann, auch der Wissenschaft und nicht zuletzt der Politik: Wenn die innere Ordnung sich nicht mehr naturwüchsig herstellt, muss sie politisch geschaffen werden, und der Krieg erfordert es, auch außenpolitisch tätig zu werden. Der Abfall vom natürlichen Leben, der Verlust der ursprünglichen Harmonie kann jedoch zugleich Anlass zur Wende werden. Was unbewusst besessen, durch eigene Schuld dann eingebüßt wurde, kann in einem dritten Schritt nun bewusst zum Gegenstand der Suche werden; der Verlust schafft ein Bewusstsein des Mangels, und der Mangel treibt zur Erfüllung, zum Wiederaufstieg. Die dritte Stufe kann zwar nicht Wiederherstellung der ersten sein, denn die natürliche Unschuld ist verloren, der Prozess der Differenzierung nicht wieder rückgängig zu machen. Was aber jetzt erreicht wird, ist eigene Leistung, nicht natürliche Mitgift, und damit Verwirklichung dessen, was der Conditio humana gemäß ist.

Das Schema, das Platon hier vorführt, ist das alte religiöse von Paradies, Sündenfall und Rückkehr zu Gott, es ist aber auch ein Schema, das manchen politischen Modellen zugrunde liegt, zum Beispiel Marxens Theorie von Urkommunismus – Klassengesellschaft – klassenloser Gesellschaft oder der von den Nazis missbrauchten Drei-Reiche-Spekulation von Joachim de Fiore[35]. In diesem Schema manifestiert sich wohl eine Grunderfahrung des Menschen, nämlich die der Unvollkommenheit. Der Mangel verweist auf einen ursprünglichen Verlust, und er treibt weiter zu seiner künftigen Behebung. Politisch ist das die Geburtsstunde der Utopie; individuell-menschlich ist das, folgt man der Platonischen Philosophie, der mögliche Anfang des Aufstiegs.

Doch nun zu der Erziehung oder besser: Bildung der Wächter, denn es geht in dieser »Paideia« nicht um die Vermittlung von Kenntnissen, sondern um die Ausbildung von Anlagen. Dazu dienen musische und körperliche Ausbildung, die »beide größtenteils um der Seele willen« (Pol. 410c) erfolgen. Auch die körperliche Erziehung soll primär seelisch wirken, nämlich den natürlichen Mut stärken, so wie die musische Erziehung die Liebe zum Geistigen hervorbringen soll. Denn der Wächter muss ja Härte und Milde, Tapferkeit und Besonnenheit in sich vereinen – Tugenden mit zunächst einander widerstrebendem Charakter. Im *Politikos* stellt Platon den idealen Regenten als denjenigen vor, der genau diese einander widerstrebenden Kräfte in sich zur Harmonie bringt; in der *Politeia* sollen die Regenten aus dem Stand der Wächter hervorgehen. Dabei können Frauen ebenso wie Männer Wächter und Regenten werden – ein für die damalige Zeit wahrhaft revolutionärer Gedanke.

Erziehung

Die Grundzüge der musischen Erziehung sind einfach. Von Kind an muss den Wächtern vermittelt werden, dass es einen Maßstab für Gut und Böse gibt – Gott – und dass dieser unveränderlich und untrüglich ist. (Pol. 377e-383c) Das bedeutet eine Abkehr von der Homerischen Götterwelt, in der die Götter nur vergrößerte Menschen und mit denselben Lastern behaftet sind wie diese. Dagegen setzt Sokrates den einen Gott – ohne es eigens zu thematisieren, argumentiert Sokrates rein monotheistisch –, der selber gut ist und so auch nicht Ursache von Schlechtem sein kann. (Pol. 379b-380c) Das ist gegen Thrasymachos gesagt, der in seiner Umwertung der Werte das Gute zum Schlechten und das Schlechte zum Guten verkehren wollte, und das ist gegen jedes Gottesverständnis gesagt, das eine Rechtfertigung Gottes vor den Übeln der Welt fordert und diese damit indirekt Gott anlastet. Die Unwandelbarkeit Gottes leitet Sokrates aus seiner Vollkommenheit ab. (Pol. 381b) Im selben Zusammenhang spricht er von der menschlichen Seele, die dann »am wenigsten von irgendeinem äußeren Ereignis erschüttert und verändert wird« (Pol. 381a), wenn sie tapfer und vernünftig geworden ist. Damit ist angedeutet: Die Tugend, deren letzter Grund das Gute oder Gott ist, ist für den Menschen der Weg, seine Unvollkommenheit hinter sich zu lassen, soweit das dem Menschen möglich ist. Die Tugend ist Annäherung an Gott. Dessen Unveränderlichkeit und Einheit teilt sich durch sie auch dem Menschen mit und feit ihn dagegen, im steten Wandel der Wirklichkeit aufzugehen, ohne je zur Einheit seiner selbst gelangt zu sein. Daß es Platon um das Selbst des Menschen, seine Einheit mit sich selbst, geht, bezeugt nicht zuletzt die Tatsache, dass Apollon, der Gott der Selbsterkenntnis, oberster Ratgeber der Stadt sein soll. (Pol. 427b, c) Mit dem Verhältnis von unwandelbarem Maßstab und wandelbarer Welt aber ist exakt das Verhältnis zwischen Idee und Ding beschrieben, wie es Sokrates im fünften Buch im Rahmen seiner Theorie über die Idee entwickeln wird. Das Eine ist Maßstab und Grund des Vielen.

Alle weiteren Ausführungen zur musischen Erziehung sind Konsequenzen aus der grundlegenden Affirmation, dass Gott kein Deus malignus ist und der Mensch in Gott sein Maß hat. Die restriktiven Bestimmungen, welche Form der Dichtung, Musik und bildenden Kunst in der Erziehung nur verwendet werden soll, hat Platon vor allem von Karl Popper den Vorwurf eingetragen, mit den Mitteln der Zensur eine totalitäre Staatsdoktrin durchsetzen zu wollen.[36] Doch zweierlei bedenkt dieser Vorwurf nicht. Erstens geht es hier darum, was dem kindlichen Bewusstsein zugemutet werden darf – eben keine Maßstabs- und Orientierungslosigkeit. Zweitens war es gerade Kennzeichen der großen totalitären Ideologien des 20. Jahrhunderts, zu denen Popper die Parallele zieht, dass sie als Reaktion auf den Verlust von Transzendenz entstanden. Erst die Aufgabe des Gottesglaubens ermöglichte es, die innergeschichtliche Mission einer Klasse oder Rasse an seine Stelle treten zu lassen.[37] Natürlich kann auch in Berufung auf Gott Unrecht legitimiert werden. Doch Platon lässt seiner Rede vom Guten eine Beschreibung des Weges zum Guten folgen und eröffnet so die Möglichkeit rationaler Prüfung. Eben diese versucht ideologisches Denken um jeden Preis zu verhindern.

Die musische Erziehung hat tugendhaftes Verhalten als Vorbild theoretisch vermittelt, die körperliche Erziehung hat dieses Verhalten – Mäßigung, Tapferkeit etc. – praktisch eingeübt. So vorbereitet, soll der Wächternachwuchs weiterer Prüfung unterzogen werden, um die Besten zu ermitteln, die zur Regentschaft befähigt sind. (Pol. 412b-414b) Am besten hütet derjenige das ihm Anvertraute, der es am meisten liebt; am meisten geliebt wird aber das Eigene. Maßstab für den guten Hüter ist also, inwieweit bei ihm allgemeines Wohl und Eigeninteresse zusammenfallen, mit dem Wohl der Polis auch das eigene verknüpft wird. (Pol. 412d) Diese Identifikation des Eigenen mit dem Allgemeinen darf auch nicht verlorengehen, wenn Widerstand auftritt. Daher werden die jungen Hüter bewusst mit Situationen konfrontiert, in denen getestet werden kann, ob einer »ein guter Hüter seiner selbst und der musischen Kunst ist, die er erlernt hat« (Pol. 413e), ob er das Erlernte in Lust und Schmerz, im ideologischen Kampf und in der Gefahr aufrechtzuerhalten vermag. Wer in dieser Prüfung besteht, ist für die Regentschaft vorzusehen. Erst in Buch VII offenbart Platon, dass auch nach dieser Auslese noch ein langer Bildungsgang durchlaufen werden muss, um aus dem »guten Hüter seiner selbst« einen guten Hüter der Polis zu machen.

Die Entscheidung darüber, welchem der drei Stände – wirtschaftender Stand, Wächter und Regenten – ein Polismitglied zugehören soll, erfolgt nach Anlagen, nicht nach Herkunft. Um jedoch keinen Unmut über die Auswahl aufkommen zu lassen, wird sie mythologisch verbrämt. (Pol. 414b-415d) Sicherlich ist es für den modernen, demokratisch geprägten Leser eine Herausforderung, wenn hier ein Informationsmonopol sozusagen sozialtechnologisch genutzt wird. Die Verhaltenheit, mit der Platon selber über diese »heilsame Täuschung« (Pol. 414b) durch den Mythos spricht, bezeugt seine eigenen Bedenken. Eine Rechtfertigung liegt auch für ihn alleine darin, dass es sich um ein Vorenthalten der Wahrheit handeln muss, das zum Wohl aller geschieht.

Was die Lebensgestaltung der drei Stände angeht, so ist sie funktional orientiert und damit einfach. Der wirtschaftende Stand soll über mäßigen Besitz verfügen, so dass jeder seine Aufgabe wahrnehmen kann, aber auch wahrnehmen muss. Die Wächter und ihre Regentenelite dürfen kein eigenes Eigentum haben; sie werden knapp, aber ausreichend von den übrigen Bürgern alimentiert (Pol. 416e) und bleiben dadurch in ständiger Abhängigkeit von diesen. Eines nämlich gilt es auf jeden Fall zu vermeiden: dass die Hüter Freund und Feind verwechseln und ihren eigenen Mitbürgern gegenüber zu »grimmigen Despoten« (Pol. 416b) werden. Deshalb kommt auch der Erziehung solch überragende Bedeutung zu. Wenn es in ihr gelungen ist, diejenigen, die die Polis wesentlich prägen, zu »maßvollen Menschen« (Pol. 423e) zu bilden, dann ist die Chance groß, dass diese Gesinnung sich fortpflanzt. »Wenn nämlich die politische Ordnung erst einmal gut eingerichtet ist, geht sie voran, wachsend wie ein Kreis.« (Pol. 424a) In diesem Fall ist es auch nicht nötig, kleinteilige Vorschriften zu erlassen[38] – anders als später in den *Nomoi*, in denen Platon nicht mehr wie hier die beste denkbare, sondern die unter den gegebenen Umständen bestmögliche Polis beschreibt.

Dass die ideale Polis möglichst »eine« sein soll (Pol. 423a-c), wurde seit Aristoteles meist als Platonisches Plädoyer für den Antipluralismus gedeutet.[39] Sicher lässt sich Platons Ideal schwerlich mit der dem Liberalismus entstammenden Vorstellung vom »freien Spiel der Kräfte« vereinbaren, durch das sich Gemeinwohl quasi automatisch herstellt. Dennoch muss man nicht gleich an eine per Erziehungsdiktatur hergestellte totale Homogenität denken, wenn man bei Platon die Einheit der Polis so hoch geschätzt findet. Der Polis, die eine ist, wird vielmehr die Polis konfrontiert, die in sich gespalten ist: gespalten in die einander verfeindeten Klassen der Armen und Reichen. Hier verhindert der Interessengegensatz jede Gemeinsamkeit im Streben nach dem allgemeinen Wohl. Das ist in Platons Staatsentwurf anders; die Gemeinsamkeit ergibt sich aus dem Bemühen um die Konkretion des rechten Maßes, das die Erziehung mit dem Guten vor Augen führt. Expansiv wie die zu Eingang beschriebene »üppige Stadt« kann diese Polis des rechten Maßes nicht sein, weil sie sonst bereits durch ihre Größe die Einheit verlöre. (Pol. 423b, c) Homogen ist sie schon wegen ihrer berufsständischen Differenzierung nicht. Monistisch ist sie, wenn man darunter die Gemeinsamkeit der Zielsetzung und die Identifikation der Bürger mit ihrer Stadt versteht.

Tugend in der Polis
Die Stadt ist gegründet (Pol. 427d), nun kann man auf den Sinn und Zweck des ganzen Unterfangens zurückkommen – wo ist in ihr die gesuchte Gerechtigkeit zu finden? Eine Ortsbestimmung der Tugend setzt ihre Wesensbestimmung voraus. Hier definiert Sokrates erstmals selbst, was die einzelnen Tugenden sind. Ist das nun endlich die Antwort auf die Frage, die im Frühdialog gestellt wurde? Das bleibt zu untersuchen.

Was ist Weisheit? Weisheit ist nicht Erkenntnis eines einzelnen Sachverhalts, sondern die Einsicht in das Ganze – wie die Polis »mit sich selbst und mit anderen Poleis am besten umgehen soll« (Pol. 428d). Ihr Ort in der Stadt ist der Stand der Regenten, denn diese müssen befähigt sein, das Beste für die ganze Stadt anzuordnen. Was ist Tapferkeit? Tapferkeit ist das Vermögen, die richtige Einschätzung dessen, was zu fürchten ist und was nicht, gegen jede Anfechtung aufrechtzuerhalten. (Pol. 429b, c) Lokalisiert ist die Tapferkeit damit im Stand der Wächter, denen die von den Regenten veranlasste Erziehung zu jener richtigen Einschätzung verholfen hat. Was ist Besonnenheit? Wenn Besonnenheit im Individuellen die Mäßigung der Bedürfnisse und somit Herrschaft der Vernunft über die Triebe ist (Pol. 430e), dann ist sie in der Polis das Einverständnis aller, dass die Vernünftigen herrschen und die weniger an der Vernunft als an den Bedürfnissen Orientierten sich dieser Herrschaft unterordnen sollen. (Pol. 432a, b) Besonnenheit ist nicht Tugend eines Standes, sondern Tugend der gesamten Polis. Und die Gerechtigkeit? Gerechtigkeit ist dasjenige, was die Polis in ihrem Bestand erhält und so auch die anderen Tugenden bewahren hilft. Es ist das »Tun des Seinen« (Pol. 433a). Nur wenn jeder seiner Anlage und seiner Aufgabe gemäß agiert, bleibt die entworfene Ordnung erhalten. Auch Gerechtigkeit ist also nicht einem bestimmten Stand zuzuordnen. Sie ist vielmehr das allgemeine Prinzip, das der ständischen Ordnung zugrunde liegt.

Tugend im Menschen
Was nun noch aussteht, ist die Rückübertragung der an der Polis gewonnenen Ergebnisse auf den einzelnen Menschen, denn um seinetwillen hatte man das Modell doch entworfen. Wenn die Tugend in der Polis mit den drei Ständen verbunden ist, dann muss es, damit die Analogie stimmt, auch im Menschen drei verschiedene Kräfte mit entsprechender Tugend ge-

ben. Welche sind das? Eine Analyse des Begehrens gibt darüber Aufschluss. Die Begierde, der Trieb strebt nach Erfüllung; eine andere Instanz, die Vernunft, verwehrt diese bisweilen; eine dritte Kraft, der Wille, setzt die Entscheidung der Vernunft um, oder er stellt sich in den Dienst des Triebes. Ist Gerechtigkeit auch hier das Tun des Seinen, dann ist derjenige Mensch gerecht, in dem jede innerpsychische Kraft die ihr eigene Tugend entwickelt hat und sich dem ihr zukommenden Über- oder Unterordnungsverhältnis gemäß ausrichtet. Der Vernunft, deren Tugend Weisheit ist, gebührt es zu entscheiden; der Wille, dessen Tugend Tapferkeit ist, muss das von der Vernunft als richtig Erkannte durchsetzen; der Trieb, der mit den anderen Kräften die Besonnenheit gemein haben soll, muss die eigene Beschränkung auf das Notwendige und Zuträgliche hinnehmen. Nur so lebt der Mensch mit sich selbst in Harmonie. (Pol. 443d)

Disharmonisch hingegen lebt er, wenn sich die innerseelische Herrschaftsordnung verkehrt und der Trieb es ist, der sich des Willens und der Vernunft bedient. In sich schrankenlos, macht der Trieb denn auch den ganzen Menschen schrankenlos und treibt ihn in die Pleonexie. Am Willen entscheidet sich, ob der Mensch der Vernunft folgt oder dem Bedürfnis – so wie es bei der Gründung der Polis darauf ankam, ob die Wächter sich in den Dienst der Philosophie oder der Pleonexie stellen. Eine Verkehrung der natürlichen Herrschaftsordnung lässt keines der inneren Vermögen seine spezifische Tugend erlangen. Wo die Gerechtigkeit fehlt, fehlen auch alle anderen Tugenden.

Das Ziel ist erreicht, der politische Entwurf war nur der Vorlauf zum eigentlich Intendierten, zur Bestimmung der Gerechtigkeit im Menschen. Denn Gerechtigkeit ist in Wahrheit nicht im »äußeren Tun in bezug auf das je Seine« des Menschen zu finden, sondern »in der inneren Tätigkeit, in bezug auf das, was wahrhaft er selbst und das Seine« (Pol. 443d) ist. Das Äußere ist nur das Abbild der inneren Kräfteverhältnisse.

Das ist nun also die Antwort auf die Frage des Frühdialogs, was Tugend ist – oder doch nicht? Was hat man eigentlich gewonnen, wenn man weiß, dass Gerechtigkeit das Tun des Seinen ist? Weiß man damit im Konfliktfall, wie man sich verhalten sollte? Wohl kaum – man steht damit ebenso hilflos da wie mit dem kategorischen Imperativ Kants, der verlangt, das eigene Verhalten so einzurichten, dass es zum Prinzip einer allgemeinen Gesetzgebung werden könnte.[40] Den Maßstab aber, was tatsächlich verallgemeinerungsfähig ist, liefert der Imperativ ebensowenig, wie man der Platonischen Gerechtigkeitsdefinition entnehmen kann, was in der konkreten Situation das je Seine ist. Alle Definitionen des ersten Buches – darauf wurde bereits verwiesen[41] – könnte man als Auslegungen des Satzes verstehen, mit dem Platon hier die Gerechtigkeit bestimmt. Ist er jetzt selber auf das zurückgefallen, was Sokrates im Dialog des ersten Buches widerlegte?

Auf einmal bekommen scheinbar nebensächliche Bemerkungen, die im Verlauf des Entwurfs der idealen Polis fielen, eine ganz neue Bedeutung. Gefragt, ob man die Tapferkeit nun richtig definiert habe, antwortet Sokrates: »die bürgerliche wenigstens« (Pol. 430c), ein anderes Mal wolle man das genauer durchgehen. Anlässlich der Unterscheidung der drei Seelenteile äußert er gar, dass man solches seiner Meinung nach »mit der Methode, wie wir sie jetzt in unseren Reden gebraucht haben, niemals genau erfassen« werde. Man bedürfe dazu vielmehr eines »weiteren und längeren« (Pol. 435d) Weges. Und in der Tat: Das Eigentliche steht noch aus, nämlich die Antwort auf die Frage, wie man jene Urteilskraft erlangt, die es erlaubt, die Definitionen richtig auszulegen. Mit der richtigen Definition hat man erst den Stand des Wissens erreicht. Das Verstehen der

Definition erfordert Erkenntnis, und erst mit dieser wird aus der Theorie Praxis, aus dem Gedachten die eigene Wirklichkeit. Deshalb lässt Platon den ersten vier Büchern der *Politeia* noch sechs weitere folgen. Detailreich in sekundären Fragen, knapp berichtend, wenn es um das Zentrum, den Aufstieg geht, stellt Platon den Leser dabei auf die Probe, ob er das Wichtige vom Nebensächlichen zu sondern vermag.

Nutzen der entworfenen Polis
Eben diese Sonderung bereitet den Gesprächspartnern im Dialog Schwierigkeiten, denn die philosophischen Überlegungen erwecken bei ihnen bei weitem nicht so viel Aufmerksamkeit wie die Forderung, die Wächter sollten besitzlos und in enger, keine geschlechtliche Trennung vorsehender Gemeinschaft zusammenleben. Der lange Exkurs zur Frauen- und Kindergemeinschaft, den Sokrates auf ihre Bitten hin anschließt, soll hier nicht wiedergegeben werden. Nur der Zweck des Ganzen ist zu nennen: Wächter und Wächterinnen sollen deshalb in einer Gemeinschaft zusammenleben, bei der die eigenen Kinder in den Kindern aller aufgehen, damit alle Kinder wie die eigenen behandelt werden – kurz, damit alles Trennende, was normalerweise Zwietracht verursacht, vermieden wird. Das Trennende ist die Unterscheidung von mein und dein (Pol. 462c). Wo alles gemeinsam ist, ist auch alles Gegenstand gemeinsamer Sorge.

Aristoteles wendet gegen diese Art von »Kommunismus« ein, was allen gehöre, darum kümmere sich im Gegenteil kaum jemand.[42] Das ist dort richtig, wo der Besitz nach wie vor den Lebensmittelpunkt bildet und die Aufteilung des Besitzes unter allen dessen Hegung uninteressant macht. Hier aber soll es sich um eine Gemeinschaft handeln, deren geistige Ausrichtung ähnlich wie bei einem Mönchsorden Eigentum bedeutungslos macht. Die Rolle des Besitzes hat sich im Verhältnis zu Buch I verkehrt. Galt den Gesprächspartnern dort der Besitz letztlich als das Eigentliche und Gerechtigkeit bestenfalls als Mittel zu seiner Bewahrung, so wird hier den Menschen aus dem Wirtschaftsstand, also den Bürgern, Besitz quasi als Ersatz dafür gelassen, dass sie das Eigentliche, was Wächter und Regenten auszeichnet, das Gute, nicht erreichen können. Auch sonst wurde die Konsequenz aus der Widerlegung von Kephalos, Polemarchos und Thrasymachos gezogen. Eine bloß formale Vertragserfüllung ist nicht per se gerecht, hatte sich bei Kephalos gezeigt; im Platonischen Staat soll dafür gesorgt werden, dass die Vertragsgrundlage selber bereits gerecht ist, so dass es die Vertragserfüllung auch sein kann. Was bewahrt und wiedergegeben werden soll, ist nicht Besitz, sondern objektiver Nutzen. Eine Aufteilung der Gesellschaft in Freund und Feind mit entsprechender Nutzens- und Schadenszuweisung kann auf keinen Fall gerecht sein, hatte sich bei Polemarchos gezeigt; im Platonischen Staat soll universelle Freundschaft herrschen und jedem das Seine, und das bedeutet: das für ihn Gute, zukommen. Ein Vorrecht des Stärkeren und schrankenlose Bereicherung sind Unrecht und keinesfalls der Weg zum Glück, hatte sich bei Thrasymachos gezeigt; im Platonischen Staat sind mit der Stärke, der Regentschaft, besondere Pflichten verbunden, und gerade in diesem Wirken für andere verwirklicht sich Glück. (Pol. 465e ff.)

Damit ist die Frage, welchen Nutzen eine Organisation des Gemeinwesens in der beschriebenen Form hat, beantwortet. Es geht um das größtmögliche Maß an Gemeinsamkeit aller, die Überwindung der Spaltung der Gesellschaft, die die Folge einer übermäßigen Wertschätzung des Eigentums ist. Nur wer eine »kindische Vorstellung« (Pol. 466b) vom Glück hat, meint, es liege im Besitz; tatsächlich liegt es in einem sinnerfüllten Leben, das der führt, der eine seinen Anlagen gemäße, sinnvolle Aufgabe hat.

Möglichkeit der entworfenen Polis

Doch auch wenn der Nutzen einer solchen Einrichtung der Polis nicht bestritten wird – wie steht es mit der Realisierbarkeit des Entwurfs? (Pol. 471e ff.) Die Frage nach der Möglichkeit des Platonischen Staates führt letztlich zu dessen tiefster Voraussetzung, die zu nennen sich Sokrates noch scheut. Zunächst verweist er daher auf den »paradigmatischen« (Pol. 472c) Charakter des Entwurfs.

»Um des Beispiels willen [...] suchten wir die Gerechtigkeit selbst, wie sie beschaffen ist, und den vollkommen gerechten Menschen, wenn es ihn denn gäbe, und wie er beschaffen wäre, würde es ihn geben, und wiederum die Ungerechtigkeit und den Ungerechtesten, damit wir, indem wir auf jene sehen, wie sie uns im Hinblick auf Glück und dessen Gegenteil erscheinen, genötigt würden, auch in bezug auf uns selber zuzugeben, daß derjenige, der ihnen am ähnlichsten ist, auch das jenen ähnlichste Schicksal haben werde; nicht aber deswegen, damit wir aufzeigen könnten, es sei möglich, daß dies tatsächlich so sein könnte.« (Pol. 472c, d)

Zudem gelte es zu berücksichtigen, dass es »in der Natur der Praxis liegt, in geringerem Maß als die Rede die Wahrheit zu treffen« (Pol. 473a). Der Entwurf liefert also einen Maßstab, keine unmittelbar umsetzbare Handlungsanweisung. Wollte man aber eine politische Ordnung annähernd diesem Maßstab gemäß gestalten, so bedürfte es einer grundlegenden Veränderung, die Sokrates nun doch ausspricht: Es bedürfte eines Zusammenfalls von politischer Macht und Philosophie. (Pol. 473c, d) Um das zu verstehen, muss geklärt werden, was den Philosophen eigentlich ausmacht. Damit ist man ins Zentrum der Politeia vorgestoßen, in dem auch ein bisher noch bestehendes Desiderat eingelöst wird – die Beschreibung des Erkenntnisweges, durch den sich das in den Tugenddefinitionen manifeste Wissen begründen lässt.

Der Philosoph

Was ist das Kennzeichen des philosophischen Menschen? Als derjenige, der die Weisheit liebt, ist er begierig nach Wahrheit. Was heißt das? Ein unphilosophischer Mensch erfreut sich an schönen Farben, Formen, Handlungen, ohne zu bemerken, dass es an den verschiedenen Phänomenen immer eines ist, was ihn erfreut: die Schönheit selbst. Eben diese Wahrheit der Phänomene, das, was sich an ihnen zeigt, ist Gegenstand des Philosophen. Er bemerkt, dass auf dem Grund der Verschiedenheit der Dinge ein immer Gleiches ist, das Vergleichbarkeit erst ermöglicht; und dieses immer Gleiche, das Schöne, Gute, Gerechte etc., strebt er zu erkennen. Der unphilosophische Mensch erkennt zwar die Schönheit der Dinge an, nicht aber die Schönheit selbst. (Pol. 476c) Der Philosoph hingegen sieht, dass das Bleibende, das Sein, eben dieses An-Sich ist, während die Dinge, die an ihm teilhaben, in ihrer Vergänglichkeit zwischen Sein und Nicht-Sein stehen und somit auch nicht Gegenstand von Erkenntnis sein können – denn diese bezieht sich auf Sein –, sondern nur von Vorstellung und Meinung. Die Dinge, die Handlungen verkörpern das, woran sie teilhaben, nie absolut, sondern immer nur relativ. (Pol. 479a ff.) Ein vollkommen schönes Lebewesen gibt es ebensowenig wie eine vollkommen gerechte Entscheidung. Diese Ambivalenz der Phänomene darf aber nicht mit einer Ambivalenz der Maßstäbe verwechselt werden. Die Gerechtigkeit ist vollkommen das, was sie ist, nur geht sie nie vollkommen in eine Entscheidung, eine Handlung ein.

Hier hat Platon endlich explizit das eingeführt, wofür sein Name in der Philosophiegeschichte steht: die Idee. Die Idee ist das Eine im Vielen, das Absolute hinter dem Relativen – kurzum das, was nach Ansicht vieler, auch vieler späterer Philosophen, großes Unheil in die Geistes- und Weltgeschichte gebracht hat. Für Aristoteles ist es nur eine sinnlose Verdoppelung der wirklichen Welt, wenn Platon neben dem schönen Ding auch noch der Schönheit selbst eigenes Sein zuspricht.[43] Doch die weitergehenden Vorwürfe sind in diesem schon angelegt: Wer die wahre Wirklichkeit hinter die Welt der Erscheinungen verlegt, raubt dieser ihren Wert. Die unselige Allianz solcher Weltverleugnung mit der christlichen Jenseitssehnsucht hat dann – so Nietzsches Verdikt – einen abendländischen Prozess in Gang gesetzt, der dem »letzten Menschen«, dem Menschen des Mittelmaßes, der Schwäche, den Weg geebnet hat. Weltflucht statt Lebensstärke, ein in sich leerlaufender Intellektualismus statt zupackender, instinktsicherer Sinnlichkeit, Hegung des Schwachen statt Bejahung des Starken sind Spätfolgen der Platonischen Flucht in die »Hinterwelt«.[44] Oder, so Poppers Vorwurf: Die Anmaßung eines unfehlbaren Ideenwissens, der Glaube an die Möglichkeit eines dem Menschen erreichbaren Absoluten rechtfertigt gerade die Ausmerzung alles Unvollkommenen als Störfaktor, es ist die Geburtsstunde totalitärer Menschheitsbeglückung.[45]

Welche Folgen man dem Platonischen »Essentialismus«, der Annahme, es gebe ein Sein der Ideen, auch immer anlastet, Abkehr von der Wirklichkeit oder ein herrischer Zugriff auf sie – eines ist immer vorausgesetzt: dass Platon die Idee so verstanden hat wie diese seine Interpreten. Doch eben das ist die Frage. Was lässt sich aufgrund der bisher betrachteten Texte über die Idee sagen? Es ist evident, dass das im Rahmen der *Politeia* entwickelte Ideenkonzept auf den Frühdialog zurückverweist. Dort fragt Sokrates, was die Tugend *ist* – jenseits von Meinung und Vorstellung. Auf diese Frage kommt er nicht zufällig, sondern weil er sieht, dass die Menschen in ihrer Rede von den Dingen immer voraussetzen, dass sie etwas Bestimmtes sind und nicht nur so erscheinen. Das Beharren auf der Wesensfrage ist also kein merkwürdiger philosophischer Einfall, sondern ein

Ernstnehmen des alltäglichen Denkens, das unausgesprochen immer für sich Wahrheit beansprucht, selbst dann noch, wenn es die Möglichkeit von Wahrheit leugnet. Die Frage: »Was ist Gerechtigkeit?« bedeutet: Welcher Sachverhalt ist mit dem Begriff gemeint? Diesen Sachverhalt, das, was die Sache selbst ist, nennt Sokrates, zum Teil auch schon im Frühdialog, »Idee«. Die Prüfung der Meinungen über den Sachverhalt erweist deren Widersprüchlichkeit. Wie aber könnte es einen Widerspruch zwischen der Meinung und dem Gemeinten geben, wenn es die Sache selbst, um die es geht, nicht gibt? Wenn es sie nicht gäbe, wäre eine Meinung so wahr wie die andere, denn es gäbe nichts, woran man sie messen könnte. Man kommt also nicht umhin, von der Wirklichkeit des Gemeinten auszugehen, schon deshalb, weil sonst jede Kommunikation unmöglich wäre. Jeder würde monadisch in seinem Weltentwurf leben, weil es keine gemeinsame Sache gäbe, auf die sich das Denken beziehen könnte. Das normale Verfehlen des Sachverhalts ist kein Argument gegen seine Existenz. Für Platon bezeugt dies Verfehlen vielmehr die Notwendigkeit, eine besondere Kompetenz zu erwerben, um eben nicht irrezugehen.

Das Anerkennen, dass es den einen gemeinten Sachverhalt, die eine Idee in den vielen gleichartigen Phänomenen gibt, ist das eine. Etwas anderes ist es zu bestimmen, welcher Stellenwert der Idee zukommt: Ist sie etwas in den Dingen oder im Bewusstsein oder jenseits beider? Das wären die drei grundlegenden Möglichkeiten, sich die Idee vorzustellen, und alle drei sind – wie Platon im Spätdialog *Parmenides* zeigen wird – in sich widersprüchlich. Das hat zu der verbreiteten Auffassung geführt, Platon habe sich in der Spätzeit von seinem ursprünglichen Konzept abgewendet und die Idee kritisiert.[46] De facto kritisiert er aber nur die falsche Vorstellung von der Idee, die sich zwar notwendig einstellt, wenn man versucht, die Idee zu denken, die aber nichtsdestotrotz überwunden werden muss. Wie dieser Drahtseilakt zu bewerkstelligen ist, beschreibt Platon in den drei berühmten Gleichnissen der *Politeia*. Vorher aber erklärt er, wieso der wahre Philosoph auch der wahre Regent wäre.

Dem Regenten obliegt es, die Regeln für das Gemeinwesen festzulegen. Er bestimmt also, was sich in den verschiedenen konkreten Situationen als handlungsleitendes, allgemeines Prinzip durchhalten soll. Damit ist aber philosophisches Terrain beschritten, war es doch als Aufgabe des Philosophen bezeichnet worden, das zu erkennen, was in allem Wandel unveränderlich bleibt. Vornehmlich muss es ihm dabei natürlich um die Gerechtigkeit gehen, denn sie ist der Maßstab, an dem sich die Gesetze auszurichten haben.

Wegen der Größe der Aufgabe sind höchste Ansprüche an den zu stellen, der sie erfüllen soll. Doch so idealistisch das Bild auch erscheint, das Platon vom wahren Philosophen zeichnet, so konsequent ist es doch, wenn es sich tatsächlich um einen der wenigen Ausnahmemenschen handelt, der sich ganz der Liebe zum Geistigen verschrieben hat. Denn alle Tugenden, das war im vierten Buch schon angeführt worden, hängen zusammen. (Pol. 485a-487a) Wer die Wahrheit wirklich liebt, ist unfähig zu böswilliger Täuschung. Ein solcher Mensch wird auch wenig Interesse an Besitz zeigen, weil sein Streben auf etwas Wichtigeres zielt. Immer in großen Zusammenhängen denkend, ist ihm Kleinlichkeit wesensfremd. So weit geht sein Denken in großen Zusammenhängen, daß auch das eigene Leben sich ihm einfügt – Todesfurcht hat da keinen Raum, wohl aber Tapferkeit. Der Philosoph muss also nach dem, was über den Zusammenhang der Tugenden gesagt worden war, der Gerechte sein – mäßig in seinen Bedürfnissen, tapfer in der Wahrheitssuche, vernünftig in der Wahl seiner Ziele, verkörpert er den Menschen, bei dem jedes der seelischen Vermögen zu sich gefunden hat. Nur wenn er selber gerecht ist, hat er auch die Befähigung und die Berechtigung, Gerechtigkeit im politischen Raum zu verwirklichen.

Ein naheliegender Einwand gegen diese Sicht wird nun von Adeimantos vorgetragen. (Pol. 487a-d) Wenn man sich so ansieht, welcher Menschentypus unter dem Begriff »Philosoph« firmiert, bekommt man doch erhebliche Zweifel, ob man einem solchen die Leitung eines Gemeinwesens überlassen dürfte. Sokrates akzeptiert diesen Einwand, als ahnte er schon die Heraufkunft künftiger Geschlechter von Schulphilosophen, aber er verweist auch auf den Irrtum, der in der Allgemeinheit dieses Urteils liegt. Zum einen verkennt es, dass es in der Politik nicht um das Erringen von Macht geht – darin ist der Philosoph inkompetent –, sondern um deren vernünftigen Gebrauch. Darin ist er kompetent. Zum anderen nimmt das Urteil die schlechten Vertreter der Philosophie für die Sache selbst. Bisher nämlich mangelte es an einem Vorbild, das das Vorurteil zerstören konnte. Gäbe es jedoch einen, der durch seine Tugend und Milde überzeugte, würden vielleicht auch die Leute sich einen philosophischen Regenten wünschen. Freiwilligkeit ist unabdingbare Voraussetzung für die Regentschaft des Philosophen. Ihre politische Umsetzung wäre dann auch die Vollendung für die Philosophie, weil es dem Philosophen so gelänge, »mit dem Seinigen auch das Gemeinwesen zu retten« (Pol. 497a).

Die Gleichnisse
Von der besonderen Kompetenz des Philosophen war bisher viel die Rede, auch von den Tugenden, die ihn auszeichnen, nicht aber von der Begründung beider. Diese kommt nun endlich zur Sprache. Was ist es, das der Tugend zugrunde liegt und

das der Philosoph gegen alle Anfechtungen unbeirrt aufrechterhalten muss? Es ist die Erkenntnis des Guten. (Pol. 505a) Von der Idee des Guten hängt alles andere ab, weil erst das Gute Sein und Nutzen verleiht. »Oder meinst du, es sei von Nutzen, allen Besitz zu haben, nicht aber den guten? Oder alles zu wissen ohne das Gute, das Schöne und Gute aber gar nicht zu wissen?« (Pol. 505b) So die Fragen des Sokrates an seine Gesprächspartner, Fragen, mit denen schon angedeutet ist, welche beiden Möglichkeiten es gibt, das Gute durch etwas anderes ersetzen zu wollen. Zwei verbreitete Vorstellungen gibt es, was gut und damit Inhalt allen Strebens ist. Die simple Variante ist zu meinen, die Lust beziehungsweise der Besitz sei es, die anspruchsvollere hingegen, es sei das Wissen. (Pol. 505b-d) Gemeint sind damit das Leben des normalen, bedürfnisorientierten Menschen und das Leben des Intellektuellen. Beide übersehen in der Absolutsetzung ihrer Lebenswahl eines: dass das, was sie für gut halten, in sich ambivalent ist. Sowohl die Lust als auch das Wissen kann zum Schlechten ausschlagen, wenn beides vernunftlos gebraucht wird. Im *Euthydemos* hat Sokrates darauf hingewiesen, dass das entscheidende Wissen das vom rechten, d.h. guten Gebrauch ist. So ist weder die Lust als solche gut, denn es gibt schlechte Lust, noch das Wissen, denn es kann missbraucht werden. Erst die Erkenntnis dessen, was gut ist, nimmt der Lust wie dem Wissen die Ambivalenz.

In bezug auf das Gute wird der Meinungsstreit erbitterter geführt als sonst, weil sich hier niemand mit dem bloßen Schein begnügt. Bei den Tugenden ist es den Leuten oft nicht so wichtig, ob sie beispielsweise nur gerecht oder tapfer zu sein scheinen oder es tatsächlich auch sind. Beim Guten ist das anders, jeder will das, was wirklich gut ist. (Pol. 505d) Alles kommt also darauf an, sich hierin nicht zu irren. Als Irrtümer entlarvt wurden bereits die Identifikation des Guten mit der Sinnlichkeit und die Identifikation des Guten mit dem Intellekt. Gibt es für den Menschen – denn um diesen geht es bei Platon und nicht um irgendwelche kosmologischen Prinzipien, wie oft gemutmaßt wird –, gibt es also für den Menschen noch ein Drittes jenseits von Sinnlichkeit und Intellekt, in dem sich das für ihn Gute verwirklicht? Sokrates antwortet in Gleichnissen. Warum, wird sich zeigen. Doch zuvor muss noch einmal an den Anfang, die Gründung der Polis erinnert werden.

Der Umschlag von der luxuriösen in die genügsame, ideale Stadt war in der Orientierung der Hüter begründet. Stellten sie sich in den Dienst der Habsucht, so betrieben sie das Werk der ungerechten Polis. Hatten sie hingegen jenes Philosophische an sich, gegenüber dem ihnen Verwandten sanft, gegenüber dem ihnen Fremden abwehrbereit zu sein, so betrieben sie das Werk der gerechten Stadt. Vordergründig konnte man unter dem Verwandten die Mitbürger, unter dem Fremden die äußeren Feinde verstehen; der Sinn liegt jedoch tiefer. Der Grund der Freundschaft aller in der Stadt ist die gemeinsame geistige Orientierung, deren Fundament in der Erziehung gelegt wird. Grundsatz der Erziehung ist, dass Gott gut ist – nie darf daran gerüttelt werden, dass es das Gute gibt und dass dies Gute der Maßstab für alles ist und nicht, wie die maßgeblichen Sophisten behaupteten, der Mensch in seiner ganzen Kontingenz. Leistung der Hüter sollte es sein, diesen Maßstab nach innen und außen zu verteidigen. Welches dieser Maßstab ist, der in der Erziehung vermittelt wird, das zu erkennen ist die Leistung der Philosophen. Das ganze System der *Politeia* hängt in der Luft, solange dies Letzte, Entscheidende nicht geklärt ist. Dass es der Klärung bedarf, zeigt sich am Meinungsstreit über das Gute und der Widersprüchlichkeit der herkömmlichen Antworten.

Das Sonnengleichnis (Pol. 507a-509b). Über das Gute will Sokrates nicht direkt sprechen. So spricht er darüber in Bildern, aufgrund deren sich ahnen lässt, weshalb er den indirekten Weg nimmt. Drei Gleichnisse erzählt er, die auch als solche verstanden werden müssen, das heißt, sie müssen übersetzt werden. Dass sich Sokrates nicht mit einem Gleichnis begnügt, weist darauf hin, dass durch jedes von ihnen etwas Spezifisches zum Ausdruck kommt. Diesem soll im folgenden das besondere Augenmerk gelten.[47]

Im ersten Gleichnis wird das Gute in Wesen und Wirkung mit der Sonne verglichen. Wenn vom Guten selbst gesprochen wird, wird von der Idee des Guten gesprochen. Ideen können nur gedacht werden, wahrnehmbar sind sie nicht. Wird die Idee des Guten also mit etwas verglichen, was dem Bereich des Sinnlichen, Wahrnehmbaren zugehört, so muss diese Differenz immer mitgedacht werden; der Vergleich bezieht sich nur auf eine strukturelle Verwandtschaft. Welche ist diese? Die Sonne hat die Funktion eines Mittlers. Sie vermittelt zwischen Mensch und Ding, Subjekt und Objekt. Denn sie spendet das Licht, durch das das Sehvermögen aktiviert und der Gegenstand sichtbar wird. Die Sonne ist so Ursache für den Sehvorgang. Ohne sie liegt das Sehvermögen brach, und der Gegenstand bleibt unsichtbar.

Nun die Übertragung durch Sokrates: Wie die Sonne im Bereich des Sinnlichen wirkt, so das Gute im Bereich des Geistigen. Das Gute ist Ursache für den Erkenntnisvorgang. Denn es verbindet Subjekt und Objekt, indem es bei jenem das Erkenntnisvermögen aktiviert und diesem Wahrheit, und das bedeutet: Erkennbarkeit verleiht. Ohne das Gute ist Erkenntnis also gar nicht möglich. Solange die Dinge nicht »im Licht« des Guten gesehen werden, bleiben sie unerkennbar, und der Mensch bewegt sich im Raum unbegründeter Meinung und Vorstellung. Werden sie »im Licht« des Guten gesehen, dann verwirklicht der Mensch Vernunft, und dem von ihm Gedachten kommt Wahrheit zu. Das Gute ist demnach Ursache von Vernunft und Wahrheit, doch als Ursache beider ist es selbst ein Drittes jenseits von Vernunft und Wahrheit, beidem zwar verwandt, aber auch beidem vorgeordnet. Ebenso verhält es sich mit der zweiten Funktion, die Sonne und Idee des Guten analog erfüllen: So wie die Sonne nicht nur Licht, sondern auch Leben spendet, spendet die Idee des Guten nicht nur Erkenntnis, sondern auch Sein. Nur das *ist*, was gut ist, was am Guten teilhat. So ist das Gute nicht nur jenseits der Erkenntnis, sondern auch jenseits des Seins.

Was ist in diesem Gleichnis versinnbildlicht? Zunächst einmal geht es in ihm um die Schichten der Wirklichkeit. Sinnliche Welt und geistige Welt werden getrennt voneinander behandelt, stehen aber doch in Verbindung – schon deshalb, weil sie im Menschen zusammentreffen. Die eine rezipiert er mit seinen Sinnen, die andere mit seinem Denken. Doch die Verbindung ist noch inniger. Das, was gedacht wird, wird am Sinnlichen gedacht. Die Idee ist das, worauf das sinnliche Phänomen als seine Ursache verweist. Versucht man das Phänomen als solches zu erkennen, bleibt man mangels Maßstab im Bereich des Scheins. Erst der Bezug auf das Allgemeine im Besonderen erlaubt die zutreffende Kategorisierung des Phänomens. Das »Wiedergeben, was man empfangen hat« konnte man für gerecht halten, solange man nicht sah, dass das Phänomen »Wiedergeben« in bestimmten Situationen Erscheinung der Ungerechtigkeit sein kann. Erst wenn das Denken durch die Widersprüchlichkeit der Phänomene auf das gestoßen wird, was im Phänomen erscheint, verlässt es den Bereich bloßer Meinung und schreitet fort in Richtung auf Erkenntnis.

Doch damit ist der Prozess noch nicht zu seinem Ende gelangt. Über sinnlicher und geistiger Welt gibt es noch eine dritte Wirklichkeitsschicht, die die beiden anderen erst begründet: das Gute. Was die Gerechtigkeit ist, die sich einmal in diesem, einmal in jenem Phänomen zeigt, weiß man erst, wenn man ihre Ursache erkannt hat. »Jedem das Seine« zukommen zu lassen bedeutet, jedem das für ihn Gute zukommen zu lassen. Erst dann *ist* das entsprechende Verhalten gerecht, erst dann hat die Gerechtigkeit Wirklichkeit, Sein. Damit ist der zweite, entscheidende Punkt des Gleichnisses angesprochen: der Status des Guten. Das Gute wird als Ursache von Sein und Erkenntnis dargestellt, als solche muss sie vor beidem und jenseits von beidem liegen. Wie aber kann etwas Ursache sein, was getrennt vom Verursachten ist? Wie kann etwas sein, bevor es Sein gibt, und wie kann etwas erkannt werden, was aller wirklichen Erkenntnis immer schon vorausgeht? In diese Verstandesaporien stürzt, wer das Gleichnis ernst nimmt. Ist das die didaktische Absicht hinter dem Gleichnis?

Das Liniengleichnis (Pol. 509c-511e). Sinnliche und geistige Welt, im Sonnengleichnis im Bezug zu ihrer Ursache dargestellt, werden im Liniengleichnis in sich betrachtet. Wie auf einer Linie angeordnet soll man sich die verschiedenen Gegenstände von Wahrnehmung und Denken vorstellen. Ebenso wie dem großen Bereich des Wahrnehmbaren ein kleiner Bereich des Denkbaren folgt[48], so ist jeder der beiden Bereiche auch in sich noch einmal nach demselben Größenverhältnis unterteilt. Im Wahrnehmbaren nehmen den größten Teil der Linie die Bilder ein, die nach Schatten- und Spiegelbildern differenziert werden; den kleineren Teil der Linie machen die Dinge aus, von denen die Bilder Abbilder sind, nämlich natürliche Dinge, Lebewesen und die vom Menschen geschaffenen Dinge. Im Denkbaren bilden den größeren Teil der Linie die Gegenstände der Wissenschaft, den kleineren die der Dialektik. Letzteren, den Ideen, kommt das Höchstmaß an Wahrheit und Klarheit zu, während die am anderen Ende der Linie befindlichen Gegenstände, die

Bilder, das geringste Maß an Wahrheit und Bestimmtheit aufweisen. Entsprechende Seelenzustände verbinden sich mit den jeweiligen Objekten. Den Bildern wird die Vermutung zugeordnet, den Dingen die Überzeugung, den Gegenständen der Wissenschaft die Verstandeseinsicht und den Ideen die Vernunfterkenntnis. Wie hängen nun sinnliche und geistige Welt sowie die jeweiligen Objekte mit den entsprechenden subjektiven Vermögen zusammen?

Die geistige Welt entsteht in der Erfassung der sinnlichen Welt. Über den unmittelbaren Zugang des Menschen zur Sinnlichkeit, die Wahrnehmung, sagt Platon in diesem Gleichnis fast nichts aus, sein Interesse konzentriert sich auf die Vermögen des Geistes: Verstand und Vernunft. Doch im Dialog *Theaitetos* thematisiert er den Zusammenhang von Wahrnehmung und Denken, indem er deutlich macht, dass auch in der Wahrnehmung schon Denkstrukturen wirksam werden. Nur die als solche bewusste, das heißt gedachte Wahrnehmung *ist* für den Menschen. Den Weg, den das Denken von der Erfassung der Bilder bis zur Erkenntnis der Ideen zurücklegen muss, kann man sich demnach folgendermaßen vorstellen:

Sinnlich erfahrbar sind für den Menschen die Abbilder oder Erscheinungen der Sinnendinge. In der Schlachtreihe verharrend zu kämpfen war für Laches tapfer, er nahm das sichtbare Verhalten für die Sache. Erst durch Nachfragen wurde er darauf gestoßen, dass es sich nur um eine Erscheinung der Sache handelt – auch gegenteiliges Verhalten, nämlich fliehend zu kämpfen, kann tapfer sein. So gelangt das Denken zu seinem nächsten Gegenstand, dem, wovon das Abbild Abbild ist, dem, was den widersprüchlichen Erscheinungen zugrunde liegt. Das »Ding«, das diesem Gegenstand im *Laches* entspricht, ist das Subjekt, welches seine Einstellung, nämlich »seelische Standhaftigkeit«, im Handeln zur Erscheinung brachte. Den Schritt von der

Sinnlichkeit zur Geistigkeit vollzieht der Mensch, indem er die Dinge der zweiten Stufe wiederum als Bilder gebraucht, an denen sich nichtsinnliche Strukturen ins Sichtbare umsetzen.

Platon verdeutlicht das am Beispiel der Mathematik. Das Verstandesdenken, von dem jetzt die Rede ist, bedient sich des gezeichneten Dreiecks, um an ihm Berechnungen anzustellen. Das, was dieses Denken aussagt, gilt aber gerade nicht für das Abbild des Dreiecks – denn das ist in Wahrheit ungenau und unzulänglich –, sondern nur für das gedachte Dreieck. Kennzeichen dieses Denkens ist es, dass es von seinen Voraussetzungen ausgehend Theorien über seine Gegenstände entwirft; die Voraussetzungen selber werden nicht geprüft. Im *Laches* wäre das die Stufe der »verständigen Standhaftigkeit«. Zwar ist die Sinnlichkeit mit dieser Bestimmung überschritten, weil sich das Subjekt auf einen nichtkontingenten Maßstab für seine kontingente Subjektivität beruft, den Verstand. Doch der Maßstab, dem seinerseits der Verstand folgen muss, um im Sinne der Tugend zu entscheiden, ist schlicht vorausgesetzt und als solcher gar nicht bewusst.

Die Leistung der Vernunfteinsicht ist es dann, in Umkehrung der Blickrichtung und damit in gänzlicher Lösung von der Sinnlichkeit zu den Voraussetzungen des Verstandesdenkens selbst vorzudringen und sie zum Gegenstand zu machen. Das ist die Ebene der Ideen, auf der sinnliche Vorstellungen nicht einmal mehr in bildlicher Funktion präsent sind. Dass die »verständige Standhaftigkeit« nur auf der Grundlage des Wissens vom Guten und Bösen möglich ist, bezeichnet diese Erkenntnisstufe im *Laches*. Verwirklicht wird sie allerdings nicht von Nikias, der die Definition liefert, sondern von Sokrates, der an ihr zeigt, dass dies Gute bei Nikias nur ein gedachtes ist. Diese Binnendifferenzierung der letzten Stufe erfolgt aber erst im nächsten Gleichnis, dem Höhlengleichnis.

Was ist der Ertrag des Liniengleichnisses? Die unausgesprochene Aporie des Sonnengleichnisses war, dass das Gute, soll es letzte Ursache von allem sein, als jenseitig und vorgegeben gedacht werden muss. Als Jenseitiges kann das Gute aber nicht wirken, als Vorgegebenes müsste es immer schon da sein – Widersprüche, die nun als solche des Verstandesdenkens erkennbar sind. Das Liniengleichnis verdeutlicht den Zusammenhang von Voraussetzung und Folge: In der Wahrnehmung des Bildes ist das Ding, das abgebildet wird, schon vorausgesetzt, sonst könnte das Bild nicht als solches erkannt werden. Voraussetzung der Erkenntnis des sinnlichen Dings ist wiederum das Denken seines Wesens. Letzte Voraussetzung des Denkens aber ist das Gute, das als nur Gedachtes kein wirkliches ist. Erst wenn die Grundlosigkeit der Voraussetzung des Denkens dialektisch enthüllt ist, erfolgt der Überschritt vom Durchdenken der Voraussetzungen zum Voraussetzungslosen selbst, der Wirklichkeit des Guten. Die Aporien des Sonnengleichnisses waren die des nur vorgestellten oder gedachten Guten. Das Gute ist nur jenseits des Verstandes, nicht aber jenseits der Vernunft. Der Verstand muss es als vorgegeben denken, nicht aber die Vernunft. Ist nun alles über das Gute gesagt?

Das Höhlengleichnis (Pol. 514a-519b). Offenbar ist etwas Wesentliches ungesagt geblieben, denn Sokrates erzählt noch ein drittes Gleichnis, das die zentralen Elemente der beiden vorangegangenen Gleichnisse in sich aufnimmt. Dieses dritte Gleichnis soll von Bildung oder Unbildung des Menschen handeln. Hier gerät also in den Blick, wie es dem Menschen gelingt, das Gute aus dem Sonnengleichnis durch Beschreiten der verschiedenen Stufen aus dem Liniengleichnis zu erkennen.

In einer Höhle sitzen Menschen seit ihrer Geburt gefesselt, so dass sie den Kopf nicht zu wenden vermögen. Ihr Blick ist auf eine Wand gerichtet, an der die Gefangenen Schatten wahrnehmen können. Diese rühren von Gerätschaften her, die hinter ihrem Rücken von anderen Menschen vorbeigetragen werden. Da diese anderen Menschen von einer Mauer abgedeckt sind, erscheinen die Schatten der Gerätschaften wie selbsttätig. Dass in der dunklen Höhle überhaupt etwas zu sehen ist, liegt an einem Feuer, das über und hinter den Gefangenen brennt. Wer in dieser Höhle lebt, hat nie etwas anderes kennengelernt als Schatten, und seine ganze Wissenschaft beschränkt sich darauf, den Wechsel der Schatten zu prognostizieren und zu berechnen, so als handelte es sich bei ihnen um wirkliche Dinge.

Würde ein solcher Mensch nun befreit und gezwungen, sich umzudrehen, wäre er so geblendet, dass ihm seine frühere Wirklichkeit realer erschiene als die neue, auch wenn ihm das Gegenteil versichert würde. Es ginge ihm so bei dem Blick auf die Gerätschaften, noch mehr beim Blick in die Lichtquelle der Höhle, das Feuer, erst recht aber, wenn er aus der Höhle ans Tageslicht geschleppt würde. Immer würden die durch die Helligkeit erzeugten Schmerzen in ihm die Sehnsucht nach seiner früheren Welt erzeugen, und die scheinbar größere Klarheit dort angesichts seiner Blendung jetzt würde ihn in seiner Wahl bestärken. Mit Zwang wäre also nichts zu erreichen – wohl aber mit Gewöhnung. Derjenige, der den Aufstieg – denn um diesen handelt es sich hier natürlich – mit langsamer Gewöhnung an die anderen Sichtverhältnisse unternimmt, sieht zuerst die Schatten der Dinge, dann ihre Spiegelbilder, schließlich sie selbst. Den Blick in den Himmel außerhalb der Höhle wird er zunächst nachts wagen, um schließlich, als letztes, den Blick in die Sonne selbst zu richten. Dann wird er erkennen, dass sie die Ursache von allem ist und dass alles, was er bisher für wirklich hielt, nur Schein war. Kehrt er aber zurück in seine frühere Welt mit ihrer Schein-Wissenschaft, so dauert es lange, bis er sich in der dort herrschenden Dunkelheit wieder zurechtfindet. Die anderen aber sehen das als Beweis für die Untauglichkeit der außerhalb der Höhle erworbenen Erkenntnis und sind bereit, jeden, der sie entfesseln und hinaufschleppen wollte, umzubringen.

Einen Deutungshinweis für das Gleichnis gibt Sokrates selber. Die Höhle bezeichnet den Bereich des Sinnlichen, und das Feuer symbolisiert die Sonne. Außerhalb der Höhle erstreckt sich der Bereich des Geistigen, und die dort scheinende »Sonne« meint die Idee des Guten. Der Weg aber von der Höhle ans Licht ist der der Erkenntnis. Am Ende des Aufstiegs steht die Erkenntnis des Guten, und nur, wer das Gute verstanden hat, hat überhaupt etwas verstanden. Denn erst von der Ursache her wird auch das Verursachte verstehbar.

Welche neue Einsicht über das Gute vermittelt das Höhlengleichnis gegenüber den beiden vorausgegangenen Gleichnissen? Wesen und Wirkung des Guten hat das Sonnengleichnis erläutert, aber das Gute schien in unerreichbarer Transzendenz zu liegen. Dass diese aporetische Transzendenzvorstellung der inneren Verfasstheit des Verstandesdenkens anzulasten ist und die Vernunft in der Überwindung dieses Denkens besteht, hat das Liniengleichnis gezeigt. Doch es war offen geblieben, wie es zu dieser Überwindung der herkömmlichen Vorstellungen kommt, wie aus dem nur gedachten das verwirklichte Gute wird. Darauf antwortet das Höhlengleichnis: Dem Aufstieg zur Erkenntnis des Guten liegt eine fundamentale Umkehr zugrunde. Die Sophisten behaupten, »wenn in der Seele keine Erkenntnis ist, könnten sie sie ihr einflößen, wie wenn sie blinden Augen Sehkraft einflößen würden«. Mit dem Höhlengleichnis will Sokrates dagegen klarmachen, dass es bei der Erkenntnis nicht um bloße Bewusstwerdung oder äußere Wissenserweiterung geht, sondern um eine grundlegende Änderung des ganzen Menschen. Nur das Erkenntnisvermögen ist vorgegeben, nicht aber die Erkenntnis.

Um das Vermögen zu aktualisieren, bedarf es der inneren Umkehr. »[...] wie es dem Auge nicht möglich war, sich anders als mit dem ganzen Körper aus dem Dunkel zum Licht zu wenden, so muss auch dieses jeder Seele innewohnende Vermögen und das Organ, womit jeder begreift, mit der gesamten Seele aus dem Werdenden heraus umgelenkt werden, bis es fähig wird, dem standzuhalten, das Sein und das Glänzendste unter ihm anzuschauen. Dieses aber, sagten wir, ist das Gute.« (Pol. 518c)

Wo die Wirklichkeit des Aufstiegs zu finden ist, die im Gleichnis nur beschrieben wird, deutet Platon mit zwei Fingerzeigen an. Derjenige, der nach vollendetem Aufstieg in die Höhlenwelt zurückkehrt und versucht, auch andere zur Umkehr zu bewegen, hat den Tod zu erwarten (Pol. 517a) – ein deutlicher Hinweis auf Sokrates. Und dass der erzwungene Aufstieg nur Widerstand und Ablehnung hervorruft, der Aufstieg mit Gewöhnung hingegen zum Ziel führt, weist zurück auf die Situation im Dialog. Die Dialogpartner wissen nicht, dass ihnen das Entscheidende fehlt, und wehren sich mit Händen und Füßen gegen die Prüfung ihrer Vorstellungen. Auf jeder neu gewonnenen Stufe drängen sie zurück zu ihrem Ausgangspunkt. Im Gleichnis gelangt der zum Aufstieg Gezwungene nur bis zu einem geblendeten Blick auf die Artefakte, das Feuer, die Welt im Tageslicht. Das heißt, er dringt nicht einmal zu den wirklichen Dingen vor, sondern hält menschliche Vorstellungen für reales Sein. Und wie er sich schon über die sinnliche Welt täuscht, so erst recht über die geistige, weil er sie nach dem Maß der missverstandenen sinnlichen misst. Selbst wenn die Dialogpartner am Ende zugeben müssen, dass es das Gute ist, was der Tugend zugrunde liegt, so gelangen sie doch nie über ihre sinnliche Vorstellung des Guten hinaus.

Wer hingegen den Aufstieg aus freiem Willen und mit langsamer Gewöhnung vollzieht, nutzt jede Stufe zur Annäherung an das von ihm Gewollte und Gesuchte. Über die Schatten und Spiegelbilder gelangt er zu den wirklichen Dingen, also zum richtigen Verständnis der Sinnlichkeit. Das gelingt Sokrates zum Beispiel, wenn er die sinnliche Erscheinung des »Wiedergebens des Empfangenen« auf das sich in ihr äußernde Nichtsinnliche hin durchdenkt. Von den Dingen führt der Weg weiter zum nächtlichen Himmel, dem Verstandesdenken. Das »verständige Standhalten« im *Laches* ist das Nichtsinnliche, das der sinnlichen Erscheinung des Kampfes zugrunde lag. Es ist jedoch an Voraussetzungen gebunden, die der Dialogpartner nicht erkennt. Wenn er durch die Frage des Sokrates auf das in der »Verständigkeit« vorausgesetzte »Gute« gestoßen wird, ist das nur der geblendete Blick in die Sonne, denn er behandelt das Gute, als wäre es vorgegeben und unproblematisch. Vernunft und damit die Erkenntnis des Guten realisiert auf dieser Stufe des Denkens nur Sokrates, wenn er am Denken des anderen den Widerspruch zwischen beanspruchter Erkenntnis und realem Mangel aufweist. Was dem gesamten Aufstieg vorausgeht und ihn unaufhaltsam vorantreibt, ist das Wissen des Nichtwissens, das Wissen um die eigene Bedürftigkeit in bezug auf das Gute. Nur der sucht, der weiß, dass er nicht hat – dies ist der Grund für die Umkehr. Wer wie die Gesprächspartner des Sokrates nicht um die eigene Bedürftigkeit weiß, lässt sich nur gezwungen von Stufe zu Stufe ziehen. Den Glauben an die bisherigen Vorstellungen erschüttert das nicht, wohl aber schürt es den Hass auf den, der ihnen ihre vermeintliche Sicherheit nehmen will.

Die Erziehung des Philosophen
Philosoph ist, wer die Erkenntnis des Guten hat; von der Bildersprache, in der vom »Sehen«, der »Schau« des Guten die Rede ist, löst sich Platon, wenn er den Philosophen als den vollendeten Dialektiker kennzeichnet. Dieser muss von seiner Er-

kenntnis »Rechenschaft geben und ablegen können« (Pol. 531e), und das kann er, wenn er »ohne alle Wahrnehmung nur mittels des Logos auf das selbst, was jedes ist, hinzielt und nicht ablässt, bis er, was das Gute selbst ist, mit dem Denken erfaßt hat« (Pol. 532a, b). Es ist eine andere, dem Alltagsdenken unbekannte Wirklichkeit, die sich dem Philosophen auftut, und die Gleichnisse sollen aus dem Bekannten zu diesem anderen hinleiten. Deshalb bedarf es des Bildes, weil das in ihm Gemeinte, das Gute, nur dem verstehbar ist, der es zu seiner eigenen Wirklichkeit gemacht hat. Dass es jedoch nicht das ganz andere ist, beweist die alltägliche Rede vom Guten, die es als gegeben stets voraussetzt.

Da mit der »Erkenntnis des Guten« der Kern des Platonischen Denkens erreicht ist, soll ihr noch einmal ein synoptischer Blick gelten. Das Gute ist nach dem Sonnengleichnis Ursache von allem – von Sein und von Wahrheit. Wieso? Alles, was ist, hat Sein nur insoweit, als es das ist, wozu es gut ist: Nur das gute Messer ist wirklich Messer, je stumpfer es wird, um so mehr büßt es ein, was ihm wesentlich ist. Ebenso steht es beim Menschen. Nur der ist wahrhaft Mensch, der sein spezifisches Gutsein, seine Tugend verwirklicht, das Vernunftvermögen. Vernunft bedeutet Erkenntnis von Wahrheit, und diese gründet ihrerseits wieder im Guten. Wahre Lust ist nur die, die zum Guten ausschlägt, wahres Wissen ist nur das, das den guten Gebrauch ermöglicht. Mit der Vernunft, so das Liniengleichnis, kommt der Mensch über die Ambivalenz von Sinnlichkeit und Intellekt hinaus, sie ist also das gesuchte Dritte jenseits beider. Was es der Vernunft erlaubt, zum Guten zu gelangen, ist nach dem Höhlengleichnis die ursprüngliche Umkehr: die Lösung von der Überzeugung, über das Gute schon Bescheid zu wissen, die Einsicht in die Unverzichtbarkeit, aber eigene Ermangelung des Guten. Das mit dem Verstand nur mögliche Vorstellungsdenken setzt das Gute einerseits bei sich selbst voraus, denkt es andererseits als etwas Jenseitiges, Vorgegebenes. Das mit der Wendung zur Vernunft möglich gewordene reine Denken besteht in der Prüfung dieser widersprüchlichen Voraussetzungen und der Erfüllung des vom Verstandesdenken uneingelösten Anspruchs. Das als solches nicht vorausgesetzte, sondern gesuchte Gute verwirklicht sich in der Überwindung der Verstandesaporien mittels der dialektischen Prüfung, und damit ist das Gute nicht mehr transzendent, sondern immanent – es ist die Wirklichkeit dessen, der vernünftig geworden ist.

Mit den erkenntnistheoretischen Kategorien des Objektivismus oder Subjektivismus ist dieses Platonische Erkenntnismodell nicht mehr zu fassen, und so verbleibt auch die übliche Kategorisierung der Platonischen Philosophie als »Idealismus«[49] an die Vorstellungswelt gebunden, die Platon mit dem Verstandesdenken charakterisiert und kritisiert. Natürlich liegt ein Einwand nahe: dass diese Erkenntnis des Guten eine nur behauptete ist, dass sie im mystischen Nebel einer geistigen Schau verschwimmt, dass es sich schlicht um eine Immunisierungsstrategie handelt, wenn Platon von einer Einsicht spricht, über die nicht urteilen kann, wer sie nicht selbst errungen hat. Doch wenn es eine solche Erkenntnis gibt, die auf der Selbstveränderung des Menschen beruht, dann ist in bezug auf sie tatsächlich nur der kompetent, der sich entsprechend verändert hat; und die Möglichkeit einer solchen Erkenntnis zu leugnen setzt voraus, dass man erkannt hat, was diese Erkenntnis ist. Was aber noch schwerer wiegt: Vom Dialektiker wird verlangt, Rechenschaft über seine Erkenntnis zu geben. Sie selbst kann er zwar nicht mitteilen, weil sie eben seine Erkenntnis ist, aber er kann und muss sie dialogisch, und das heißt rational ausweisen. Das aber tut Platon – im Sokratischen Dialog, dessen Wesen und Wirkung sich kaum anders erklären lässt als durch eine philosophische Wirklichkeit, die mittels bloßen Verstandesdenkens niemals zu erreichen ist.

Um für die Polis die Philosophen heranbilden zu können, die kraft ihrer Einsicht zur Regentschaft befähigt sind, fordert Platon – und damit kommt das Gebäude zu seinem endgültigen Abschluss – einen weiteren Erziehungsgang, der Erziehung ganz neu definiert. Die bereits absolvierte musische und gymnastische Ausbildung sollte das Richtige mittels Gewöhnung einüben (Pol. 522a), ihr fehlte aber wahre Wissenschaftlichkeit. Die jetzt geforderte Erziehung ist die »Kunst der Umlenkung« (Pol. 518d) und damit Erziehung zum Aufstieg. Deren Gegenstand sind die Wissenschaften, doch sie werden nicht in dem Sinn betrieben, in dem diese sich selbst verstehen. An ihnen wird vielmehr die Grundlosigkeit ihrer Prämissen erfahrbar gemacht, und wie der gesamte Aufstiegsprozess von einem Gefühl grundlegenden Mangels angetrieben wird, so soll auch die Erfahrung des Mangels an den Wissenschaften letztlich über diese hinaustreiben. Zur Wissenschaft hin leitet die Erfahrung der Widersprüchlichkeiten in der Wahrnehmung (Pol. 523a ff.), das Ungenügen an der Sinnlichkeit führt zur Suche nach wissenschaftlicher Erklärung. Arithmetik, Geometrie, Stereometrie, Astronomie und Harmonielehre werden so durchlaufen, an ihnen kann das vom Sinnlichen gelöste Denken eingeübt werden. Indem sie die Seele vom Werden zum Sein ziehen (Pol. 521d), bereiten sie den Zögling auf die Dialektik vor, und vollendeter Dialektiker ist, wer »die Begründung des Wesens eines jeden erfaßt« (Pol. 534b). Diese Begründung ist das Gute, und das muss der Dialektiker »von allem anderen aussondernd durch Erklärung bestimmen« (Pol. 534b, c) können. Wer so Philosoph geworden ist und sich vorher noch etwa fünfzehn Jahre in praktischer Arbeit für die Polis bewährt hat, ist befähigt, aber auch verpflichtet, ihre Geschicke zu lenken. Denn nur er hat einen Maßstab für politische Entscheidungen, der nicht dem Augenblick oder dem Interesse geschuldet ist. Machtkalkül kann ihn nicht treiben, denn er hat Besseres als Macht. Insofern tritt er eher genötigt denn aus eigenem Bedürfnis die Regentschaft an. Eine solche Polis aber, in der »die zur Regentschaft Bestimmten sich am wenigsten danach drängen zu regieren« (Pol. 520d), ist für Platon die am besten verwaltete und auch die glücklichste. Und das gemeinsame Glück aller war das Ziel der Polisgründung, so wie das Glück auch das Ziel jedes einzelnen Menschen ist, dessen vergrößertes Abbild die Polis sein sollte.

Die Verfallsreihe der Staaten
Nun scheint alles gesagt zu sein, und doch bedarf es zur Vollendung des großen Entwurfs, den die *Politeia* darstellt, noch eines weiteren Gedankengangs. Der beste Staat muss mit dem schlechtesten, der selbstverwirklichte Mensch mit dem in völliger Selbstverkennung lebenden verglichen werden. Politeia und Tyrannis, Philosoph und Tyrann – an dieser Gegenüberstellung entscheidet sich endgültig die Fundamentalfrage, zu der die Thrasymachos-Position den Anlass gab und um deren Beantwortung willen der gesamte bisherige Entwurf angelegt worden war: ob nicht doch das Unrechttun das größere Lebensglück verheißt, ob der Tyrann, der ungehindert tun kann, was er will, nicht letztlich das erfülltere Leben lebt. Die innige Verbindung von individuellem Los und Schicksal des Gemeinwesens wird in dem sich nun anschließenden Teil noch einmal mit größter Deutlichkeit hervorgehoben. Politische Verfasstheit und personale Ausrichtung sind nicht voneinander zu trennen, weil die äußere Ordnung immer Ausdruck der in ihr zur Herrschaft gelangten Mentalität ist.

Die Konfrontation der beiden Extreme individueller und politischer Orientierung erfolgt nicht unmittelbar, sondern vermittelt über eine Reihe von Zwischenstufen. Platon entwirft eine Verfallsreihe der Staaten, die das allmähliche Abgleiten des besten Staates bis hin zum schlechtesten nachvollziehbar machen soll und die ihrerseits Vorbild für ähnliche Modelle in der politischen Ideengeschichte wurde, so z.B. für Polybios' Kreislauf der Verfassungen[50] oder Machiavellis Geschichte des Verfalls der Staaten[51]. Die fünf Staatstypen, die Sokrates im folgenden in ihrem Entstehen und Vergehen nachzeichnet (Aristokratie = der bereits dargestellte beste Staat; Timokratie Pol. 545c-550c; Oligarchie Pol. 550c-555b; Demokratie Pol. 555b-562a; Tyrannis Pol. 562a-588a), werden ausdrücklich als Idealtypen gekennzeichnet (Pol. 554d), die sich realiter auch zu Mischformen zusammenfügen können. Weiterhin muss bei dem geschilderten Verfall die Möglichkeit des Wiederaufstiegs mitgedacht werden, ansonsten bliebe am Ende nur noch die schlechteste Staatsform übrig. Aufgezeigt wird ein logischer Zusammenhang, keine geschichtliche Notwendigkeit, die die Richtung der Entwicklung unausweichlich determinierte. Das Ganze hat also Modellcharakter: Ähnlich wie beim besten Staat werden hier reine Typen konstruiert, die das Verstehen und Beurteilen der im Alltag vorfindlichen Mischformen möglich machen sollen und darüber hinaus Aufschluss über die mögliche Verfassungsdynamik geben.

Warum hätte selbst der ideale Staat, so er denn verwirklicht würde, keinen Bestand? Sokrates gibt auf diese Frage eine sehr schlichte Antwort, aber eine bessere ist wohl auch nicht denkbar: weil alles, was entstanden ist, irgendwann wieder vergeht.[52] In der Welt ist nichts von Dauer, allerdings ist das im Fall des Staates nicht der Welt, sondern den Menschen anzulasten, genauer gesagt, der politischen Führung. Denn das Übel kommt von oben – wenn die Regenten dem Prinzip ihres Staates selbst nicht mehr genügen. Rückübertragen auf die innere

Seelenordnung bedeutet das, dass es fehlender Vernunft, nicht etwa der Unersättlichkeit der Bedürfnisse zuzurechnen ist, wenn das philosophische Leben gegen ein minderes eingetauscht wird. Die Verantwortung ruht immer bei dem Teil des Staates oder des Menschen, dessen Anlage ihn verantwortungspflichtig und -fähig macht. Die anderen sind schuldlos.

Wie erfolgt nun der Übergang von der Aristokratie über die anderen Staatsformen bis hin zur Tyrannis? Sehr systematisch entfaltet Sokrates seine politische Typologie, indem er bei jedem Staatstypus Entstehung und Wesen erklärt und dann nach demselben Muster den ihm entsprechenden Menschentypus charakterisiert. Jede Staatsform hat ihr Prinzip – ein Gedanke, den Montesquieu in seinem *Geist der Gesetze* wieder aufnehmen wird[53] –, und der Verfall hängt immer mit diesem Prinzip zusammen. Beim besten Staat ist auch das Prinzip das richtige: die Gerechtigkeit, also jedem das Seine zukommen zu lassen. Hier ist es die Nichtausfüllung des an sich richtigen Grundsatzes, die den Verfall auslöst; den Regenten gelingt es nicht mehr, die Aufgaben im Staat gerecht, d.h. gemäß der persönlichen Eignung zu verteilen. Alle anderen Prinzipien, die im folgenden an die Stelle der Gerechtigkeit treten, sind bereits in sich defizient. Sie scheitern nicht an fehlender Ausfüllung, sondern an Übererfüllung: in der Timokratie wird der Ehrgeiz zu hoch geschätzt, in der Oligarchie der Reichtum, in der Demokratie die Freiheit. Und weil jedes Extrem die Tendenz hat, sein Gegenextrem herauszufordern (Pol. 563d), provoziert am Ende die zur absoluten Bindungslosigkeit verkommene Freiheit in der Demokratie die absolute Knechtschaft durch die Tyrannis; deren Prinzip ist die totale Herrschaft.

Die Übergänge zwischen den Prinzipien und den mit ihnen verbundenen Staatsformen werden noch plastischer, wenn Sokrates sich dem der jeweiligen Verfassung zugehörigen Menschentypus zuwendet. Das ist nicht weiter verwunderlich, liegt es doch immer am Menschen, ob eine politische Ordnung Bestand hat oder verfällt. Das Hadern mit der alten Ordnung und die Heraufkunft der neuen verdeutlicht Sokrates stets mit Hilfe eines Generationenkonfliktes: Der Vater verkörpert das Prinzip der alten Gesellschaft, und weil er mit seiner Prinzipientreue in den Augen des Sohnes scheitert, rechnet der Sohn mit dem Leben des Vaters ab und beginnt ein eigenes, ein anderes Leben. Dass der Vater äußerlich erfolglos bleibt, hängt damit zusammen, dass das Prinzip, dem er folgt, in sich schon weitergetrieben hat zum nächstschlechteren: Es ist in sich instabil, und so bedeutet Prinzipientreue tatsächlich die Auflösung des Prinzips.

Doch nun ganz konkret: Die Aristokratie verfällt, wenn ungeeignete Naturen an die Herrschaft gelangen und das Bildungswesen vernachlässigen sowie die rechte Auswahl für die drei Stände verfehlen. Unweigerlich wird bei Vernachlässigung des Musischen das Kriegerische erstarken (Pol. 546e, 547a) und sich ein Gegensatz zwischen Regenten und Regierten auftun. Damit ist auch die Einigkeit hinsichtlich der Güterverteilung verloren, und alle streben nun nach Privateigentum. Erst jetzt kann man von Herrschaft im üblichen, d.h. schlechten Sinne sprechen. Die früheren Hüter werden zu Herren; diejenigen, die früher »Freie, Freunde und Ernährer« (Pol. 547c) waren, werden zu Knechten. Ehrgeiz und Bereitschaft zu kriegerischer Auseinandersetzung bestimmen die jetzt entstandene Timokratie, und auch der zugehörige Mensch wird sich mehr um das Eigene als um das Gemeinsame kümmern und streiten. Denn was in ihm herrscht, ist nicht mehr die Vernunft, sondern der Wille. Und da dieser der vernünftigen Führung beraubt ist, ist der weitere Weg schon vorgezeichnet. Immer mehr wird sich das Ich zur Geltung bringen. Das Selbst des Menschen hat keine Chance zur Verwirklichung mehr.

Das zeigt sich auf der nächsten Stufe, wenn der timokratische Ehrgeiz über sich hinausgetrieben hat und sich nicht mehr auf die mit hoher Anstrengung verbundene Ehre, sondern auf den sehr viel leichter zu errringenden Besitz richtet. Denn Besitzgier und Tugend sind schwerlich vereinbar. »Oder verhalten sich Reichtum und Tugend nicht so, dass sie, als läge jedes von ihnen auf einer Waagschale, sich gegenseitig emporschnellen?« (Pol. 550e) Man fühlt sich an das Bibelwort von dem Reichen und dem Kamel, das durch das Nadelöhr geht (Matth. 19, 24), erinnert, und der Gedanke ist auch ähnlich: Pleonexie ist immer ein Zeichen von Egoismus. Im oligarchischen Staat schließt die Selbstsucht der Reichen die Armen von der Herrschaft aus, die Gesellschaft ist tief gespalten. Der oligarchische Mensch ordnet alle seine Kräfte dem Erwerbstrieb unter, weil ihm das Festhalten des Vaters am Prinzip der Ehre für dessen gesellschaftlichen Untergang verantwortlich erscheint. Innerseelisch hat jetzt das Bedürfnis die Herrschaft ergriffen, und alle noch folgenden Staatsformen stellen bloß noch Varianten dieser Herrschaft dar.

Die Demokratie entsteht durch eine Revolution, nachdem die oligarchische Sucht der Selbstbereicherung zu Verarmung und sozialer Entwurzelung eines großen Teils der Bevölkerung geführt hat. Erstmals ergreifen die vielen die Macht und bestimmen die politische Führung durch Los. Ebenso zufällig wie die Auswahl der politischen Elite wirkt auch das gesamte Leben in der Demokratie, deren oberster Wert die Freiheit ist. Denn Freiheit wird als Bindungslosigkeit und Unverbindlichkeit verstanden; die Demokratie erscheint als eine Verfassung, »die gleichermaßen Gleichen wie Ungleichen eine gewisse Gleichheit austeilt« (Pol. 558c). Natürlich steht hinter dieser herben Einschätzung demokratischer Maßstabslosigkeit Platons Erfahrung mit der attischen Demokratie, die sich nicht zuletzt den Justizmord an Sokrates zuschulden kommen ließ. Aber auch wenn die moderne repräsentative Demokratie in der hier entwickelten Typologie wohl keinen Raum fände, sondern eher der in den *Nomoi* entwickelten Mischverfassung gleicht, ist die Lektüre der langen, Platon erkennbar wichtigen Passage über die Demokratie durchaus aufschlussreich. Man wird manche Schwäche beschrieben finden, an der auch die neuzeitliche demokratische Ordnung krankt.

Der demokratische Mensch kennt ebenso wie das ihm korrespondierende System keine wirkliche Notwendigkeit in seinem Leben. Hat der oligarchische Vater seine übrigen Bedürfnisse noch gezügelt, um dem einen Bedürfnis, dem nach Gelderwerb, um so ungehemmter nachgehen zu können, so lässt der Sohn, dem das Leben des Vaters armselig vorkommt, nun allen Bedürfnissen freien Lauf. In seiner Seele gibt es dagegen keinen Widerstand mehr; denn die »besten Hüter und Wächter«, nämlich »schöne Kenntnisse, Bestrebungen und richtige Grundsätze« (Pol. 560b, c), fehlen in seiner Seele, weil den Vater die Bildung des Sohnes nicht kümmerte. Da es ihm an Maßstäben mangelt und der demokratische Mensch zunehmend zum Spielball seiner momentanen Bedürfnisse und Launen wird, ist es nur konsequent, wenn er dieses geistig und existentiell anspruchslose Leben durch eine Umwertung der Werte ideologisch überhöht: Da wird Scham zur Dummheit, Besonnenheit zu einem Mangel an Männlichkeit, Mäßigung zu seelischer Verkrüppelung und Unfreiheit, Verschwendung zu weltläufiger Lebensart. (Pol. 560 d, e) Solche Umwertung der Werte erinnert an die Position des Thrasymachos, und in der Tat ist der Umschlag der Demokratie in die Tyrannis nun schon vorprogrammiert: Die Schwäche der vielen, die sich in ihrem ziellosen und allen Zufälligkeiten nachgebenden Leben zeigt, bietet eine offene Flanke für den einen, der seine Triebe zu aggressiver Stärke zu bündeln vermag.

Geht die Oligarchie an ihrem Übermaß an Besitzgier zugrunde, so ist die Demokratie aufgrund ihrer Absolutsetzung der Freiheit dem Untergang geweiht. Denn da die Ämterbesetzung nicht mehr an Qualifikation gebunden ist, kommt leicht eine sozial völlig bindungslose, aber demagogisch begabte Schicht an die Macht, die ihre Herrschaft durch Umverteilung des gesellschaftlich Erarbeiteten sichert und die Armen gegen die Reichen aufhetzt. Werden diese zu sehr bedrängt, verhalten sie sich endlich so oligarchisch, wie ihnen immer unterstellt wurde. In diesem sich verschärfenden Kampf der Klassen erhebt das Volk schließlich einen Demagogen zu seinem auserwählten Führer – nämlich den, der ihm am meisten verspricht. (Pol. 566e) Doch bald nachdem die Reichen vertrieben oder unterdrückt wurden, zeigt sich, wen das Volk zu seinem Führer gemacht hat: einen Tyrannen, der sich wegen seiner Grausamkeit mit einer Leibwache vor dem Volk schützen muss und sich genötigt sieht, den Staat von allen anständigen Menschen zu reinigen, um seine Willkürherrschaft zu erhalten. (Pol. 567 b, c) Die übrigen aber hält er durch von ihm angezettelte Kriege in ständiger Not und Abhängigkeit, so dass sie des schieren Überlebens wegen auf seine Führergenialität angewiesen bleiben.

Diese Schilderung, die wie ein prophetischer Blick ins 20. Jahrhundert wirkt, ergänzt Platon durch ein Charakterbild des Tyrannen. Der Tyrann ist die – gegenüber dem Philosophen – andere erotische Existenz, getrieben von einem überstarken Eros, der sich aber nicht wie der philosophische auf die Wahrheit, sondern auf die Herrschaft über Menschen und Dinge, ja sogar über die Götter richtet. (Pol. 573c) Bedürfnisse, die selbst den bedürfnisgetriebenen demokratischen Menschen nur im Traum überfallen, lebt der tyrannische Mensch aus; er hat in sich jedes Maß abgetötet und schreckt vor keiner Ruchlosigkeit zurück. Er ist der personifizierte Wille zur Macht – der Übermensch, der sich keinerlei Regel unterwirft und selbst das Maß aller Dinge zu sein beansprucht.

Wie steht es nun mit dem Glück eines solchen Menschen, der mangels innerer wie äußerer Restriktionen alles haben kann, was er will? Bevor Platons Abschlussbilanz in puncto Glückserwartung vorgestellt werden kann, soll die bisherige politische und menschliche Verfallsgeschichte noch einmal resümiert werden. Die Verkehrung liegt im Beginn: Es gibt nur eine richtige, aber viele falsche Herrschaftsordnungen, und die Richtigkeit der ersten beruht darauf, daß in ihr alle Teile zu ihrem Recht kommen, während bei den anderen Ordnungen bloß die Herrschenden ihren – vermeintlichen – Vorteil sichern. Das gilt politisch wie individuell: Im besten Staat gelangt jeder Stand durch entsprechende Aufgabenverteilung ebenso zu optimaler Entfaltung seiner selbst, wie im gerechten Menschen jede seelische Kraft das Ihre erhält. Der Ehrgeiz zerstört die Harmonie (Timokratie), und sobald nicht mehr die Weisen regieren bzw. die Vernunft, verzerren sich die Proportionen. Der Wille wird hypertroph und verknechtet die Vernunft, bis sie nurmehr Verstand ist. Das Bedürfnis erhält nicht mehr das ihm Zukommende, sondern nur noch das ihm vom Ehrgeiz Zugestandene. Die baldige Rebellion des Bedürfnisses ist da schon absehbar, und wenn dieses die Macht ergriffen hat, gibt es kein Halten mehr. Weil es in sich keine Grenze kennt, will es zunächst grenzenlos Besitz (Oligarchie). Dann entgrenzt sich auch der Gegenstandsbereich, es will mit der Freiheit potentiell alles (Demokratie). Schließlich findet noch eine Entgrenzung der Maßstäbe statt (Tyrannis). Der Zusammenhang lässt sich folgendermaßen verbildlichen:

Staatsform	seelische Herrschaftsordnung				
Aristokratie	Vernunft	→	Wille	→	Bedürfnis
Timokratie	Wille	→	Verstand	→	Bedürfnis
Oligarchie	ein Bedürfnis	→	Wille	→	Verstand
Demokratie	viele Bedürfnisse	→	Wille	→	Verstand
Tyrannis	bösartige Bedürfnisse	→	Wille	→	Verstand

Die Dynamik des Unheils ist die eines sich selbst verkennenden Egoismus. In dem Glauben, für sich selbst das Beste damit zu erreichen, erheben Staat und Mensch etwas Sekundäres zum beherrschenden Prinzip: Ehre, Besitz, Freiheit und Macht, die im besten Staat immer nur Instrumente, nie aber Ziel waren. Tatsächlich nutzen diese Scheinziele weder den Beherrschten noch den Herrschenden, denn die Beherrschten werden unterdrückt, und auch die Herrschenden leiden unter ihrer Selbstverknechtung durch ihre vernunftlose Gier. Allerdings erhebt sich nun die Frage, ob eine solche Einschätzung realistisch ist; leiden die den falschen Zielen hinterherjagenden Menschen wirklich? Gilt das vor allem für den Tyrannen, dessen Ziel einer totalen Herrschaft doch zunächst völlige Verfügungsgewalt und damit Freiheit von Fremdherrschaft verspricht? Diese Frage, die offenbar die sokratischen Gesprächspartner von Anfang an trieb und die sich auch beim Lesen schnell aufdrängt, ist Ausdruck einer immer noch fehlenden Einsicht in die Überlegenheit der Vernunft – der vernunftlose, bösartige Mensch soll wenigstens leiden, wenn er schon alles haben kann, was er sich wünscht.

Einem solchen Strafbedürfnis gibt Sokrates scheinbar im folgenden nach, wenn er aufzählt, welche widrigen Lebensumstände dem Tyrannen beschieden sind (Pol. 577b-580c): Er kann niemandem trauen, ist zu wahrer Freundschaft unfähig und nicht in der Lage, jemals seine unersättlichen Bedürfnisse zu stillen; er ist von Schmeichlern umgeben, einsam in seiner ständigen Furcht und kann als Getriebener im Grunde gerade nicht tun, was er eigentlich will. Doch wenn Sokrates den Tyrannen dann zum unglücklichsten Menschen erklärt, »und sei es auch, dass dies allen Menschen und Göttern verborgen bleibt« (Pol. 580c), dann offenbart er seine überlegene Perspektive. Sogar wenn es allen Menschen, damit auch dem Tyrannen selbst entgeht, welch elendes Leben er führt, ist seine Lebenswahl zu beklagen. Die Strafe ist das Fehlen der Vernunft, ob er sich nun dessen bewusst ist oder nicht. Deshalb muß so, wie der Vernünftige, der Philosoph, das beste Leben führt, der Vernunftlose, der Tyrann, mit dem schlechtesten Leben geschlagen sein.

In eine ähnliche Richtung zielen die beiden abschließenden Überlegungen. (Pol. 580c-583a; 583b-588a) Auch wenn der Tyrann selbst sein Leben für lustvoll hält, nimmt er dabei doch nur Maß an der niedrigsten Form der Lust, der der Triebe. Die Lust der Vernunft bleibt ihm unbekannt. Insofern ist das Urteil des Philosophen, der sein Leben als das lustvollste einschätzt, gewichtiger als das des Tyrannen. Denn die niederen Formen der Lust, die des Bedürfnisses und des Willens, sind dem Philosophen sehr wohl vertraut; wenn er die geistige Lust als die höchste einschätzt, dann, im Gegensatz zum Tyrannen, in Kenntnis der Alternativen.

Und schließlich gilt es, die Qualität der tyrannischen Lust noch in sich zu bestimmen. Sinnliche Lust ist zumeist relativ, das Aufhören von Schmerz. Wer solch relative Glücksgefühle schon für etwas Großartiges hält – obwohl der Umschlag in Unlust schon absehbar ist –, gibt sich mit dem Schein der Lust zufrieden. An der Einsicht in die Wahrheit gibt es dagegen nichts Relatives, nichts, was von Äußerem abhängig machte, nichts, was mit nachfolgender Unlust erkauft werden müsste. Diese Lust hat Sein, und so hat sich ein weiteres Mal das Glück des Philosophen als das eigentliche erwiesen.

Für Sokrates ist es fraglos, dass der Mensch, der seine Willkür lebt, zu einem schlechten Leben verurteilt ist, unabhängig davon, ob er das einsieht oder nicht. Mit seinem Leben ist er gestraft genug, und es ist recht drastisch, wie Sokrates dieses von vielen so beneidete, von vielen so begehrte Leben beschreibt, welches doch nichts von dem Glück weiß, das in der Erkenntnis liegt: »Nach Art des Viehes immer auf den Boden sehend und zur Erde und den Tischen gebückt, nähren sie sich und bespringen einander auf der Weide; und wenn sie aus habsüchtiger Begierde nach diesen Dingen ausschlagen und stoßen, so töten sie sich auch untereinander mit eisernen Hörnern und Hufen aus Unersättlichkeit, weil sie nicht mit Seiendem weder ihr Seiendes noch dasjenige, was Empfangenes festhält, angefüllt haben.« (Pol. 586 a, b)[54]

Das mittlere Werk im Überblick

Die Unvollkommenheit des Menschen ist Ursache seines Strebens über sich hinaus. Erfüllung findet sein Streben im Guten, weil die Verwirklichung des Guten Glück bedeutet. Glück aber – so Diotima im *Symposion* – ist als Ziel nicht mehr weiter begründungsbedürftig (Symp. 205a), und so findet der Aufstieg in ihm seine Letztbegründung. Alle vier Dialoge des mittleren

Werks, *Phaidon, Symposion, Politeia* und *Phaidros,* haben ihren Höhepunkt in einer Aufstiegsschilderung. Sucht man zwischen ihnen einen sachlichen Zusammenhang, so bietet sich folgender an, der vermutlich auch der zeitlichen Abfolge der Entstehung der Dialoge entspricht: Im *Phaidon* schildert Sokrates seinen Werdegang in einer Art intellektueller Autobiographie. Auf der Suche nach der Ursache von Sein und Werden setzt Sokrates naturphilosophisch an und gelangt zur Annahme der Idee als Ursache von allem. Doch die Idee bleibt unausgefüllt, es bedarf eines neuen Anlaufs. Der erfolgt im *Symposion*. Hier sucht Sokrates die Ursache nicht länger in der äußeren Natur, sondern am Menschen, und zwar zunächst an seiner sinnlichen Erscheinung: der Schönheit. Im »Schönheits-Aufstieg« des *Symposions* wird an der Erfahrung des Sinnlichen der Überschritt zum Geistigen und seiner Ursache möglich. Aber auch die Idee des Schönen ist noch nicht letzter Zielgrund, sondern das sich am Schönen nur zeigende Gute. Ihre Vollendung findet die Aufstiegsbewegung daher in der *Politeia*, deren Aufstiegsgleichnisse zurückverweisen auf den Tugenddialog als den Ort des Aufstiegs zum Guten. Der *Phaidros* schließlich bettet den Aufstieg in den Gesamtzusammenhang des Lebens ein und offenbart so seinen Stellenwert. In ihm verwirklicht sich die menschliche Existenz.

Aufstieg an der Natur

Kurz bevor ihm im Namen der Polis das tödliche Gift verabreicht wird, führt Sokrates im *Phaidon* den letzten Dialog mit den Freunden.[55] Denen ist unbegreiflich, wieso Sokrates so gelassen, ja geradezu heiter aus dem Leben scheidet – so als wäre ihnen seine Philosophie, die derartige Abgeklärtheit zur Folge haben muss, immer fremd geblieben. Doch Philosophie ist Sterbenlernen (Phd. 64a), wie Sokrates ausführt. Damit ist keiner jenseitssüchtigen Weltflucht das Wort geredet, sondern dem philosophischen Vollzug dessen, was der physische Tod nur vollendet: die Trennung von Körper und Seele. Was heißt das? Das Werk der Philosophie ist Lösung aus sinnlicher Befangenheit in Theorie und Praxis. Praktisch bedeutet das eine Geringschätzung der materiellen Güter, die den meisten Menschen so wichtig sind. Theoretisch geschieht die Lösung in der Hinwendung zum Nicht-Sinnlichen am Sinnlichen, beispielsweise zur Suche nach der Gerechtigkeit, die im gerechten Tun erscheint. Die Freunde aber glauben nicht, dass es ein eigenes Sein des Nicht-Sinnlichen gibt, dass Seele ohne Körper sein kann. Dies nötigt Sokrates zu einigen auf traditionelle Theorien der Vorsokratik zurückgreifenden Überlegungen, in denen es vordergründig um die Unsterblichkeit der Seele geht. Tatsächlich aber geht es um die Wirklichkeit des Geistigen überhaupt, die gegen eine Weltsicht verteidigt werden muss, die alles Geistige nur in Abhängigkeit vom Physischen denken kann.

Diese Weltsicht gipfelt in den Einwänden von Simmias und Kebes. Simmias stellt sich die Seele als eine Art von Harmonie der den Körper bestimmenden Zustände vor (Phd. 85e ff.), für ihn ist also Körper Ursache von Seele. Kebes vergleicht die Seele mit einem Weber, der zwar Kleider, das heißt: Körper, hervorbringt, sich aber in der Hervorbringung selber aufzehrt. (Phd. 86e ff.) Für ihn ist demnach Seele Ursache von Körper. Doch diese Ursache wird ihrerseits wieder sinnlich vorgestellt. Um die Widersprüchlichkeit einer solchen Vorstellung aufzeigen zu können, erzählt Sokrates nun, wie er selbst als junger Mensch das Verhältnis von Ursache und Wirkung, Geistigem und Körperlichem gedacht hat und welche Irrtümer er seinerseits auf seinem Weg überwand. (Phd. 95e-102a) Auch wenn in der Literatur die Authentizität dieser Sokratischen Autobiographie immer wieder bestritten wird[56], weil sie nicht in das Konzept des Aporetikers Sokrates passt, gibt es jenseits dieses Vorurteils keinen vernünftigen Grund, sie als nachträgliche Konstruktion Platons zu betrachten. Man sollte sie also ernst nehmen als Schilderung der Denkerfahrung des Sokrates, die der spezifisch Sokratischen Tätigkeit, dem Tugenddialog, vorausging.

In seiner Jugend wurde Sokrates von einem Wissensdrang ergriffen, der ihn zur Naturphilosophie hinzog. Wodurch werden und vergehen die natürlichen Dinge? Die Naturphilosophie seiner Zeit, vertreten zum Beispiel durch Empedokles, Anaximenes, Heraklit, benannte für physische Prozesse physische Ursachen: Das Gehirn bewirkt die Wahrnehmung, die Entstehung von Lebewesen erfolgt durch Fäulnisbildung. Doch ihre scheinbare Plausibilität verloren diese Erklärungsmodelle für Sokrates, als er bei ihrer Anwendung auf Widersprüche stieß. Wenn man durch Spaltung ebenso aus einem Ding zwei Dinge machen kann wie durch Zusammenfügung, gibt es dann für einen Effekt zwei gegenteilige Ursachen? Die Tatsache, zwei Ursachen annehmen zu müssen, ist Indiz dafür, noch nicht zur eigentlichen Ursache durchgedrungen zu sein, denn die gleiche Wirkung gegenteiliger Ursachen bedarf ihrerseits wieder einer Begründung und damit einer Ursache.

Eine Lösung des Dilemmas schien sich anzubahnen, als Sokrates mit der Philosophie des Anaxagoras bekannt wurde. Dieser lehrte, dass die Vernunft Ursache von allem sei. Dass die Phänomene nicht aus sich heraus zu erklären sind, hatten die Widersprüche der materialistisch-mechanistischen Erklärung gezeigt. Mit der Wendung zur Annahme einer geistigen Ursache schien diese Aporie überwunden, und Sokrates erwartete nun, nachgewiesen zu bekommen, dass alles, sofern vernünftig, auch gut geordnet sei. Anaxagoras aber entsprach diesen Erwartungen nicht, sondern blieb die Ausfüllung seiner Theorie schuldig. Denn statt in der Entfaltung seiner Ursachenhypothese »das Beste eines jeden und das allem gemeinsame Gute«

(Phd. 98b) darzustellen, fiel er zurück auf das überwunden geglaubte mechanistische Denken und erklärte die Phänomene wieder mittels »Luft, Äther und Wasser« (Phd. 98c). Das erschien Sokrates so, als wolle man sein Verharren im Gefängnis seinen Knochen und Sehnen zuschreiben und nicht seiner Entscheidung, eine Akzeptanz des Todesurteils für vernünftiger zu halten als eine Flucht. Knochen und Sehnen sind Conditio sine qua non seines Verharrens, nicht aber dessen Ursache.

So schlug Sokrates seinen eigenen Weg in der Ursachenforschung ein, der freilich vorgeprägt war von den bisherigen Erfahrungen. Der naturphilosophische Ansatz war daran gescheitert, dass er notwendige Bedingung und Ursache nicht zu unterscheiden wusste. An den sinnlichen Phänomenen zeigt sich die Ursache nur, sie können nicht selber Ursache sein. Der Anaxagoreische Ansatz verlief aporetisch, weil die Vernunft in ihm bloße Forderung blieb. Wer die vernünftige Weltordnung annimmt, muss im Einzelphänomen das Wirken des Guten sichtbar machen können. Das Schema der Wirklichkeitsschichten, das im Sonnengleichnis vorgeführt wird, ist hier schon präformiert. Die sinnliche Welt erklärt sich nur aus der geistigen Welt, und diese hat ihrerseits als letzte Ursache das Gute. Ist der junge Sokrates, von dem die Autobiographie erzählt, zu dieser Ursache vorgedrungen? Der alte, abgeklärte Sokrates beschreibt, welche Richtung er in seiner damaligen Forschung einschlug.

Die Dinge mittels Wahrnehmung erfassen zu wollen verbot sich nach den früheren Erfahrungen, weil die Erscheinungen widersprüchlich und das heißt: erklärungsbedürftig sind. Mittels des Denkens also näherte sich Sokrates ihnen, und zwar in Anwendung des folgenden Verfahrens. Die Erklärung, die ihm am stärksten erschien, zugrunde legend, nahm Sokrates das, was mit ihr übereinstimmte, als wahr an. Von dieser Hypothese aus schritt er weiter zur nächsthöheren Hypothese, wobei deren jeweilige Schlüssigkeit anhand des aus ihr Abgeleiteten zu prüfen war. So gelangte Sokrates zur Idee. Sie setzte er voraus als Erklärung für sinnliche Erscheinungen – eine Blume ist nicht wegen ihrer leuchtenden Farbe schön, sondern weil sie am Schönen teilhat, aus einem Ding werden nicht durch Spaltung oder Hinzufügung zwei, sondern weil es am Zwei-Sein partizipiert. Dieses hypothetische Verfahren ist ein gänzlich anderes als das im *Menon* praktizierte (vgl. S. 79). Dort wurde die Wesenserkenntnis des Gegenstands einfach vorausgesetzt und ohne Sachgrundlage über Eigenschaften des Gegenstands spekuliert. Hier werden Erklärungen über den Wesensgehalt einer Sache vorausgesetzt und nach Prüfung ihrer Stimmigkeit zur nächsthöheren Voraussetzung hin überschritten.

Der Maßstab dafür, ob eine Hypothese angenommen wird oder nicht, ist ihre Tauglichkeit für den vorgegebenen Erklärungszweck, es wird »die beste« Hypothese (Phd. 101d) ausgewählt. Das Gute, das Anaxagoras mit seiner Vernunftursache gefordert hat, ist bei diesem Auswahlverfahren also indirekt präsent. Über das Gute selbst spricht Sokrates bei der Schilderung seiner früheren Erkenntnissuche jedoch nicht; und in der Tat wäre mit der Erkenntnis des Guten die hypothetische Methode auch überschritten. Denn die letzte Ursache ist das Anhypotheton, das schlechthin Voraussetzungslose. So bleibt nur ein Schluss: Der junge Sokrates kam zwar weiter als Anaxagoras, aber noch nicht so weit wie der alte Sokrates – die Idee war nur gedacht, aber mangels Einsicht in die letzte Ursache nicht erkannt. Es fehlte der Überschritt vom Verstandesdenken zur Vernunft, von dem im Liniengleichnis die Rede ist. So konnte – wie der Dialog *Parmenides* zeigen wird – der junge Sokrates seinen Fund, die Idee, auch nicht angemessen verteidigen. Dazu bedurfte es, in der Terminologie der *Politeia*, eines »weiteren Weges«. Dessen Stationen bezeichnen der Diotima-Aufstieg im *Symposion* und die Gleichnisse in der *Politeia*.

Aufstieg am Menschen
Die Atmosphäre des *Gastmahls* ist wahrhaft symposial – in erotisch aufgeladener Stimmung werden Lobreden auf Eros gehalten.[57] Was Eros mit dem Erkenntnisaufstieg zu tun hat, wird erst deutlich, als Sokrates seine fünf Vorredner ablöst. Sokrates' Nachredner, Alkibiades, beschreibt ihn anschließend als den wahren Erotiker.

Die fünf vor-sokratischen Redner preisen Eros als segenspendenden Gott, wobei erkennbar ihr eigenes homoerotisches Interesse den Inhalt ihres Lobes diktiert. Die scheinbare Verwandtschaft ihres Denkens mit dem des Sokrates – es ist oft von Tugend die Rede – täuscht nicht darüber hinweg, dass hier der eigenen sexuellen Orientierung höhere moralische Weihen verliehen werden sollen. Phaidros beginnt den Reigen und preist die Liebe als den ältesten Gott, der Ursprung der größten Güter ist. Denn aus Scham voreinander befleißigen sich die Liebenden der Tugend, wobei der Liebhaber als Inkarnation des Gottes Maßstab für den Geliebten ist. (Symp. 178a-180b) Nachdem Phaidros so die Tugend zu einem Phänomen sozialer Rücksichtnahme verkommen ließ, benutzt sie Pausanias, um alles zu rechtfertigen, was in ihrem Namen in der Liebe geschieht. Zu unterscheiden seien guter und schlechter, uranischer und pandemischer Eros. Wer im Sinne des guten Eros, das heißt homosexuell, auf Dauer angelegt und um der Tugend willen liebe, könne sich dabei auch Dinge erlauben, die sonst als schändlich gelten. Selbst wenn er nur dem Schein der Tugend erlegen sei, rechtfertige dies sein Verhalten. (Symp. 180c-185c) Die Pausaniassche Unterscheidung von gutem und schlechtem

Eros aufnehmend, weitet sie Eryximachos auf den gesamten Kosmos aus. Alles Gesunde, Sittliche, Harmonische sei Wirkung des guten, alles Kranke, Unsittliche, Disharmonische Wirkung des schlechten Eros. Menschlicher Technik und Wissenschaft aber obliege es, den guten Eros hervorzubringen. (Symp. 185c-188e) Damit hat die Liebe die größtmögliche quantitative Ausdehnung erfahren.

Eine neue Redetriade[58] eröffnet Aristophanes, wenn er, wieder an Phaidros anknüpfend, Eros als eine Macht darstellt, die hinter dem Rücken der Akteure wirkt. Ursprünglich nämlich sei der Mensch Doppelmensch gewesen, wegen seiner Hybris gegen die Götter jedoch geteilt worden, so dass das jetzige Liebesstreben nichts anderes als der unbewusste Wunsch nach Wiederherstellung der früheren, nahezu gottgleichen Einheit sei. (Symp. 189c-193d) Hier hat die Liebe also eine neue, qualitative Allmacht gewonnen, nachdem die erste Triade die quantitative behauptet hatte. Agathon vollendet den zweiten Ansatz, indem er Eros zum jüngsten Gott werden lässt, der selbst den Göttern noch Harmonie und damit Vollendung bringt. Eros ist so Gott über den Göttern. Weil er über alles herrscht, besitzt er auch im Höchstmaß selbst, worüber er gebietet. (Symp. 194e-197e)

Der Apotheose folgt die Ernüchterung; Sokrates ergreift das Wort. Was Agathon forderte, löst Sokrates ein, nämlich erst das Wesen der Liebe zu klären, bevor über ihre Wirkung gesprochen werden kann. Sokrates greift dabei auf das zurück, was ihn die weise Diotima einst lehrte – priesterliches Wissen vom notwendigen Transzendenzbezug des Menschen. Liebe ist Liebe zu etwas, und zwar zu etwas Entbehrtem. Alles, was die Vorredner der Liebe selbst zugeschrieben hatten, ist tatsächlich das, dessen Fehlen die Liebe nur bezeugt. Da die Liebe das Schöne, das Gute begehrt, kann sie nicht selber schön und gut sein. Damit ist die Grundannahme, der bei aller sonstigen Verschiedenheit ausnahmslos alle Vorredner folgten, hinfällig: dass nämlich Eros ein Gott sei. Vielmehr ist er ein Dämon, ein Mittler zwischen Gott und Mensch (Symp. 202e), ein Mittler auch zwischen Weisheit und Unverstand und somit ein Philosoph (Symp. 204b). Gott philosophiert nicht, denn er ist weise. Ebensowenig philosophiert der gänzlich Unverständige, denn er weiß nicht um seinen Unverstand. Philosoph ist also, so muss man ergänzen, der wissend Nichtwissende – ein deutlicher Hinweis Platons, wer da gemeint ist. Aber noch etwas anderes ist deutlich geworden. Diejenigen, die in ihren Reden die Liebe vergöttlicht haben, als wäre sie nicht Streben, sondern bereits Erfüllung, sind einer Vergötzung des eigenen Triebes erlegen. Ein solcher Liebesbezug benutzt den anderen zur Betätigung und Bestätigung des Ich, er schafft nichts über sich hinaus.

Das ist beim wahren Eros anders, wie Sokrates sich von Diotima erklären ließ. Die Liebe, so Diotima, begehrt im Schönen das Gute, und zwar auf Dauer. Dauer zu erlangen ist dem Menschen aufgrund seiner Endlichkeit aber nur in vermittelter Weise möglich, durch Zeugung. Zu dieser, sei sie körperliche, sei sie geistige Erzeugung, gibt Schönheit den Anreiz. Nicht die Schönheit also wird in der Liebe letztlich begehrt, sondern das, wozu sie anregt: die Hervorbringung des Guten. Was das Gute ist, mit dem der Mensch seine Endlichkeit überschreitet, wird je nach Interessenlage definiert – das Fortleben in den Kindern, der Nachruhm, das geistige Erzeugnis. Diotima lässt aber keinen Zweifel daran, welches dieser Ziele den höchsten Rang einnimmt. Der Erotiker, dessen Zeugungslust Tugend hervorbringt, hat das höchste Gut verwirklicht, vor allem, wenn er im Privaten wie im Politischen zu Gerechtigkeit und Besonnenheit gefunden hat. (Symp. 209a) Der Rangordnung der Güter folgen auch die Stufen des sich nun anschließenden Aufstiegs. (Symp. 210a-212a)

Wer durch den Eros, der aller Kreatur eignet, das höchste Ziel erreichen will, muss in der Jugend einen schönen Menschen lieben und dabei »schöne Reden« erzeugen. (Symp. 210a) Körperlichkeit ist also bereits auf dieser ersten Stufe nur das Vehikel, um zu Geistigem vorzudringen. Das wird noch deutlicher bei der quantitativen Ausweitung der ersten Stufe. Der Liebende erkennt, dass die am anderen geliebte Schönheit nicht nur ihm allein zukommt, und so erweitert sich seine Schönheitsliebe auf zwei, schließlich auf alle schönen Körper. (Symp. 211c) Diese quantitative Ausdehnung der Liebe schafft zugleich einen qualitativen Zuwachs, der den Überstieg zur nächsten Stufe vorbereitet. Die Einsicht nämlich, dass das am Geliebten Begehrte etwas ist, was sich auch an anderen zeigt, löst aus sinnlicher Befangenheit und lässt Sinnlichkeit als Ziel obsolet werden. Das ist nicht die Reaktion des Liebhabers, der, von allen Schönen bezaubert, vom einen zum anderen eilt. Es ist die Reaktion des philosophisch Suchenden, der sich nach dem sehnt, was sich an den vielen Erscheinungsweisen des sinnlich Schönen nur manifestiert. Dem kommt er näher, wenn er auf der zweiten Stufe die seelische Schönheit lieben lernt. Jetzt bedarf die Liebe keines schönen Körpers mehr, er wird in seiner Vergänglichkeit durch Beständigeres ersetzt. Dem Ziel nähergekommen, vermag der Liebende nun schon Reden hervorzubringen, die den Geliebten bessern. Er selbst aber erkennt auch auf dieser Stufe – wie bereits auf der ersten und wohl auch auf der folgenden – die Verwandtschaft aller Erscheinungsformen des Schönen. Er findet es nicht nur in der Seele des Geliebten, sondern bald auch in den Gewohnheiten und den Gesetzen der Polis. Zunehmend vergeistigt sich also das Sinnliche, an dem Schönheit erscheint, und so mündet die Suche konsequent in der Befassung des Suchenden mit der Wissenschaft. Der Prozess der Versachlichung der Liebe nähert sich damit seinem

Höhepunkt, denn der Umgang mit einer, zwei und schließlich allen Wissenschaften wirkt prägend auf den Liebenden ein; die egoistische Fixierung auf ein Liebesobjekt minderen Ranges ist jetzt nicht mehr möglich. (Symp. 210d) Die Reden und Gedanken, die auf dieser Stufe erzeugt werden, sind, dem erreichten Stand gemäß, groß angelegt und philosophisch und befähigen in ihrer Rückwirkung auf den, der sie erzeugt, zum letzten, entscheidenden Schritt: der Erkenntnis des Schönen selbst.

Das Schöne selbst oder die Idee des Schönen ist als Ursache all dessen, was schön ist, in Vollkommenheit, was das von ihr Verursachte nur in unvollkommener Weise verkörpert. Es ist unvergänglich, also dem zeitlichen Aufstieg und Niedergang des Körperlichen entzogen. Es ist in seinem Wesen unwandelbar, nicht in Relation zu etwas anderem, sondern absolut, in sich einheitlich und in keiner Weise an eine Gestalt gebunden, so dass es weder mit etwas Leiblichem noch mit Seelischem, noch mit den Wissenschaften zu vergleichen wäre. (Symp. 211a) Mit dieser Erinnerung an die Stufen des Aufstiegs deutet Diotima noch einmal darauf hin, dass die letzte Stufe mit den Kategorien der vorangegangenen nicht zu erfassen ist, obwohl diese auf die letzte Stufe hinleiten. Hier ist der Überschritt vom Verstandesdenken zur Vernunft erforderlich. Allein die mittels des Gangs durch die Wissenschaften geschaffene Vernunft vermag das ganz »an und für sich« seiende Schöne (Symp. 211b) zu erkennen. Wer es aber erkannt hat, dem wird alle abgeleitete Schönheit gegenüber dem, wovon sie abgeleitet ist, verblassen. Denn das Relative muss an Reiz verlieren, wenn die Suche zum Absoluten geführt hat. Dem scheinbaren Verlust steht jedoch ein unvergleichlicher Gewinn gegenüber. Wer sich durch das Schöne selbst angezogen weiß, zeugt wahrhaft Gutes, wirkliche Tugend (Symp. 212a) und ist so der selbstverwirklichte, glückliche Mensch.

Wie verhält sich nun dieser Schönheitsaufstieg zu dem Erkenntnisweg, der im *Phaidon* geschildert wurde? Mit dem Eros ist erstmals die Kraft benannt, die überhaupt zur Suche treibt. Was Sokrates als junger Mensch existentiell an sich erfahren hat, ist damit an das Licht des Bewusstseins gehoben. Die Kraft ist dieselbe wie damals, doch der Gegenstand hat sich gewandelt. An der äußeren Natur war das Wirken der Idee denkbar, aber nicht wirklich verstehbar geworden. Sie blieb inhaltlich unausgefüllt, weil sie objektivistisch, als das andere des Subjekts gedacht war. Mit dem Schönheitsaufstieg hat sich die Suche dem Menschen zugewandt, an ihm sind sowohl Sinnlichkeit als auch Geistigkeit als das je Eigene erfahrbar. Damit ist die Selbstvergessenheit des ersten Aufstiegs überwunden, weil nun der in den Blick kommt, der die äußere Natur rezipierte, ohne sich dieses eigenen Zutuns bewusst zu sein.

Doch diese Wendung zum Menschen geschieht nicht in der egoistischen Weise, wie von den Vorrednern des Sokrates propagiert. Ihnen gerann der andere zur Objektivation ihres eigenen Bedürfnisses. Sowohl die quantitative Ausweitung dieser Art von »Liebe« auf den gesamten Kosmos als auch ihre qualitative Steigerung bis zum fast übergöttlichen Prinzip diente letztlich nur der Legitimation der eigenen »Liebes«-Praxis. Im Diotima-Aufstieg hingegen steht die quantitative Ausweitung der Liebe von einem über zwei hin zu allen Objekten derselben Stufe im Dienst der qualitativen Steigerung. Die Lösung aus der Fixierung auf ein Objekt bedeutet die Anerkennung einer sachlichen Ursache der Liebe, die auch in anderen Objekten wirkt. Mit dieser Anerkennung setzt eine Versachlichung des Liebenden ein, der nicht länger am Objekt sein Ich behaupten, sondern die sachliche Ursache erfahren will. So kann die Sache die Führung übernehmen und den vom Eros Ergriffenen von Stufe zu Stufe ziehen.

Jede Stufe bedeutet Zugewinn. Die Erfahrung körperlicher Schönheit lässt den wahren Rang der Sinnlichkeit erkennen: Sie ist die erste, nicht überspringbare Stufe auf dem Weg zum Erkennen, an ihr entzündet sich der geistige Funke. Seelische Schönheit und die Schönheit der Sitten zu entdecken bedeutet, Schönheit zunehmend strukturell und damit unsinnlich zu denken. Wenn die Suche zur Schönheit in den Wissenschaften vorgedrungen ist, sind raum-zeitliche Bedingtheiten endgültig zurückgelassen. Was Schönheit an und für sich ist, jenseits sinnlicher Erscheinung, jenseits auch jedes subjektiven Dafürhaltens, wird erkennbar, wenn auch die Wissenschaften noch zu ihrer Grundlage hin überschritten werden. Der nur intelligible, nicht mehr vorstellbare Maßstab, der jetzt gewonnen ist, lässt verstehbar werden, wieso das eine anzieht, das andere nicht. Er ist die Ursache der Anziehung.

Der Diotima-Aufstieg im *Symposion* löst also die Aporien des Aufstiegs im *Phaidon* auf, weil die Idee nun nicht mehr in der äußeren Natur gesucht, sondern als die Wirklichkeit des Menschen verstanden wird, der durch den Bezug zum Göttlichen zu sich gefunden hat. Wozu bedarf es dann aber noch der Aufstiegsschilderungen in der *Politeia*? Was kommt durch sie sachlich noch hinzu? Eine Antwort geben Diotima, wenn sie neben dem Schönen das Gute ins Spiel bringt, und Sokrates' Nachredner Alkibiades, wenn er von seiner Erfahrung mit Sokrates spricht. (Symp. 213b-222b)

Diotima verweist sehr deutlich auf die Funktion des Schönen. Es ist nicht selbst das Ziel, sondern das Medium, mittels dessen das eigentliche Ziel erreicht werden kann, das Gute. Durch Schönheit wird Eros zur Zeugung angeregt, und erzeugt wird das Gute, das bei allen Menschen bewusst oder unbewusst Ziel allen Strebens ist. Das Gute muss also etwas sein, was noch über das Schöne hinausgeht. Und es muss etwas sein, dessen der Mensch erst »habhaft« wird, wenn er es hervorbringt. Denn das war als Grundbefindlichkeit des Menschen gekennzeichnet worden, dass sein »Haben« des Guten vergänglich ist wie er selbst und dass die einzige Möglichkeit, das Gute oder das Glück auf Dauer zu stellen, die Schöpfung über sich hinaus ist. Welchen Inhalt die Menschen mit dem Guten verbinden, hängt davon ab, ob sie eher körperlich oder geistig ausgerichtet sind. Den höchsten Rang aber hat das Gute, das sich in der Tugend manifestiert, weil mit ihm sowohl der Mensch als auch die Polis ihr jeweiliges Optimum, Tauglichkeit eben, erreichen.

Diotima liefert so die Bausteine, die sich in der *Politeia* zum Ganzen fügen. Dass alle das Gute wollen, es aber unterschiedlich, als Lust oder Wissen, auslegen, ist Anlass, nach dem wahren Wesen des Guten im Gleichnis zu suchen. Lust und Wissen oder Sinnlichkeit und Verstand werden als Stufen auf dem Erkenntnisweg zurückgelassen, weil beide in sich ambivalent sind, das Gute jedoch eindeutig sein muss. Im Sonnengleichnis wird betont, dass das Gute als Ursache jenseits von allem anzusiedeln ist, was ist – also auch jenseits des Schönen. Das Liniengleichnis zeigt, dass dieses »Jenseits« nur für den Verstand unerreichbar ist, nicht aber für die Vernunft, und das Höhlengleichnis beschreibt den Weg, wie der Mensch zur Vernunft kommt, also hervorbringt, was er noch nicht ist. Das Gute, das so erzeugt wird, ist das je eigene, es ist das Selber-gut-Sein. Hat die Deutung damit, indem sie Diotimas Zeugungstheorie mit der Aufstiegsschilderung der *Politeia* verbindet, eine Wendung zum subjektiven Idealismus genommen und einem autonomen Subjekt das Wort geredet, dem das Gute zur Selbstsetzung des Ich gerät? Eine solche Identifikation des Guten mit dem Ich meint Diotima nicht, wenn sie die menschliche Hervorbringung des Guten von der Selbstüberschreitung des Menschen zum

Göttlichen hin abhängig macht. Erst mittels dieser Selbstüberschreitung gelingt es, wahrhafte Tugend, nicht bloß deren Abbilder, zu erzeugen (Symp. 212a) – durch die liebende Hinwendung zum anderen im Gespräch. Was bei der Interpretation der Gleichnisse in der *Politeia* bereits vermutet wurde, findet im *Symposion* eine weitere Bestätigung. Die Hervorbringung des Guten, das im wahren Reden über die Tugend besteht, meint den Sokratischen Dialog. Bezeugt wird das von Alkibiades.

Dieser platzt in die symposiale Gesellschaft hinein und weigert sich, eine Lobrede auf Eros zu halten; er will vielmehr Sokrates loben. (Symp. 214d) Das Bild, das er von ihm zeichnet, erfährt während seines Redens eine merkwürdige Verwandlung. Vergleicht Alkibiades Sokrates mit dem Silen[59] Marsyas, so gleicht sich seine Beschreibung doch zunehmend der an, die Diotima von Eros gegeben hatte. Zuletzt aber zeigt sich, dass Sokrates nicht nur Eros ist, sondern auch das, worauf sich Eros bezieht – scheinbar Liebender, ist er doch in Wirklichkeit der Geliebte. (Symp. 222b) In seiner ganzen Sokrates-Eros-Lobrede stellt Alkibiades Sokrates als die gelebte Wirklichkeit der Tugend dar.

Der Silen Marsyas schlägt die Menschen mit seiner Flöte in Bann. Sokrates tut das mit seinen Reden, die Alkibiades so bewegen, dass er glaubt, »es lohnte nicht zu leben, wenn ich so bliebe, wie ich bin« (Symp. 216a). Ebenso wie Marsyas ist Sokrates äußerlich häßlich, innen aber voller Schönheit. Vor allem gilt das für seine Reden, die von Schmieden und Schustern zu handeln und immer dasselbe zu sagen scheinen. Wer aber tiefer blickt, wird finden, »daß sie allein Vernunft in sich haben« und »daß sie ganz göttlich sind und die schönsten Götterbilder der Tugend in sich bergen« (Symp. 222a). Durch Alkibiades verweist Platon hier ganz unzweifelhaft auf den Frühdialog. Wer in ihm nur die Aporie sieht, lässt sich von der Außenseite des Marsyas blenden.

Die Ähnlichkeit mit Eros zeigt die weitere Schilderung. Sokrates ist ewig auf der Jagd nach Schönen, wobei ihm, wie im Aufstieg beschrieben, die körperliche Schönheit allerdings nichtig wird gegenüber der seelischen. Wie Eros ist er unbeschuht, unansehnlich, bedürftig, und wie Eros ist er wissbegierig und philosophisch. Mit diesen auffallenden Parallelen lässt Platon Sokrates als den inkarnierten, wahren Eros erscheinen – doch was zeugt dieser Eros, angezogen vom Schönen? Alkibiades beschreibt das Sokratische Leben als die Wirklichkeit der Tugend. Sokrates übertrifft alle an Tapferkeit in der Schlacht, an Bedürfnislosigkeit in Mangelsituationen, an Selbstbeherrschung im Überfluss. (Symp. 219d ff.) Er lässt sich vom sexuellen Angebot des Alkibiades ebensowenig verführen (Symp. 219c), wie er sich durch irgend etwas von seiner philosophischen Suche abbringen lässt (Symp. 220c ff.). Das heißt: Sokrates ist das, wonach er stets philosophisch sucht. Deshalb kehrt sich die Ausgangskonstellation um, wenn er als Liebhaber auftritt und sich dann doch als der Geliebte entpuppt, wie es Alkibiades an sich erfahren musste.

Wie lässt sich jetzt der Gesamtzusammenhang fassen? Eros bezeichnet die Ausrichtung des Menschen auf das, was ihm fehlt. Der philosophische Eros ist der ranghöchste, weil er sich auf das richtet, was dem Menschen wesentlich ist, Tugend, Vernunft, Glück – das menschliche Gute. Platon zeichnet Sokrates als den fleischgewordenen Eros, als die inkarnierte Suche. Zugleich aber erweist sich Sokrates als das Gesuchte, er ist Verwirklichung des Guten. Nun könnte man auf den Gedanken verfallen, dass Sokrates zwar praktisch zur Tugend gefunden haben mag, theoretisch aber dafür keine Begründung geben kann.[60] Dagegen spricht die eindeutig auf Sokrates gemünzte Aufstiegsschilderung der Diotima: Die richtige Liebe zum Schönen führt zur Erkenntnis und damit auch erst zur Erzeugung des wahrhaft Guten im Reden über die Tugend. In den Rahmen des Schönheitsaufstiegs im *Symposion* muss der Aufstieg zum Guten aus der *Politeia* eingebettet werden. Am Schönen findet die Zeugung des Guten statt, und dieser Zeugungsprozess, der in der *Politeia* formal beschrieben wird, wird im Frühdialog in concreto vorgeführt.

Jetzt ist auch besser zu verstehen, was mit Zeugung, Hervorbringung gemeint ist. Es meint nicht autonome Schöpfung des Ich, sondern im Gegenteil völlige Lösung vom Ich in der Hingabe an die Sache. Hervorgebracht wird so das Selbst des Menschen, das erst ist, wenn er gut ist – das Gute, das erzeugt wird, wird nicht gesetzt, sondern von der Möglichkeit in die Wirklichkeit überführt. Voraussetzung dafür ist die vorbehaltlose Suche, die als solche schon das Gute ist; deshalb ist Sokrates nicht nur die Liebe, sondern zugleich dasjenige, worauf die Liebe zielt. Erinnert man sich an die im *Euthydemos* gesuchte Erkenntnis, von der alles andere abhängt, dann bekommt deren Beschreibung jetzt einen verstehbaren Sinn. Die Erkenntnis, bei der Hervorbringung und rechter Gebrauch eins sind, ist die des Guten, wie sie im Sokratischen Dialog gesucht und gefunden wird.

Aufstieg als Ziel des Lebens
Welchen Weg der Mensch gehen muss, um zu einem erfüllten Leben zu finden, haben die schon dargestellten Aufstiegsdialoge geschildert. Woher die Kraft stammt, sich auf den Weg zu machen, beschreibt Platon auf mythologische Weise im *Phaidros*. Alle Fäden werden hier noch einmal zu einem Gewebe verknüpft: die Liebe, der Aufstieg, das Leben. Darüber hinaus aber – und das ist das Besondere am *Phaidros* – wird das Gewebe eingespannt in einen Rahmen, in dem es um die rechte Art zu reden und zu schreiben geht. So ist dieser Dialog

zugleich Reflexion über den Dialog und insofern Schlüssel zum Selbstverständnis des unterrichtenden und Dialoge schreibenden Philosophen Platon.

Sokrates, der sonst die Mauern Athens nicht verlässt, weil ihn »Felder und Bäume [...] nichts lehren wollen, wohl aber die Menschen in der Stadt« (Phdr. 230d), lässt sich von Phaidros in die Natur hinauslocken. Denn Phaidros verspricht ihm, eine Rede von Lysias vorzutragen, und Sokrates ist einer, »der krank ist an der Sucht, Reden zu hören« (Phdr. 228b). Im *Symposion* hatte sich Sokrates vorgestellt als jemand, der »nichts versteht als Liebesdinge« (Symp. 177d), und so ist es nun nicht zufällig eine Rede über die Liebe, die Phaidros zu Gehör bringt (Phdr. 230e-234c). Doch es ist eine in jeder Hinsicht schlechte Rede, die Lysias verfasst hat. Ihre Prämissen bleiben unausgesprochen, die Anordnung der Sätze lässt keine innere Notwendigkeit erkennen, vor allem aber ist der Inhalt frevelhaft. Denn in ihr wird die Liebe als etwas Schlechtes dargestellt. Wer von der Liebesleidenschaft ergriffen ist, denke nur an sich und füge dem Geliebten in jeder Hinsicht Schaden zu. Deshalb solle der umworbene Knabe besser einem Nichtverliebten gefällig sein, weil der klar bei Verstand und damit in der Lage sei, dem Knaben zu nützen.

Sokrates' Kritik an dieser Rede lässt Phaidros so nicht gelten; Sokrates solle versuchen, selbst eine bessere Rede gleichen Inhalts zu halten. Widerwillig folgt Sokrates der Aufforderung, leistet aber später Sühne, indem er noch eine andere Rede zum Lob des Eros hält. Zunächst aber lässt Sokrates ihren dialektischen Widerpart, den Tadel des Eros, hören. (Phdr. 237b-241d) Dessen entscheidender Unterschied zur Lysias-Rede liegt im Verfahren. Eine Rahmenerzählung klärt das Motiv für die Wahl der Prämisse der Rede. Ein – verliebter – Päderast will einen Knaben gewinnen und macht die Liebe schlecht, indem er vorgibt, selbst nicht von ihr ergriffen zu sein. Das gibt seinem Plädoyer Sinn, man solle dem Nichtverliebten nachgeben. Als nächstes legt Sokrates die Struktur seiner Rede offen. Zuerst muss das Wesen der Sache, über die man spricht, analysiert werden, dann erst ist ein Urteil über ihre Wirkung, Nutzen oder Schaden, möglich. Hier wiederholt sich genau das Verfahren des Frühdialogs. Alles Reden über Dinge bleibt bodenlos, solange man das Wissen, was die Dinge sind, einfach voraussetzt. Die Frage nach dem Wesen, was eine Sache ist, die Sokratische Frage gestellt zu haben, erlaubt es erst einzuschätzen, ob die Sache gut ist oder schlecht. Die Wesensfrage muss der Frage nach der Ursache, dem Guten, notwendig vorausgehen. Deshalb bezieht Sokrates seine falsche Prämisse, dass Liebe schlecht ist, nun aus einer Unterscheidung der menschlichen Vermögen; anschließend entwickelt er in systematischer Abfolge die Konsequenzen aus der Wesensanalyse. Er kommt – wie gefordert – zur selben negativen Einschätzung dessen, was die Liebe bewirkt, wie Lysias. Doch sein Urteil ist logisch hergeleitet, das des Lysias war es nicht.

Der formal korrekten, aber inhaltlich falschen Rede lässt Sokrates nun eine »wahre Rede« folgen, die den Ursprung der Liebe nicht im Menschen, sondern in Gott ausmacht. Scheinbar ergibt sich durch seine Aussage, dass Liebe »etwas Göttliches« und Eros ein Gott sei (Phdr. 242e), ein Widerspruch zum *Symposion*, in dem Eros als Daimon, als Mittler zwischen Mensch und Gott dargestellt wurde. Doch auch hier darf nicht die dialektische Funktion der Aussage übersehen werden. Im *Symposion* hatten die Redner in Eros ihren eigenen Trieb vergöttlicht; ihnen gegenüber musste die menschliche Seite der Liebe betont werden, dass Eros Streben nach Erfüllung, nicht selbst schon das Begehrte ist. Im *Phaidros* hingegen wird die Liebe dämonisiert, sie ist nichts als der Trieb. Hier wird also offengelegt, was die

Redner im *Symposion* unbewusst vorausgesetzt und mit höheren Weihen versehen hatten. Demgegenüber gilt es nun, die göttliche Seite der Liebe herauszukehren, dass sie Zug zum Höchsten ist, wovon der körperliche Trieb nur noch einen schwachen Abglanz liefert.

Geradezu hymnisch ist der Ton, in dem Sokrates auf den Tadel des Eros das Lob des Eros folgen lässt. (Phdr. 244a-257a) Doch die formalen Anforderungen an eine gelungene Rede verliert Sokrates deshalb nicht aus dem Blick: Zuerst wird das Wesen der Liebe geklärt, dann ihre Wirkung. So ergibt sich ein Gesamtbild des Lebens, in dem der Liebe die Funktion zukommt, den Menschen zu seiner wahren Natur zurückzuführen.

Da Liebe eine Leidenschaft ist, erscheint sie vernunftlos. Doch nicht jede Form von Enthusiasmus ist menschlicher Mangel; es gibt dabei auch göttliche Schickung, wie bei der Seher- und der Musenkunst. Dass auch die Liebe eine solche göttliche Gabe ist, versucht Sokrates am Wesen der Seele nachzuweisen. Was sich selbst bewegt, hat weder Anfang noch Ende, was bewegt wird, ist hingegen sterblich. Seele ist das Prinzip der Selbstbewegung und gehört daher zum Unsterblichen. Das, was dem Menschen auf Erden widerfährt, macht also bloß einen Teil seiner Existenz aus, und so bettet Sokrates nun das Erdenleben in ein Gesamtgeschehen ein, das er naturgemäß nur im Mythos schildern kann. Er vergleicht dabei die menschliche Seele mit einem Gespann, das aus einem Führer, einem willigen und einem störrischen Ross besteht. Der Führer wird als Vernunft identifiziert (Phdr. 247c), die beiden anderen Seelenkräfte bleiben unbenannt. Wenn man sie nach dem Vorbild der *Politeia* als Wille und Trieb deutet, darf das nicht zu dem vorschnellen Urteil verleiten, Platon wolle damit den Willen als gut und den Trieb als schlecht darstellen. Schlecht ist immer nur die Dominanz des Falschen in der Seele – wenn nicht der Führer, sondern das ungebärdige Ross bestimmt, welcher Weg eingeschlagen wird. Was das Bild besagen will, ist wohl hauptsächlich, dass es das spezifisch Menschliche ist, von Anfang an gegenstrebige Kräfte in sich zu haben. Im Gegensatz zu den Göttern, bei denen Führer und Rosse ausnahmslos gut sind, ist das menschliche Gespann stets ein gemischtes. (Phdr. 246a, b)

Vor dem Erdenleben imaginiert Sokrates nun ein himmlisches Dasein. Das menschliche Seelengespann ist befiedert wie das der Götter und schwebt daher im himmlischen Raum. Im Gefieder ist die Kraft symbolisiert, sich über die Sinnlichkeit zu erheben; genährt wird das Gefieder vom Schönen, Weisen und Guten. Dessen letzter Grund findet sich am überhimmlischen Ort, den die Götter dank ihres guten Gespanns ohne Anstrengung, die Menschen aber nur dann erreichen, wenn ihre Vernunft die zur Sinnlichkeit hinziehenden Kräfte hinreichend gebändigt hat. Was jetzt zu erblicken ist, ist das »farblose, gestaltlose und stofflose wahrhaft seiende Wesen«, das nur die Vernunft sehen kann. (Phdr. 247c) Auch Gerechtigkeit, Besonnenheit und Erkenntnis an sich sind hier angesiedelt, und was die Götter unvermindert sehen, das wird den Menschen bestenfalls bruchstückhaft zuteil, weil der Kampf der Seele mit ihren einander widerstrebenden Kräften die völlige Ausrichtung auf die Sache erschwert. Da sich aber das Gefieder vom Anblick der Wahrheit nährt, schwindet es, wenn die menschliche Seele durch inneren Kampf oder durch Kampf mit den anderen um den besten Platz den Weg zur Wahrheit, zum Sein nicht findet. Die Folge ist der Erdenfall: Die Seele sinkt herab und verbindet sich mit einem sterblichen Körper.

Das irdische Schicksal ist bestimmt durch die vormalige Nähe zum Sein. Wer am meisten gesehen hat, wird Philosoph, es folgen in Abstufungen schlechtere Lebensformen bis hin zum Tyrannen. Die Rückkehr zum Ursprung ist dem Philosophen am schnellsten möglich, die anderen Seelen bleiben länger an die Erde gebunden. Welches Leben aber in den Zeiträumen bis zur Rückkehr gelebt wird, ist immer Ergebnis der eigenen Wahl. Ein menschliches Leben kann allerdings nur wählen, wer die Wahrheit gesehen hat. Denn »der Mensch muß das in Form von Ideen Ausgedrückte verstehen, das aus vielen Wahrnehmungen hervorgeht, die durch das Denken in eins zusammengefaßt werden« (Phdr. 249b, c).

Welche Rolle in dem gesamten Geschehen die Liebe spielt, stellt Sokrates als nächstes dar. Das Bild, das er bisher entwickelt hat, ermöglicht aber schon jetzt eine neue Einschätzung dessen, was das Leben überhaupt ist. Wenn die irdische Existenz ein wie auch immer vorstellbares Woher und Wohin hat, gibt das dem Leben einen Zug über das Sinnliche hinaus. Sinnlichkeit kann dann nur das Material sein, an dem sich Geistiges vollzieht. Es ist zwar das spezifisch Menschliche, sich zum Sinnlichen hinzuneigen. Doch es ist ebenso spezifisch menschlich, eine »Erinnerung« an die Wahrheit zu haben, das heißt die Möglichkeit zur Erkenntnis, die aus sinnlicher Befangenheit befreit. Schuld am Erdenfall hat nach dem Bild nicht der Trieb, sondern eine unausgebildete Vernunft, die den Trieb nicht recht zu lenken versteht. (Phdr. 248b) Schuld am Erdenschicksal hat der Mensch, der sich sein Schicksal wählt, denn die Götter sind neidlos und verwehren niemandem den Zugang zur Wahrheit. (Phdr. 247a) Mag nach dem Bild das irdische Leben auch als bloßer Verlust des früheren Glücks erscheinen, so ist doch auch eine andere Lesart denkbar: Das Leben bekommt einen Sinn über sich hinaus, wenn es – als Feld der Bewährung – Vorbereitung zur »Rückkehr« ist. Ob die »Rückkehr« als zeitliche oder nicht vielmehr als sachliche Transzendenz zu verstehen ist, ist dem Bild selbst nicht zu entnehmen. Doch im weiteren Dialogverlauf zeigt sich, dass letzteres gemeint ist. (Vgl. S. 167 f.)

Die Leistung des Gefieders war es, über die Sinnlichkeit zu erheben, und es ist die Liebe, die das Gefieder wieder wachsen lässt. Denn durch den Anblick der irdischen Schönheit erwacht die Erinnerung an das wahrhaft Schöne. Irdische Gerechtigkeit und Besonnenheit sind zu wenig »sinnfällig«, um die Suche nach Gerechtigkeit und Besonnenheit an sich zu provozieren. Schönheit wird hingegen mit dem stärksten der Sinne, dem Sehen, wahrgenommen und bietet so den direkten Anreiz zur erneuten »Befiederung«. (Phdr. 249d ff.) Demjenigen, der sich gut an das Schöne an sich »erinnert«, wird der schöne Geliebte nicht Gegenstand der Lust, sondern sinnliches Paradigma des geistigen Ziels. Daher stammt die Sehnsucht nach dem anderen, der verkörpert, was für sich selbst genommen nicht körperlich ist. Diese Liebesleidenschaft ist nicht die von Lysias geschmähte, sondern sie ist der Antrieb zum Aufstieg.

Der vollzieht sich, indem der Liebhaber den Geliebten seinem Leitgott ähnlich zu machen versucht. Um das zu können, muss er seinem Gott aber zunächst selber ähnlich werden. (Phdr. 252c ff.) Liebe bedeutet also zunächst Arbeit an sich selbst, dann sorgende Anleitung des Geliebten, der sich im Liebenden widerspiegelt und bald seinerseits Liebe empfindet. (Phdr. 255d) Eine solche Gemeinschaft, in der die Vernunft die Führung über das störrische Ross übernommen hat, ist ein wechselseitiges Sich-höher-Ziehen zu dem, wodurch der Mensch zu sich kommt. Innigere und beständigere Gemeinsamkeit ist wohl kaum denkbar, und so vermutet Sokrates, dass derart Liebende – philosophisch Liebende – »schon hier ein glückseliges und einträchtiges Leben führen« (Phdr. 256a, b), nach dem Leben aber am leichtesten von allen den Weg zurückfinden.

Mit diesem Mythos vom Erdenfall und Wiederaufstieg des Menschen gibt Platon zu erkennen, welchen Rang er dem Aufstieg beimisst. Er ist nicht nur eine der möglichen Lebensweisen, er ist der Sinn des Lebens. Dazu ist das Leben da, um das zu werden, was man in seiner bloßen physischen Existenz noch nicht ist, als vernunftbegabtes Lebewesen aber werden kann: der sich an Gott angleichende Mensch. Die Liebe ist dazu der Weg, und der Tugenddialog ist praktizierte Liebe – das Beste für sich selbst und den anderen. Denn im Dialog wird gemeinsam gesucht, was im Mythos den Inhalt der Transzendenz ausmachte. Am Liebesbezug macht Platon deutlich, was im vorgeführten Dialog so deutlich nicht wurde: dass der Mensch, um zu sich zu kommen, nicht nur das andere – die Sache –, sondern auch den anderen, den Partner im Dialog braucht. Auch Sokrates ist auf seinen Dialogpartner angewiesen, weil der Liebesdienst, den er dem anderen erweist, ihn selbst erst zu dem macht, was er ist. Das Gute lebt nur im Vollzug, und der Vollzug besteht in der gemeinsamen Suche.

Auf diesen Zusammenhang des Dialogs mit dem Liebesaufstieg aus dem Mythos verweisen verdeckt die nun im *Phaidros* noch folgenden Überlegungen über die richtige Art zu reden. An den drei Reden über die Liebe prüfen Sokrates und Phaidros, was eine gute Rede ausmacht. Als Kriterien bleiben übrig: Man muss wissen, worüber man redet, und man muss wissen, mit wem man redet. Denn die Rhetorik ist eine »Seelenführung durch Reden« (Phdr. 261a). Seelenführung ist auch der Aufstieg, Führung der eigenen Seele und der des Dialogpartners. Doch die Rhetorik im herkömmlichen Sinne wendet sich nicht an den einzelnen, sondern an die Masse, und ihre demagogische Wirkung vor Gericht und in der Volksversammlung ist es (Phdr. 261b), die Redner wie Lysias und Zuhörer wie Phaidros schätzen. Doch weiß der Demagoge, wohin er das Volk führt? Wenn er täuschen will, muss er dann nicht zuerst die Wahrheit wissen, um sich nicht selbst zu täuschen? (Phdr. 263b, c) Sokrates erklärt, was es bedeutet, über den besprochenen Sachverhalt und über den Adressaten des Redens Bescheid zu wissen – und unversehens entpuppt sich die Dialektik als die wahre Rhetorik und der Dialog als die rechte Form, Reden zu halten.

Voraussetzung einer Erkenntnis des Sachverhalts ist es nämlich, dass man es vermag, »zusammenschauend das überall Zerstreute in eine Idee zusammenzuführen« (Phdr. 265d) und dann wiederum »nach Arten zerteilen zu können an den Gelenkstellen, wie etwas gewachsen ist« (Phdr. 265e). Synopsis und Dihairesis, Zusammenschau und Zergliederung sind die Werkzeuge des Dialektikers, und diese Werkzeuge muss er bei der Erkenntnis seines Gegenstandes wie bei der Einschätzung seines Gegenübers anwenden, weil er nur so weiß, mit wem er auf welche Weise zu reden hat. So ist der wahre Rhetoriker vor allem ein Seelenkundiger (Phdr. 270b ff.), und wer es nicht versteht, sich zu unterreden (Phdr. 269b), weiß auch nicht, was die Kunst des Redens ausmacht.

Noch deutlicher wird Platons Hinweis auf den Sokratischen Dialog als den Ort der richtig angewandten Rhetorik, als man sich der Frage zuwendet, welcher Wert der geschriebenen Rede zukommt. (Phdr. 274b ff.) Der mythische Erfinder der Schrift, Teuth, hielt seine Erfindung für einen großen Gewinn, weil sie die Menschen »weiser und gedächtnisreicher« (Phdr. 274e) mache. Doch sein König Thamus pflichtete dieser Einschätzung nicht bei. Gerade wenn man sich auf Geschriebenes verlassen kann, vernachlässigt man das Gedächtnis, und man hält sich vorschnell für weise, bloß weil man verfügbares Wissen hat. (Phdr. 275a, b) Nicht weniger schwerwiegend ist, was Sokrates an Thamus anknüpfend einwendet. Das geschriebene Wort kann nicht auf Fragen antworten; es ist jedermann zugänglich – auch dem, vor dem es besser verborgen bliebe; und es kann sich nicht selbst verteidigen. (Phdr. 275d, e) Mit anderen Worten:

Das Geschriebene ist Wissen, es geht aber um das Verstehen des Wissens, und das Geschriebene ist Monolog, Verstehen erfordert aber den Dialog. Wer die »Erkenntnis des Gerechten, Schönen und Guten« hat (Phdr. 276c) – das Ziel des Aufstiegs –, wird daher »die Schriftgärten nur um des Spieles willen besäen und beschreiben« (Phdr. 276d).

> »Viel schöner aber ist der Ernst in diesen Dingen, wenn jemand nach den Regeln der Dialektik und indem er eine geeignete Seele dazu nimmt, mit Erkenntnis Reden sät und pflanzt, die sich selbst und dem, der sie gepflanzt hat, zu helfen imstande und nicht unfruchtbar sind, sondern einen Samen tragen, woraus die einen in diesen, die anderen in anderen Seelen wachsen und dieses immer unsterblich zu erhalten vermögen, und die den, der sie hat, so glücklich machen, wie es einem Menschen nur möglich ist.« (Phdr. 276e, 277a)

Eindringlicher und anschaulicher kann man die Wirkung der dialogischen Seelenführung nicht beschreiben, als Platon selbst es hier tut. Das Erkenntnisziel, das Gute, Gerechte ist nur mittels Dialektik zu erreichen, und Dialektik bedeutet »dialegein«, sich unterreden – mit einem dazu geeigneten Menschen, dessen Seele empfänglich für das sich fortzeugende Wort ist. Das ist Teilhabe an der Unsterblichkeit. Die Transzendenz des Aufstiegsmythos ist in die Immanenz zurückgeholt.

Was aber Platons Verhältnis zum geschriebenen Wort angeht, so ist wohl deutlich geworden, dass seine Bedenken diesem gegenüber auf seinem monologischen Charakter beruhen. Der Interpretationsansatz der Tübinger Schule (vgl. S. 14), den *Phaidros* zum Kronzeugen einer esoterischen, nur den Schülern vorgetragenen Lehre Platons machen zu wollen, weil seine eigentliche Lehre in seinen Schriften nicht zu finden sei[61], ignoriert Platons Fundamentalentscheidung gegen jede Form von Lehre. Auch wenn man, um die These zu retten, noch immer versuchte, zwischen Sokratischer Frage und Platonischer Lehre zu unterscheiden, scheiterte man doch spätestens an dem als eindeutig Platonisch eingeschätzten mittleren Werk mit seinen Aufstiegsschilderungen. Sobald sich dort Sokrates nach anfänglicher Naturforschung *(Phaidon)* dem Menschen zugewandt hat, um zu erforschen, was die Idee ist, vollzieht sich der Aufstieg am anderen und mit dem anderen. Und die »Lehre«, die laut Phaidros in die Seele geschrieben wird, ist nichts anderes als der »Logos spermatikos«, der Anstoß zur geistigen Selbsttätigkeit.

Welches Verhältnis Platon zum Wissen, zur Lehre hat, zeigt sich an seinem Spätwerk. Dort findet sich dann auch, im *Siebten Brief*, eine – leider von der Geschichte gründlich übersehene – Warnung, aus seiner Philosophie wieder eine Lehre machen zu wollen. Den Zwiespalt, nicht lehren zu dürfen und dennoch das in Sokrates vorgelebte Philosophieren überliefern zu wollen, hat Platon durch das Verfassen von Dialogen zu überwinden versucht – wohl schon ahnend, dass auch dies die Nachwelt nicht davon abhalten würde, seine Philosophie unter der Rubrik »Wissen« abzuhandeln und damit auch abzutun.

5. Das Spätwerk: Rückstieg

Wenn sich im Bild des Aufstiegs das zentrale Anliegen der Platonischen Philosophie verdichtet, nämlich die Aufforderung zur Umkehr und zum Vollzug des vorgeführten Erkenntnisweges, welcher Gegenstand bleibt dann noch im Spätwerk zu behandeln, nachdem das Frühwerk Praxis, das mittlere Werk Reflexion des Aufstiegs ist? Was für das Spätwerk bleibt, ist der Rückstieg: die Rückkehr in die Höhle, der Versuch, die dort betriebene Wissenschaft, das dort gelebte Leben mit geläutertem Blick zu betrachten und sich als Philosoph in einer Welt heimisch zu machen, die nicht philosophisch ist.

Diesmal sollen nicht ein, sondern zwei Dialoge stellvertretend für die gesamte Werkphase vorgeführt werden – dies deshalb, weil beide sich thematisch ergänzen. Der *Theaitetos* widmet sich der Frage, was Erkenntnis ist, und vollzieht auf der Suche nach einer Antwort den Weg vom Empirismus zum Rationalismus nach. Das Gewicht liegt allerdings auf der Widerlegung der empiristischen Erkenntnistheorie. Eine ausführliche Auseinandersetzung mit dem Rationalismus findet sich im *Parmenides*, der insofern ausfüllt, was im zweiten Teil des *Theaitetos* wohl nur der Systematik wegen und relativ kurz abgehandelt wird. Zusammen ergeben beide Dialoge ein Panorama (nicht nur) zeitgenössischen erkenntnistheoretischen Denkens – und eine Analyse des Wissens, das ohne die Erkenntnis des Guten auskommen zu können glaubt.

Theaitetos und Parmenides

Theaitetos

Ganz erstaunlich ist die Ähnlichkeit des *Theaitetos* mit den Frühdialogen. Sokrates führt die Untersuchung – das ist nur bei einem Teil der Spätdialoge der Fall –, die Prüfung folgt einem Stufenweg, der Ausgang ist aporetisch. Der entscheidende Unterschied zum Frühdialog jedoch ist, dass sich hier die Was-ist-Frage nicht auf die Tugend, sondern auf die Erkenntnis richtet; es wird nicht nach einer Wirklichkeit des Menschen gefragt, sondern nach der Reflexion von Wirklichkeit im Denken. Die Untersuchung bewegt sich also von vornehrein auf einer Metaebene, bemüht sich um die Erkenntnis der Erkenntnis. Denkt man an den Frühdialog *Charmides* zurück, in dem die Ausweglosigkeit eines Denkens aufgewiesen wurde, das sich rein selbstbezüglich zu konstituieren versucht, so kann der aporetische Ausgang dieses neuerlich unternommenen Anlaufs nicht verwundern. Doch warum nimmt Platon das Thema im Spätwerk wieder auf? Und ist das Scheitern hier dasselbe wie im Frühdialog? Eine Antwort soll der Dialog selbst geben.

Der Knabe Theaitetos gibt sich als Schüler von Theodoros, dem Mathematiker, zu erkennen, durch den er in verschiedenen Wissenschaften unterwiesen wird. Wer Wissen hat, gilt als kundig oder weise – doch ist Wissen Erkenntnis? (The. 145e) Sokrates betreibt nach wie vor Wissensprüfung, nun allerdings nicht am Tugendwissen, sondern an der Wissenschaft. Was aber ist das Wissenschaftliche an der Wissenschaft? Ist sie als solche schon Erkenntnis? Für Theaitetos ist das ganz fraglos so, und deshalb antwortet er, nach dem Wesen von Erkenntnis gefragt, das sei jenes Wissen, das man vom Mathematiker, aber auch vom Handwerker und anderen Kundigen lernen könne. (The. 146c) Diese Art zu antworten bildete im Frühdialog regelmäßig die erste Stufe auf dem Erkenntnisweg. Nach dem Wesen einer Sache gefragt, zählt der Gefragte Phänomene auf, an denen sich die Sache zeigt; Tapferkeit ist Standhalten in der Schlacht oder hier eben: Erkenntnis ist das Wissen des Handwerkers. Aus dieser Verlorenheit an die Welt der Erscheinungen löst dann die Sokratische Frage, die nach dem Einen im Vielen zu suchen auffordert. Gefordert ist der synoptische Blick – was ist an den verschiedenen Phänomenen das Gemeinsame? Theaitetos sieht sich außerstande, dies Gemeinsame zu benennen, und so verweist Sokrates auf seine Hebammenkunst, mittels derer es ihm gelinge, seinen Gesprächspartnern Wissen zu entlocken, von dessen Existenz sie vorher nichts wussten.

Der Exkurs zur Hebammenkunst (The. 148e-151d) wirkt wie ein Fremdkörper in der Erkenntnisuntersuchung, er ist aber, ebenso wie später der Exkurs über die Fremdheit des Philosophen in der Welt (The. 172c-177c), ein versteckter Hinweis Platons, worum es in der Untersuchung eigentlich geht. Sokrates stellt sich als jemand dar, der bei geistiger »Schwangerschaft« mittels Fragen entbinden hilft. Ebenso wie die weiblichen Hebammen erzeugt er nicht selber, sondern hilft nur bei der Erzeugung. Anders als die weiblichen Hebammen aber prüft er nach der »Geburt«, ob es sich bei dem Erzeugten um Sein oder Schein handelt. (The. 150c) Und in ebendieser Prüfung, in der über nichts Geringeres als über Wahrheit und Falschheit entschieden wird (The. 151d), offenbart sich Sokrates' – und Platons – Verhältnis zum Wissen. Was der Dialogpartner hervorbringt, ist scheinbares oder wirkliches Wissen, das eigene Wissen oder das seiner Zeit. Dieses, wie Sokrates es tut, auf seinen Wahrheitsgehalt hin zu prüfen setzt einen dem Wissen überlegenen Standpunkt voraus. Deshalb wäre es widersinnig, das Sokratische Nichtwissen als Mangel zu verstehen. Denn ganz im Gegenteil besteht an Wissen überhaupt kein Mangel –

alle Dialogpartner haben viel davon zu präsentieren –, wohl aber mangelt es an der Fähigkeit, Wissen zu verstehen und zu beurteilen. Dazu bedarf es eines dem Wissen übergeordneten Maßstabs, über den Sokrates verfügen muss. Aus sich selbst heraus ist das Wissen nicht zu verstehen, und so ist das Scheitern einer Erkenntnis, die sich selbst erkennen will, vorprogrammiert und beabsichtigt. Platon verweist damit auf die Notwendigkeit einer philosophischen Begründung von Wissenschaft; ohne diese versteht sie sich selber nicht und kann dann, wie der zweite Exkurs zeigen wird, sogar zum Instrument des Bösen werden.

Die zweite Antwort des Theaitetos lautet: »Erkenntnis ist nichts anderes als Wahrnehmung« (The. 151e), und wieder ergibt sich eine Analogie zum Frühdialog: Nach dem Aufgehen des Bewusstseins in der Welt der Objekte erfolgt die Rückwendung zum Subjekt, der Mensch wird an seiner Rezeption der Welt seiner selbst gewahr. Mit dieser Definition ist das Grundtheorem des Sensualismus oder Empirismus benannt. »Nihil est in intellectu quod non fuerit in sensu« – es ist nichts im Verstand, was nicht in den Sinnen war. So lässt sich die erkenntnistheoretische Position von John Locke zusammenfassen[62], der zusammen mit seinen Nachfolgern George Berkeley[63] und David Hume[64] für den englischen Empirismus des 18. Jahrhunderts steht. Doch schon vor Locke entwickelte Thomas Hobbes eine sensualistische Erkenntnistheorie[65], die große Ähnlichkeit mit der hat, die Sokrates im folgenden aus Theaitetos' Antwort ableitet. Nur – Sokrates widerlegt, was 2000 Jahre später wiederaufersteht, als hätte es den Sokratischen Dialog nie gegeben.

Von dieser Widerlegung sollen nun die zentralen Argumentationslinien nachgezeichnet werden. Zunächst entwickelt Sokrates das Theorem zur Theorie fort. Wahrnehmung als solche mit Erkenntnis gleichzusetzen ist eine Anwendung des Satzes des

Protagoras: Der Mensch ist das Maß aller Dinge. Denn Wahrnehmung ist per se subjektiv, und die Identifizierung von Wahrnehmung und Erkenntnis bedeutet die Aufgabe jedes objektiven Maßstabs. Alles ist dann so, wie es dem einzelnen erscheint. (The. 152b) Damit ist aber nicht nur die Wahrnehmung nichts Bestimmtes mehr, sondern ebenfalls das Wahrgenommene. Daher wird der Protagoras-Satz, der sich mit der Subjekt-Seite des Subjekt-Objekt-Bezuges befasst, sinnvoll durch Heraklits Lehre ergänzt, die auf die Objekt-Seite anwendbar ist: Alles fließt, es gibt nichts Festes, alles ist relativ. (The. 152d)

Mit Protagoras und Heraklit lässt sich jetzt also die Wahrnehmungstheorie so fassen: Weder die Wahrnehmung noch das Wahrgenommene sind für sich etwas, sondern beide konstituieren sich erst durch die Bewegung zwischen ihnen. Auf diese Weise entsteht zum Beispiel die Wahrnehmung »rot«, durch den Zusammenstoß des Auges mit einem Impuls, der die Wahrnehmung auslöst. Aber weder gibt es da einen roten Gegenstand noch eine getreue »Widerspiegelung« (The. 156d, e), sondern was dem einen rot erscheint, mag für den anderen lila sein. So bleibt als letzte Wahrheit der Wahrnehmung nur, dass sie Selbstwahrnehmung ist – da das Objekt ebensowenig Sein hat wie das sich ständig verändernde Subjekt, ist immer nur die je konkrete Wahrnehmung, »denn sie ist immer die meines jeweiligen Seins« (The. 160c). Als solche muss sie wahr sein, denn es gibt gar keinen Maßstab, anhand dessen ich sie als trügerisch verwerfen könnte.

Nachdem die Theorie »geboren« (The. 160e) ist – Theaitetos' Zutat zu dieser Geburt beschränkte sich in der Regel auf ein »O ja«, »Wie sollte es nicht«, »So waren wir übereingekommen« –, muss nun geprüft werden, ob das, was da geboren wurde, Sein oder Schein ist. Natürlich wird die Prüfung zur Widerlegung, und natürlich folgt die Widerlegung einer strengen Systematik. Zuerst wird die Wahrnehmungstheorie in sich ad absurdum geführt, dann der Protagoräische Relativismus, anschließend die Theorie Heraklits und zuletzt die Gleichsetzung von Wahrnehmung mit Erkenntnis. Die dabei verwandten Argumente treffen nicht nur den antiken Empirismus, sondern den Empirismus schlechthin. Letztlich zeigt sich, dass die Wahrheit des Empirismus der Rationalismus ist – nur, auch der genügt sich nicht selbst. Doch das ist ein Vorgriff; kehren wir zurück zum Text.

Maliziös beginnt Sokrates die Auseinandersetzung mit der Frage, warum Protagoras nicht das Schwein oder den Affen zum Maß aller Dinge erklärt habe, denn eine Wahrnehmung hätten auch diese. (The. 161c) Die Stoßrichtung der folgenden Argumentation ist in dieser Boshaftigkeit schon erkennbar. Wenn das, was spezifisch menschlich ist, nämlich das Erkenntnisvermögen, mit einem Vermögen identifiziert wird, das auch den Tieren eignen muss, dann ist das Erkennen um seinen geistigen Anteil gebracht. Ginge es in der Erkenntnis tatsächlich nur um Selbstwahrnehmung, bedürfte es dafür auch keines Lehrers. Das kann jeder von Natur, und Protagoras hätte sich so selbst überflüssig gemacht. (The. 161d, e) Wie sehr in Wahrheit das Sinnesvermögen auf die Verstandestätigkeit angewiesen ist, macht Sokrates am Beispiel der Fremdsprachen klar. Sie zu hören ist kein Problem, sie zu verstehen wohl. Gerade das, was sich am sinnlichen Material an geistiger Tätigkeit vollzieht, verweist auf die Notwendigkeit eines über die Wahrnehmung hinausgehenden Vermögens beim Erkenntnisprozess. Damit ist die Bedeutung der Wahrnehmung für das Erkennen nicht geleugnet. Nur ist sie jetzt von der hinreichenden zur notwendigen Bedingung zurückgestuft. Und eine weitere Rückstufung erfährt sie, wenn Sokrates darauf aufmerksam macht, dass mittels der Wahrnehmungstheorie die Erinnerung an eine Erkenntnis nicht zu fassen ist. Denn wenn Wahrnehmung Erkenntnis wäre, bedeutete die Wiederaufnahme einer früher mittels Wahrnehmung gewonnenen Erkenntnis Nicht-Erkenntnis, da aktuell keine Wahrnehmung stattfindet. (The. 163d ff.) Positiv gewendet: So weit kann sich das Denken von seinem sinnlichen Ursprung lösen, dass es sich auf seine eigenen Ergebnisse zurückzubeziehen vermag, ohne sich nochmals durch Wahrnehmung das Material vorgeben lassen zu müssen.

Da Protagoras im Knaben Theaitetos keinen adäquaten Verteidiger seiner Theorie hat, übernimmt Sokrates nun selbst diesen Part und lässt einen imaginären Protagoras in den Dialog eintreten. (The. 165e-168c) Der verteidigt seine Position in zwei Schritten. Zunächst relativiert er die von Sokrates vorgenommene Unterscheidung zwischen Wahrnehmung und Verstandestätigkeit, indem er auch die Erinnerung als vom Subjekt wahrnehmbaren Zustand deutet. So ergibt sich das Bild eines atomisierten, nicht mehr im Denkakt zur Einheit mit sich gebrachten Ich: Der Mensch ist nicht einer, sondern viele, nämlich die Vielheit seiner je unterschiedlichen Wahrnehmungen. Zu dieser Konsequenz wird später auch David Hume kommen, wenn er es nicht nur als Fehlschluss darstellt, von konstanten Verknüpfungen äußerer Eindrücke auf eine verursachende körperliche Substanz, also ein Objekt, zu schließen, sondern ebenso, den konstanten Verknüpfungen innerer Eindrücke eine geistige Substanz, ein Subjekt, zugrunde zu legen.[66]

Im Bereich der Theorie gibt es also nach der Auflösung von Subjekt und Objekt weder Wahrheit noch Falschheit, sondern nur einen Fluss des Werdens. Was bleibt dann noch übrig? Die Praxis – auf diese beruft sich der imaginäre Protagoras im zweiten Schritt. Hier ist nicht jeder das Maß wie bei der Theorie, sondern nur der ist das Maß, der im Körperlichen wie der Arzt oder im Seelischen wie der Sophist bewirken kann, dass der andere statt eines schlechten Zustandes einen guten wahrnehmen kann. Seine Wahrnehmungen kann jeder erkennen, nicht aber das Bessere und Schlechtere – hier ist der Fachmann gefragt. Besonders deutlich wird das an der Politik. Was ein Staat für gerecht erklärt, das ist es für ihn auch, weil es dabei kein wahr oder falsch gibt. Dass der Staat aber auch dasjenige für gerecht erklärt, was ihm tatsächlich nützt, dafür zu sorgen ist Sache des Sophisten.

Dieser Schwenk zur Praxis, den Platon im Namen und sicher auch im Sinne des Protagoras vorgenommen hat, ermöglicht erst die Synopsis der sophistischen Theorie: Der erkenntnistheoretische Relativismus findet seine konsequente Ergänzung in einer utilitaristischen Ethik. Dem Erkennen ist sein übersubjektiver Maßstab genommen, wenn es auf seine sinnliche Seite reduziert wird. Das Handeln kann dann nur noch nach Maßgabe der Nützlichkeit bemessen werden, weil jedes objektive Maß des Handelns zuerst eines des Erkennens sein müsste. Woran sich für Protagoras Nützlichkeit erweist, hat Platon im gleichnamigen Dialog im Kulturschaffungsmythos angeführt (vgl. S. 69 f.). Nützlich und damit gut ist, was der Selbsterhaltung dient. Weil individuelle Selbsterhaltung nur mittels der kollektiven möglich ist, bedarf es des Gesellschaftsvertrags. So steht schon am Beginn des Staates Übereinkunft über das Richtige, nicht etwa dessen Erkenntnis, und so definiert sich auch weiterhin Gerechtigkeit nach Maß des jeweils gesetzten Rechts.

Gegen diesen Protagoräischen Relativismus gilt es nun zu fechten, und das ist insofern nicht schwierig, als es das Problem eines jeden Relativismus ist, dass er auch sich selbst relativieren muss. Das macht Sokrates schnell klar. (Pol. 170a-171d) Wenn für jeden das, was er sich vorstellt, auch wahr ist, dann muss auch die – weitverbreitete – Vorstellung wahr sein, dass es gerade im Notfall, zum Beispiel bei Krankheit oder im Krieg, auf Fachwissen und nicht etwa auf die je eigene Vorstellung ankommt. Sollte diese Meinung aber nicht wahr sein, dann wäre auch das ein Beweis dafür, dass es richtige und falsche Vorstellung gibt. Gilt also der Satz, jeder sei das Maß für Sein oder Nicht-Sein, nicht für den Satz selbst, ist er nicht allgemeingültig; ist er aber auf sich selbst anwendbar, dann ist er um so falscher, je weniger ihn für richtig halten. Und selbst diesen vielen, die den Satz nicht für wahr halten, müsste Protagoras noch recht geben, sich selbst mit seiner gegenteiligen Meinung damit ins Unrecht setzend. So hätte dann der Satz für niemanden mehr Geltung.

Wie aber steht es mit der Beurteilung des Nutzens, die als praktische Urteilskraft unabhängig von theoretischer Wahrheitserkenntnis sein sollte? Ist ein Nutzen denkbar, der sich einfach durch Willensbeschluss einstellt und nicht auf die Erkenntnis des Gegebenen und des Gebotenen angewiesen ist? Bevor Sokrates diese Frage klärt, lässt er sich zu einem Exkurs »hinreißen« (The. 172c-177c), der die Erkenntnisuntersuchung in den Horizont der Entscheidung für oder gegen das philosophische Leben stellt.

Den Anstoß für den Exkurs gibt die Feststellung, dass man ständig in neue Untersuchungen hineingerate – doch man habe ja Muße. An der Muße zeigt sich, welches Leben man gewählt hat, und damit auch, welches Verhältnis zum Wissen man gewonnen hat. Das unphilosophische Leben zeichnet sich durch Muße- und Ruhelosigkeit aus. Immer leidet der unphilosophische Mensch unter Zeitnot und unter sozialem Druck. Um in der Volksversammlung und vor Gericht, also in der Politik, bestehen zu können, muss er sich Herrschaftswissen aneignen, und in seinen Reden geht es nie um die Sache, sondern immer um ihn selbst. (The. 172e) Ein solch knechtisches, die Seele verkümmern lassendes Dasein kontrastiert Sokrates nun mit dem philosophischen. Der Philosoph weiß von all dem, was dem anderen im Überlebenskampf mit seinesgleichen zur Durchsetzung verhilft, nichts – es interessiert ihn schlicht nicht. Das lässt ihn in den Dingen des Lebens unbeholfen, ja weltfremd erscheinen, und so finden sich leicht thrakische Mägde, die spottend feststellen können, dass der Philosoph wohl die Dinge am Himmel zu erforschen vermöge, die Dinge vor seinen Füßen ihm jedoch unbekannt blieben. Anders sieht die Sache jedoch aus, wenn sich der Philosoph auf seinem ureigenen Terrain bewegt. Geht es nicht mehr darum zu beklagen, dass einem Unrecht widerfahren ist, sondern darum zu fragen, was Unrecht und Recht selber sind; betrachtet man nicht mehr voller Neid das Glück des Wohlhabenden und Einflussreichen, sondern fragt danach, was menschliches Glück überhaupt ausmacht, dann ist es der unphilosophisch Lebende, der, in solche Höhen gezogen, unbeholfen und kindlich unwissend wirkt. Den thrakischen Mägden fällt das dann zwar nicht auf, wohl aber dem, der sich selbst auf solcher Höhe bewegt.

Mit diesem an das Höhlengleichnis erinnernden Bild ist die tatsächliche »Zwei-Welten-Lehre« Platons dargestellt. Die von Platon unterschiedenen zwei Welten sind nicht irdisches Dasein und Ideenhimmel, wie in der Literatur oft behauptet[67], sondern sie bezeichnen die einander konträren Weisen, sich in diesem Dasein einzurichten. Das Leben des »Höhlenbewohners« ist Verfallen-Sein an die Zufälligkeiten der gegebenen Umstände. Dies Dasein erfordert Unterwerfung unter ein Alltagswissen und eine Wissenschaft, die sich beide über die ihnen zugrundeliegenden Wertentscheidungen nie Rechenschaft gegeben haben. Dem »Aufgestiegenen« hingegen wird gerade an der Wissenschaft der anderen Sein und Wert des Gewussten fraglich, und so ist er, obwohl Teil dieser Welt, doch immer zugleich auch über ihre Maßstäbe und Setzungen hinaus.

Dass dies kein Hadern mit der Welt zur Folge hat, wird im folgenden deutlich. Das Böse, das im egoistischen Durchsetzungskampf und der Bemessung der Welt nach eigenem Maß wirksam ist, kann »weder ausgerottet werden – denn es muss notwendig immer etwas dem Guten Entgegengesetztes geben – noch bei den Göttern seinen Sitz haben« (The. 176a). Gerade am Bösen wird das Gute erkennbar, und ebendies ist die alles entscheidende Erkenntnis, welche »wahre Weisheit und Tugend« begründet. (The. 176c) Wieder ist es nichts anderes als die Erkenntnis des Guten, in der Platon das eigentliche Erkenntnisziel und damit den Weg aus der Selbstverknechtung durch Streben nach Herrschaftswissen sieht. Solche Erkenntnissuche ist »Angleichung an Gott« (The. 176b), während das Festhalten am Wissen, das nur der Selbstsucht dient, die größte, den meisten allerdings unbekannte Strafe nach sich zieht. Gemeint sind keine strafrechtlichen Folgen, gemeint ist die Strafe, das Leben des Ungerechten führen zu müssen. In Unkenntnis des Guten leben solche Menschen auch in Unkenntnis dessen, was Glück ist, und so bleiben sie, nach ihrem eigenen Verständnis Meister der Überlebenskunst, in Wahrheit doch armselige, an soziale Anerkennung und äußeren Erfolg gekettete Existenzen.

Mit diesem scheinbar unmotivierten Exkurs hat Platon den Schlüssel zum Verstehen der aporetischen Erkenntnisuntersuchung geliefert. Erkenntnis heißt immer Erkenntnis des Guten, weil das Gute, das in der Verwirklichung des Selbst des Menschen besteht, allem anderen erst Sinn und Ziel gibt. Ein vom Guten getrenntes Wissen ist rein instrumentell, es ist Ausdruck von Verstand, nicht von Vernunft, und insofern problemlos in den Dienst der Selbstsucht zu stellen. In sich grund- und ziellos, ist es der Selbstdestruktion anheimgegeben. Es kann seine Rationalität gegen sich selbst richten – deshalb haben Empirismus und Rationalismus auch immer aneinander recht –, und es kann sich gegen den es hervorbringenden Menschen richten, indem es ihm die Mittel an die Hand gibt, den eigenen Egoismus in der Welt oder gegen sie durchzusetzen. Dieses Wissen ist es, das im Dialog *Theaitetos* untersucht und widerlegt wird. Doch eigentlich widerlegt es sich selbst.

Dass gerade an der Frage des Guten, die die meisten Menschen als nur subjektiv beantwortbar einschätzen würden, jeder Relativismus endet, verdeutlicht Sokrates nach dem Exkurs. (The. 177c-179c) Das Recht sollte nach Protagoras bloßer Setzung entspringen, das für den Staat Nützliche vom Sophisten ohne Rückgriff auf Wahrheitseinsicht ermittelt werden. Doch der Nutzen ist nichts anderes als eine Erscheinungsweise des Guten und insofern abhängig vom Erkennen; was subjektiv als gut empfunden werden mag, muss es keineswegs auch sein, was sich vor allem bei der Einschätzung zukünftigen Nutzens zeigt. Nun richten sich Gesetze und Rechtsbegriff einer politischen Ordnung aber auf das, was dem jeweiligen System nutzen soll. Im Gesetz ist der künftige Nutzen für das System intendiert. Ergo: Selbst wenn man mit dem Recht nicht Gerechtigkeit anstrebt, sondern nur den Nutzen für das System, also dessen Überlebenssicherung, wird das bloße subjektive Wollen des Nutzens nicht ausreichen. Es bedarf vielmehr der Kenntnis, wie er objektiv zu erreichen ist. Unausgesprochen bleibt hier, was an anderer Stelle, vor allem im Frühdialog, geklärt wurde: Nur Gerechtigkeit gewährt wahren Nutzen und sichert tatsächlich das Überleben, weil ihr Fehlen immer Entzweiung zur Folge hat. An dieser Stelle genügt die immanente Widerlegung. Welches Ziel das Gesetz auch immer verfolgt, zur Beurteilung der Erfolgschance braucht man den Fachmann, hier ist nicht jeder das Maß.

Nach der Widerlegung des Protagoräischen Relativismus untersucht Sokrates den anderen Baustein der Wahrnehmungstheorie, die Theorie des Heraklit. (The. 179c-183c) Der Gedanke, den er dazu entwickelt, ist einfach. Es gibt zwei Arten der Bewegung, die Ortsbewegung und die Veränderung, wie zum Beispiel das Wachstum. Der konsequente Herakliteer muss nun darauf beharren, dass sich alles nach beiden Bewegungsarten bewegt, denn sonst würde eben nicht »alles fließen«, sondern es gäbe etwas Feststehendes. So ist aber gar nicht mehr feststellbar, was sich denn in der Veränderungsbewegung verändert, denn ein Sein soll es nicht geben, also auch nicht das sich Verändernde. In bezug auf die Wahrnehmung hieße das, es gibt weder das Wahrgenommene als etwas noch den Wahrnehmenden noch die Wahrnehmung, und so wäre jedes Sehen nicht mehr Sehen als Nichtsehen. (The. 182e) Kurzum, man bräuchte eine andere Sprache, um zu fassen, was doch nicht fassbar ist; eine Konsequenz, zu der später auch Nietzsche gekommen ist. Es sei eine Verführung der Sprache, hinter jedem Werden noch ein Sein anzunehmen.[68] Nur – dieser Einwand bewegt sich im Zirkel, denn er versucht mit der Sprache über die Sprache hinauszukommen; tatsächlich bliebe dieser Position nur die Sprachlosigkeit. Außerdem verkennt sie den Zusammenhang von Denken und Sprechen. Im Sprechen manifestieren sich die Regeln des Denkens, die nicht durch Willensentschluss überstiegen werden können. Noch in der Leugnung der Kausalität beispielsweise muss man sich eben jener Kausalität bedienen, um zu begründen, warum sie nicht gelten soll.

Nach Einschätzung des Sokrates ist man in der Untersuchung nun in eine Position zwischen den beiden konkurrierenden Lagern der Herakliteer und der Parmenides-Anhänger geraten. (The. 180e) Die einen befreien das Werden vom Sein, die anderen das Sein vom Werden. Dahinter steht jeweils eine einseitige Konzentration auf eines der beiden Vermögen Wahrnehmung und Denken. Findet man in der Wahrnehmung den entscheidenden Zugang des Menschen zur Wirklichkeit, dann ist man von der Vielheit und steten Veränderung der Eindrücke gefangengenommen: Man sieht den Wald vor lauter Bäumen nicht. Findet man hingegen im Denken den Schlüssel zur Wirklichkeit, dann verschwindet hinter der Einheit des Gedachten und seiner Unveränderbarkeit leicht die Vielheit des Konkreten: Man sieht vor »lauter Wald« die Bäume nicht mehr. Die zweite Position ist der Platonischen natürlich näher, weshalb Sokrates auch eine gewisse Scheu hat, sich mit Parmenides auseinanderzusetzen. (The. 183e, 184a) Doch wenn man an die Aufstiegsschilderungen zurückdenkt und an den dort entwickelten Zusammenhang von sinnlicher und geistiger Welt, wird man unschwer erkennen, dass das Platonische Denken auch noch über Parmenides hinwegsteigen muss. Denn die entscheidende Stufe ist die fünfte, die Suche nach der Begründung von sinnlicher und geistiger Welt im Guten. Heraklit steht für die ersten beiden Stufen der Sinnlichkeit, Parmenides für die folgenden beiden der Geistigkeit. Und so ist die Auseinandersetzung mit Parmenides auch nur aufgeschoben – sie erfolgt im gleichnamigen Dialog.

Was jetzt noch zu leisten bleibt, ist eine abschließende Widerlegung der Gleichsetzung von Wahrnehmung und Erkenntnis. Betrachtet man den Wahrnehmungsvorgang genau, so erkennt man, dass das Entscheidende an der Wahrnehmung deren geistige Verarbeitung ist. Die Sinne sind nur das Medium, durch das dem Denken das Material geliefert wird. Gäbe es den Einheitspunkt im Denken nicht, so würden »diese vielen Wahrnehmungen wie im hölzernen Pferd in uns nebeneinanderliegen« (The. 184d). Gerade dass man über das, was über verschiedene Sinneskanäle ins Bewusstsein gelangt ist, etwas Zusammenhängendes und -fassendes denken kann, zeigt, dass dies nicht Leistung der Sinne, sondern eines übergeordneten Vermögens ist.

Die »synthetische Einheit der Apperzeption«, von der Kant spricht[69], lässt sich aus der Wahrnehmung selber nicht erklären. Die Sinnlichkeit ist angewiesen auf das Denken, das mittels der Kategorien »Sein und Nicht-Sein, Ähnlichkeit und Unähnlichkeit, das Selbe und das Andere« (The. 185c) den Gegenstand klassifiziert. All dies ist nicht wahrnehmbar, aber unerlässlich, wenn man etwas verstehen will. So lautet das Resümee: »Das wahrzunehmen, was an Eindrücken durch den Körper zur Seele gelangt, das kommt Menschen und auch Tieren von Natur aus zu, kaum sind sie geboren. Zu den Schlüssen daraus auf das Wesen und den Nutzen gelangen hingegen nur mit Mühe, nach langer Zeit und durch mannigfache Anstrengung und Ausbildung jene, die überhaupt dazu gelangen.« (The. 186b, c) Wahrheit ist in den Sinnen nicht zu finden, Wahrnehmung ist tatsächlich nur subjektiv. Da Erkenntnis aber auf Wahrheit zielt, muss noch ein anderes Vermögen für sie zuständig sein, und so wendet sich der dritte Definitionsversuch konsequent dem rationalen Anteil des Erkennens zu.

Der Ertrag der ganzen Untersuchung ist die Einsicht, dass der Empirismus sich selbst verkennt, wenn er der Sinneswahrnehmung die zentrale Rolle im Erkenntnisprozess zuspricht. Er verkennt nämlich den eigenen Theoriestatus: So wie der Mensch die Wahrnehmung nur hat, wenn er sie denkt, ist auch der Empirismus selbst ein Gedankenprodukt, das aus der Wahrnehmung heraus nicht zu erklären ist. Es ist vielmehr ein Denken, das sich selbst vergisst, wenn es sich als Reflex der Wahrnehmung missversteht. Damit verfällt es demselben Widerspruch wie der ihm korrespondierende Subjektivismus, der für sich objektive Geltung beansprucht.

Der dritte Versuch, Erkenntnis zu definieren, lässt den Empirismus nun hinter sich und leitet über zum Rationalismus. Erkenntnis ist »richtige Vorstellung« (The. 187b). Vorstellung ist nichts anderes als das Ergebnis eines Denkvorgangs, und unter Denken ist eine Rede zu verstehen, »die die Seele ganz für sich selbst durchgeht über das, was sie untersuchen will« (The. 189e). Was ist mit der neuen Definition gewonnen? Zunächst hat sie das in den Blick gebracht, was in der zweiten Definition unbewusst vorausgesetzt war. Um für die Erkenntnis fruchtbar gemacht werden zu können, muss das sinnlich Wahrnehmbare geistig verarbeitet werden. Das Denken entscheidet darüber, welche Schlüsse aus den Sinneseindrücken gezogen werden. Außerdem ist mit der »richtigen« Vorstellung das Wahrheitskriterium wieder eingeführt, das der Empirismus preisgegeben hatte. Anders als die Wahrnehmung, die nur ist, was sie ist, kann das Denken in die Irre gehen, es kann richtig oder falsch sein. Das verweist darauf, dass es das Denken mit einem Gegenstand zu tun hat, den es treffen oder auch verfehlen kann. Doch genau dies wird im folgenden zum Problem. Wie kann man sich überhaupt falsche Vorstellung vorstellen?

Schon an dieser Fragestellung ist die drohende Aporie zu erkennen. Was man sucht, die Vorstellung, die Erkenntnis, will man als Mittel für die Suche immer schon anwenden – der Einwand, den Hegel gegen die Kantsche Transzendentalphilosophie erhob.[70] Und in der Tat gerät die Sokratische Untersuchung der dritten und vierten Definition des Theaitetos ständig in Zirkel.

Unsere Ausgangsfrage, ob dieses Scheitern mit der Aporie des Frühdialogs zu vergleichen ist (vgl. S. 170), wird erst nach abschließender Betrachtung zu beantworten sein. An dieser Stelle bleibt nur auf eine weitere Ähnlichkeit mit dem Frühdialog zu verweisen. Wieder ist mit der dritten Definition ein Absolutes bezeichnet, in dem Objektivität der ersten und Subjektivität der zweiten Definition aufgehoben sind. Im Denken sollen Welt und Mensch zur Einheit gelangen. Wenn Theaitetos dann noch im vierten Schritt Erkenntnis als »richtige Vorstellung, verbunden mit Erklärung« (The. 201c, d), definiert, ist das Schema komplett. Mit dem Zusatz »Erklärung« ist die Begründung gemeint, die der bloßen richtigen Vorstellung noch fehlte. Im Frühdialog erscheint auf dieser Stufe stets das »Gute«, das Begründung der Tugend sein soll.

Bevor Sokrates nun untersucht, ob richtige Vorstellung schon Erkenntnis ist, nimmt er ihr Gegenstück in den Blick: Wie kommt eigentlich falsche Vorstellung zustande? Geben muss es sie, sonst wäre die Rede von der richtigen Vorstellung gegenstandslos. Aber merkwürdig – alle Versuche, dies Falsche an der Vorstellung dingfest zu machen, verlaufen im Sande. Zunächst gilt es einmal festzustellen, worauf sich Vorstellung eigentlich bezieht, denn das Falsche muss in einem Verfehlen dieses Bezugspunktes zu finden sein. Nacheinander werden als Inhalte der Vorstellung aufgeboten: »Wissen« (The. 188a); »Sein« (The. 188d); das seelische Abbild eines Seins (The. 191c); der »Besitz einer Erkenntnis« (The. 197b). Die ersten beiden Inhalte lassen die Vorstellung als etwas Statisches erscheinen, die letzten beiden als etwas Dynamisches, indem Lernen und Vergessen ins Spiel gebracht werden.

Doch keine Vorstellung von der falschen Vorstellung hat Bestand, und das ist auch ganz einleuchtend. Denn wenn Vorstellung ein rein innerseelisches Vermögen ist, gibt es nur zwei Möglichkeiten des Falschen. Entweder etwas ist gar nicht in der Seele, und man macht sich deshalb eine falsche Vorstellung davon – aber wie sollte das gehen, wenn es doch gar nicht, weder als Sein noch als Wissen, in der Seele befindlich ist? Oder man hat Verschiedenes in der Seele als Sein oder Wissen, und verwechselt das eine mit dem anderen – aber wie sollte man das verwechseln können, was man doch beides im Bewusstsein trägt?

Auch die Einbeziehung des dynamischen Aspektes hilft nicht viel weiter. Wenn man sich das Vorstellen nach dem Bild eines »Wachsblocks« (The. 191c) vorstellt, in den durch Lernen Abdrücke eingeprägt wurden, könnte man zwar das gedankliche Irregehen dadurch erklären, dass Wahrnehmung und geistiger Abdruck falsch zugeordnet werden. Was aber, wenn an der falschen Vorstellung gar keine Wahrnehmung beteiligt war und der Irrtum rein gedanklich zustande kam? Hier soll nun das Bild vom »Taubenschlag« (The. 197c), in dem die Kenntnisse wie Vögel herumschwirren, Abhilfe schaffen. Der Besitz einer Kenntnis wäre dann vom aktuellen In-Besitz-Nehmen oder Ergreifen zu unterscheiden, die falsche Vorstellung wäre so ein »Sich-Vergreifen«. Doch wieder ergibt sich das Problem des Anfangs: Wie kann man von etwas, von dem man weiß, zugleich nicht wissen? Wie kann man etwas, von dem man nicht weiß, für etwas halten, von dem man weiß? Oder soll man über den Kenntnissen und Unkenntnissen noch eine Metaerkenntnis annehmen, um auf diese Weise in einen infiniten Regress hineinzugeraten? (The. 200b) Für Sokrates ist dieses ganze Durcheinander nur der Beweis dafür, »daß wir zu Unrecht die falsche Vorstellung eher gesucht haben als die Erkenntnis« (The. 200c, d). Besonders deutlich wurde das am Bild vom Taubenschlag, das verdeutlichen sollte, wie falsche Vorstellung durch das Verfehlen einer Kenntnis zustande kommt – so, als wäre Erkenntnis nicht gerade das, was man die ganze Zeit sucht.

Mit der falschen Vorstellung ist man nicht viel weitergekommen; ist denn nun denkbar, dass die richtige Vorstellung Erkenntnis ist? Um das zu widerlegen, bedarf es keiner großen Umstände. Zu einer richtigen Vorstellung von etwas kann man auch durch Überredung gelangen. (The. 201a) Weder muss man die betreffende Sache selber eingesehen noch selber erlebt haben.

Der letzte Definitionsversuch, den Theaitetos jetzt noch aufzubieten hat, ist besagtes »Erkenntnis ist richtige Vorstellung, verbunden mit Erklärung«. Was damit gemeint ist, ist ziemlich offensichtlich. Wenn man sich etwas Richtiges vorstellt, muss man es, soll es sich dabei um Einsicht handeln, auch begründen können, sonst ist es eben bloße Meinung, nicht aber Erkenntnis. Doch was ist Erklärung oder Begründung?

Das bloße Verbalisieren der eigenen Gedanken kann es nicht sein (The. 206d), denn sonst wäre eine Erklärung so gut wie die andere. Die zweite Möglichkeit, Erklärung zu erklären, wäre, dass man etwas bis in seine Urbestandteile zu zerlegen vermag (The. 206e, 207a), also die Zusammensetzung von etwas bis hin zum Unzusammengesetzten und nicht mehr weiter Erklärbaren analysiert. Hier greift Platon auf zeitgenössisches Gedankengut, möglicherweise die Theorie des Antisthenes, zurück (The. 201d-202c)[71]: Alles, was ist, ist aus kleinsten Bestandteilen zusammengesetzt, die selbst aber unerkennbar und unbenennbar sind. Erklären heißt dann, alles auf dieses Unerklärbare zurückzuführen.

Doch nicht nur die Tatsache, dass Unerklärbares zur Erklärung schwerlich taugt (The. 203d), lässt Sokrates schließlich dieses »Erklärungs«-Modell verwerfen, sondern noch etwas anderes. Auch wenn man von dem, was man erklären will, alle Bestandteile kennt – weiß man denn damit schon, in welche Ordnung sie gehören und warum sie so und nicht anders angeordnet werden müssen? (The. 208a,b)

Gemeint ist mit diesem Argument wohl, dass Erkenntnis auf der Einsicht in den Funktionszusammenhang, also auf Wesenseinsicht beruhen muss. Daher taucht nun als dritte und letzte Möglichkeit, die Erklärung zu bestimmen, diese auf: »ein Merkmal angeben, wodurch sich das, wonach man fragt, von allem anderen unterscheidet« (The. 208c). Die Definition, das Bestimmen der spezifischen Differenz und der nächsthöheren Gattung also, scheint die gesuchte Erklärung zu sein. Man hat erkannt, was die Sonne ist, wenn man weiß, »daß sie das Glänzendste von dem ist, was am Himmel um die Erde herum kreist« (The. 208d). Nun, so könnte man denken, hat die Untersuchung endlich etwas gefunden, was standhält, denn worauf zielt die Sokratische Frage im Frühdialog, wenn nicht auf die Definition der gesuchten Tugend? Doch wie bereits beim Frühdialog der Unterschied zwischen Wissen und Erkennen, Definition und Verstehen der Definition sichtbar wurde, so bleibt auch hier die Differenz beider nicht verborgen. Muss nicht schon bei der Vorstellung selbst mitgedacht sein, was dem Vorgestellten spezifisch ist, weil man sich sonst gar nichts Bestimmtes vorstellte? Was kommt denn dann durch die Definition noch hinzu? (The. 209a) Meint man aber mit der Definition die Erkenntnis des Unterscheidungsmerkmals, nicht nur die Vorstellung davon, was ergibt sich dann? Dann ist Erkenntnis »richtige Vorstellung, verbunden mit der Erkenntnis der Verschiedenheit« (The. 210a) – eine wahre Meisterleistung des In-sich-Kreisens.

Dennoch klingt der Schluss des Dialogs nicht resignativ. »Unternimmst du es nun, Theaitetos, nach diesem mit etwas anderem schwanger zu werden, dann wirst du, wenn du es wirst, etwas Besseres in dir tragen aufgrund der jetzigen Untersuchung, wenn du aber leer bleibst, dann deiner Mitwelt weniger lästig sein und milder und besonnenerweise nicht glauben zu wissen, was du nicht weißt.« (The. 210b, c) Am folgenden Tag aber, nach Sokrates' Gerichtsverhandlung, wolle man sich zum Gespräch wiedertreffen.

Mit der Erwähnung des drohenden Gerichtsverfahrens hat Platon die Untersuchung an die im zweiten Exkurs geschilderte philosophische Existenz zurückgebunden. Sokrates wird vor Gericht mit seiner Verteidigungsrede (vgl. *Apologie*) zwar nicht das Gelächter der thrakischen Mägde, wohl aber die Fassungslosigkeit der Bürger hervorrufen, die seiner Selbsteinschätzung, der Stadt mit seiner Wahrheitssuche den größten Dienst zu erweisen, kaum beipflichten wollen. Worin besteht dieser Dienst im vorliegenden Fall?

Der Dialog hat nicht wie sonst die Bodenlosigkeit des Alltagsdenkens entlarvt, sondern die des wissenschaftlichen Weltverhältnisses, das den Bezug Mensch – Welt empiristisch oder rationalistisch deutet. Das Problem des Empirismus ist es, aus den Sinneseindrücken erklären zu wollen, was tatsächlich Leistung des Denkens ist. Synopsis, Erkenntnis des Gemeinsamen im vielen Verschiedenen, was Begriffsbildung überhaupt erst ermöglicht, ist kein sensueller, sondern ein intellektueller Vorgang. Der überlegene Standpunkt ist insofern der Rationalismus, der Erkenntnis als Ergebnis reiner Denkoperationen begreift. Doch was ist das Problem des Rationalismus? Im Grunde ist es dasselbe wie das des konsequenten Empirismus: das Schwinden des Gegenstands. Verschwamm letzterem der eine Gegenstand in den vielen Sinneseindrücken, so reduziert sich dem Rationalismus das Sein des Gegenstands auf sein Gedacht-Sein. Aber was denkt das Denken dann noch, wenn es nicht etwas, sondern am vorgestellten Gegenstand letztlich nur sich selbst denkt? Über dieses Dilemma hilft auch nicht der Versuch hinweg, beide Standpunkte in gewissem Sinn zusammenzuführen, wie Kant es in seinem Kritizismus unternahm. Übrig blieb doch nur, dass wir am Gegenstand unsere eigenen Anschauungsformen und Denkgesetze wahrnehmen und das Ding an sich, also der Gegenstand vor seinem Gedacht-Werden durch uns, von uns getrennt und damit unerkennbar bleibt. Die in diesem Konzept offensichtliche Inkonsequenz, von einem außer uns liegenden Ding an sich zu reden, das doch auch wieder nur ein Gedachtes sein kann, brachte dann Fichte dazu, die

Welt gänzlich auf einen Entwurf des Ich zu reduzieren, wenn auch auf den eines allgemeinen Ich. Die eigentliche Wirklichkeit sei hingegen in der Praxis zu suchen; sie schaffe die Wirklichkeit, die das Denken immer nur denkt.[72] Aber natürlich weiß man auch von dieser Praxis nur, wenn man sie denkt – so kommt man aus dem idealistischen Zirkel nicht heraus.

Wo liegt also der Fehler? Was will Platon zum Ausdruck bringen, wenn er diese beiden grundlegenden erkenntnistheoretischen Ansätze an sich selbst scheitern lässt? Der Fehler liegt im Beginn; in dem Versuch, Erkenntnistheorie zu betreiben, als hätte man schon Erkenntnis. Denn das war beiden Ansätzen gemeinsam, dass sie ihre Vorstellung, was Erkenntnis ist, nur noch reflektieren zu müssen glaubten. Da ihre Vorstellungen verschieden waren, kamen sie auch zu unterschiedlichen Ergebnissen, doch beide scheiterten gleichermaßen daran, über ein Kreisen in sich nicht hinauszugelangen. Die Wahrnehmung reduzierte sich auf die Selbstwahrnehmung, das Denken auf das Denken der eigenen Bewusstseinsinhalte. Deshalb – wir kommen auf unsere Ausgangsfrage zurück – ist dieses Scheitern ein anderes als im Frühdialog, obwohl auch hier eine Aufstiegsstruktur vorhanden zu sein scheint. Der Überschritt zur Ursache von Sein und Bewusstsein, das Ziel des Aufstiegs, ist prinzipiell nicht erreichbar, wenn sich Erkenntnis nicht am Gegenstand vollzieht, sondern aus einfach vorausgesetzter Erkenntnis eine Theorie des Erkennens gewonnen werden soll.

Zwar ist es dem Frühdialog und diesem späten Text Platons gemeinsam, dass es die Untersuchung mit der Vorstellung vom Gegenstand, nicht mit diesem selbst zu tun hat. Aber der eine Gegenstand, Tugend bzw. Vernunft, kann in der Untersuchung der Vorstellung wirklich werden, während der andere Gegenstand, Erkenntnis, sich nicht durch Selbstreflexion einstellt. Erkenntnistheorie zu betreiben setzt den Bezug auf als solche ausgewiesene Erkenntnis voraus. Diese kann im Platonischen Sinn nur die Erkenntnis des Guten sein, wie sie der gelungene Aufstieg ermöglicht. Eine Wissenschaft ohne Transzendenz, ohne Verwirklichung des Guten, bleibt innerhalb der eigenen Setzungen und somit unbegründet. Dies aufzuzeigen ist eines der großen Themen des Spätwerks, in dem Platon deshalb auch zunehmend auf die Wissenschaft seiner Zeit, nämlich die theoretischen Erklärungsmodelle der Vorsokratik, zurückgreift, während sich das Frühwerk vornehmlich mit der Sophistik auseinandersetzte. Einen solchen Rückgriff auf die Vorsokratik stellt auch der Dialog *Parmenides* dar.

Parmenides
Streiten sich die Interpreten auch sonst schon über Sinn und Gehalt der Platonischen Dialoge, so klaffen beim *Parmenides* die Deutungsalternativen ganz besonders weit auseinander.[73] Das ist auch kein Wunder; dieser Text birgt Rätsel. Er besteht aus zwei äußerlich sehr verschiedenen Teilen, von denen der zweite in seinen logischen Deduktionen einen Grad an Abstraktheit erreicht, der nahezu jede inhaltliche Ausfüllung zuzulassen scheint. Zudem führt er philosophische Größen zusammen – Sokrates, Zenon und Parmenides –, bei denen ungewiss ist, ob sie sich tatsächlich jemals haben treffen können. Und, ganz besonders merkwürdig, Sokrates versucht im ersten Dialogteil, seine Ideenannahme zu erklären, wird aber von Parmenides widerlegt. Was hat das alles zu bedeuten?

Wie immer soll der Text selbst Auskunft geben. Auch im *Parmenides* hat Platon an entscheidenden Stellen Hinweise eingebaut, die das Verstehen erleichtern. Ihnen folgend, soll nun versucht werden, das Rätsel einer Lösung näherzubringen.

Erzählt wird in dem Dialog von einem Treffen, das den bejahrten Parmenides, den in mittleren Jahren befindlichen

Zenon und den ganz jungen Sokrates zusammenführte. (Parm. 127b, c) Die deutlich hervorgehobene Jugend des Sokrates gibt einen ersten Hinweis auf den Rang der von ihm im folgenden vertretenen Theorie: Offenbar handelt es sich um das frühe Stadium der Ideenhypothese, wie es im *Phaidon* als Ergebnis von Sokrates' Naturforschung geschildert wird. Die Art, wie Sokrates die Idee dann zu denken versucht, bestätigt diese Annahme. Das ist wichtig festzuhalten, weil sich daraus ergibt, was eigentlich von Parmenides widerlegt wird.

Sokrates hört nun eine Vorlesung von Zenon über das Verhältnis von Einem und Vielen und behauptet jugendlich frech, dass Zenon mit seiner These, es könne nicht Vieles geben, nichts Neues, sondern dasselbe gesagt habe wie Parmenides. Denn der vertrete die Ansicht, dass nur das Eine ist. (Parm. 128a) Konziliant gibt Zenon zu, mit seiner Schrift die Absicht verfolgt zu haben, Parmenides zu verteidigen. Die, die ihn verspotten, sollten sehen, welch lächerliche Folgen ihre Gegenannahme hat. Denn wenn Vieles ist, müsste es zugleich ähnlich und unähnlich, also in sich widersprüchlich sein.

Damit ist man beim Thema des Dialogs. Wie kann man widerspruchsfrei das Verhältnis von Vielem, der sinnlichen Welt, und Einem, der geistigen Welt, denken? Die Antwort des historischen Parmenides ist aus dem erhaltenen Fragment seines Lehrgedichts bekannt.[74] Das Viele, die sinnliche Wirklichkeit, ist nur Schein und Täuschung. Wahrheit ist allein im Einen, der Einheit von Denken und Sein. Doch der junge Sokrates hat offensichtlich den Ehrgeiz, den alten Parmenides eines Besseren zu belehren. Er will die sinnliche Welt nicht einfach abtun, sondern eine Vermittlung zwischen ihr und dem Denken herstellen. So führt er jetzt ganz unbekümmert seine Idee als Vermittlungsinstanz ein, muss dann allerdings erleben, wie er zwar wohlwollend, aber doch recht deutlich in die

Schranken verwiesen wird. Mit allen Versuchen, seine These zu verteidigen, erleidet er Schiffbruch – um dann von dem philosophischen Großmeister jovial beschieden zu werden, er müsse sich eben noch in Sachen Dialektik üben. Diese Übung führt dann der zweite Dialogteil vor.

Doch zunächst zurück zu Sokrates' Theorie. Eigentlich, so Sokrates, ist die Sache mit der Ähnlichkeit und Unähnlichkeit des Vielen kein Problem. Wenn man nämlich davon ausgeht, dass es eine Idee der Ähnlichkeit gibt und ebenso eine der Unähnlichkeit (Parm. 129a), dann sind die vielen Dinge einander ähnlich, insofern sie die eine, und unähnlich, insofern sie die andere Idee annehmen. Ein Widerspruch ergäbe sich nur, wenn die Ähnlichkeit selbst, also die Idee der Ähnlichkeit, unähnlich würde. Solange nur das Ding das eine oder das andere an sich hat, steht es nicht mit sich im Widerspruch.

Damit meint Sokrates nun wohl im Handstreich den Streit zwischen Eleaten und Herakliteern beendet zu haben, von dem im *Theaitetos* die Rede war: Die Idee ist das Eine *in* Vielen. Sie rettet die Phänomene vor ihrem Verschwinden im Einen, und sie bewahrt das Eine vor seiner Auflösung im Vielen. Doch dem jungen Sokrates widerfährt jetzt, was der älter gewordene anderen angedeihen lässt – seine Vorstellung wird gründlich zerpflückt. Hier erfährt er an sich selbst, was er später vielleicht eben aufgrund dieser Selbsterfahrung scharfsichtig an den anderen durchschaut: dass es nicht genügt, etwas zu denken, sondern daß dies Gedachte auch verstanden sein muss. Die bloße Vorstellung ist schwankend, sie muss »festgemacht werden durch Begründung«[75]. Erst dann ist das Gedachte auch erkannt.

Wie wenig durchdacht seine Vorstellung noch ist, muss Sokrates schon daran merken, dass er nicht zu sagen weiß, von welchen Gegenständen es Ideen gibt. Da sie ihm offenbar als etwas Großartiges und Erhabenes vorschweben, glaubt er zwar an eine Idee des Gerechten, nur mit Mühe aber an eine Idee des Feuers und schon gar nicht an die des Schmutzes. (Parm. 130b-d) Doch nicht nur über ihren Gegenstandsbereich ist er in Unkenntnis, sondern ebenso über den »Ort« der Idee. Dass er in der folgenden Befragung durch Parmenides nicht zu bestimmen vermag, wo die Idee anzusiedeln ist, bezeugt, dass er nicht weiß, was sie ist. Die Idee muss, will man die Wirklichkeit verstehen, notwendig gedacht werden, darin ist er sich mit Parmenides einig. (Parm. 135b, c) Doch wie sie zu denken ist, ist dem jungen Sokrates noch verschlossen.

Drei grundlegende Möglichkeiten, die Idee zu denken, werden nun entwickelt; es sind Verortungen der Idee, die schon im Frühdialog vorkamen und die in der Philosophiegeschichte immer wieder auftauchen, beispielsweise im Universalienstreit des Mittelalters.[76] Kurz zusammengefasst wird geprüft, ob die Idee in den Dingen, im Bewusstsein oder jenseits beider ist. Es sind die drei Stufen des Objektivismus, des Subjektivismus und des Absoluten, die im Aufstieg notwendig gedacht, aber ebenso notwendig auch wieder überstiegen werden müssen. Von daher wundert es nicht, dass keine der drei Möglichkeiten Bestand hat. Spannend ist nur die Frage, welche andere Lösung als Platon der Parmenides des Dialogs für dieses Dilemma zu bieten hat.

Wenn das Ding die jeweilige Idee aufnimmt, nimmt dann jedes Ding die ganze Idee auf oder nur einen Teil von ihr? (Parm. 131a) An der Frage wird erkennbar, dass die Idee hier selbst wie ein Ding gedacht wird. Obwohl Sokrates auch eine nichtdingliche Möglichkeit, die Idee zu denken, vorschwebt (Parm. 131b), erliegt er doch schließlich dieser Parmenideischen Suggestion. Sollte also die eine Idee zugleich ganz in den vielen Dingen sein, dann ist sie selber viele. Ist aber nur ein Teil von ihr in jedem Ding, dann ist sie zugleich in sich und außer sich, und *eine* ist sie so ebenfalls nicht mehr. Man müsste sich dann vielmehr über dem Ding und der Ding-Idee noch eine Über-Idee vorstellen, die die beiden vermittelt. Aber damit wäre man nicht zu Ende, sondern auch zwischen Über-Idee und Ding-Idee bedürfte es wieder einer Vermittlung usw. (Parm. 132a, b) Man geriete in einen infiniten Regress, den auch Aristoteles als Argument gegen die Platonische Idee aufbot. Es ist das berühmte »Dritte-Mensch-Argument« aus der *Metaphysik*.[77] Wenn der je besondere Mensch auf den allgemeinen Menschen verweist, dann bedarf es des »dritten Menschen«, um die Gemeinsamkeit von besonderem und allgemeinem Menschen zu erklären usw. Unerwähnt lässt Aristoteles allerdings, dass Platon selbst dieses Argument anführt – in Widerlegung seiner eigenen Theorie? Wohl kaum.

Besagte Schwierigkeiten führen Sokrates jetzt zu der Überlegung, »ob nicht jede von diesen Ideen nichts anderes ist als ein Gedanke und ihnen nirgendwo anders zu sein zukommt als in den Seelen« (Parm. 132b). So plausibel sich diese Überlegung auch anhört, da sie das Problem der Trennung von Ding und Idee aufzuheben scheint – eine Lösung bietet sie nicht. Denn wovon ist denn dann dieser Gedanke Gedanke? Wenn er nichts mit dem Ding zu tun hat, ist er leer. Bezeichnet er aber etwas im Ding, dann muss das Ding selber denken.

Die Idee nur im Denken zu lokalisieren hilft also auch nicht weiter. Deshalb folgt jetzt Sokrates' dritte Erklärung. Die Idee ist das Urbild, das Ding ist diesem Urbild nachgebildet. (Parm. 132c, d) Sehr schnell aber ist absehbar, welche Aporien diese Vorstellung der Idee als etwas »an und für sich« Seiendes (Parm. 133a) heraufbeschwört. Von Ding und Bewusstsein getrennt, kann die Idee auf keines von beiden wirken. Denn wenn es immer die Idee ist, die das Abbild dem Urbild ähnlich macht, benötigt man wieder die Über-Idee zur Erklärung des Urbild-

Abbild-Verhältnisses. Und von einer absoluten, das heißt getrennten Idee kann das Bewusstsein nichts wissen – so wie das Absolute von der Welt nichts wissen kann. Da bei Gott die vollendete Erkenntnis oder ihre Idee sein muss, wäre nach diesem Erklärungsmodell Gottes Erkenntnis nicht von dieser Welt und die menschliche Erkenntnis nur von dieser Welt. (Parm. 134c-e) Wie kann der Mensch die Welt dann verstehen, ohne Transzendenz? Und was für ein Gott ist das, der nicht erkennt, worüber er verfügt? Aristoteles wird die Antwort geben, es ist der Gott, der das sich selbst denkende Denken ist.[78] Damit hat Aristoteles die Trennung zwischen Ursache und Verursachtem, die er Platon vorwirft, selbst vorgenommen.

Hat er aber Platon gegenüber nicht trotzdem recht? Zeigt Platon denn hier nicht selbst, dass man aus den Widersprüchen nicht herauskommt, wie immer man die Idee auch denkt: an sich – als Ding; für sich – als Denken; an und für sich – als Absolutes? Was Platon tatsächlich hier vorführt, sind die Verstandesaporien, die in den drei Aufstiegsgleichnissen der *Politeia* den Aufstieg bis zum Überstieg in den Bereich der Vernunfttätigkeit vorantreiben. In sich sind diese Aporien nicht lösbar, der Verstand stößt sich an ihnen wund. An ihnen erfährt der Mensch aber die Not, die zur Umwendung des Blicks führen kann. Der ältere Sokrates hat diese Konsequenz nach seinem jugendlichen Scheitern offenbar gezogen. Doch welche Konsequenz zieht Parmenides?

Er empfiehlt zur Schulung des dialektischen Vermögens eine Übung in der Art, wie Zenon sie in seiner Schrift vorgeführt hat. (Parm. 135d) Was jetzt, im zweiten Dialogteil, folgt, ist also Zenonsche, nicht etwa Sokratische Dialektik. Auch dieser Hinweis Platons ist von Gewicht. Die eleatische Lösung des Ideendilemmas – ist es eine Lösung? – ist eine andere als die Platonische. Es ist die Lösung des Rationalismus.

Diese soll nun nicht im einzelnen vorgeführt werden. Programm und Resultat aber sind zu nennen. In acht Deduktionen geht es darum, aus einer jeweils vorausgesetzten Prämisse alle logisch möglichen Schlussfolgerungen über das Eine und das Viele abzuleiten. Die erste Prämisse ist: wenn *Eins* ist. Was aus dieser Prämisse folgt, ist ziemlich offensichtlich. Wenn nur Eines ist, dann ist nichts anderes, das heißt, dem Einen kommen keinerlei Attribute zu. Es hat weder Teile, noch ist es ganz, es hat weder Gestalt noch Grenze, ja es hat nicht einmal Sein (Parm. 141e) und ist damit gänzlich unerkennbar. Die zweite Prämisse lautet: wenn Eins *ist*. Hier ist also von Anfang an eine Zweiheit gedacht, eben die von Einem und Sein. Damit hat man aber auch schon die Dreiheit, nämlich in der Einheit von Einem und Sein, und folglich auch Attribute wie Ganzes und Teil, Ähnlichkeit und Unähnlichkeit. Letztlich ist das Eine so nicht mehr eines, sondern Vieles, und es kommen ihm alle Attribute zu, einschließlich Sein, Zeit und Erkennbarkeit.

Die anderen Deduktionen führen zu analogen Ergebnissen. Entweder dem in der Prämisse Vorausgesetzten kommt nichts zu oder alles – ob man das Verhältnis des Einen zum Sein, des Einen zum Anderen oder des Einen zum Nicht-Sein untersucht. Das Endresümee lautet dann auch wenig erhellend: »daß, wie es scheint, ob das Eine nun ist oder nicht ist, es selbst und das Andere, sowohl in bezug auf sich als in bezug aufeinander alles auf alle Weise ist und nicht ist und sowohl scheint als auch nicht scheint« (Parm. 166c). »Vollkommen wahr«, lautet die Entgegnung, womit der Dialog beendet und der Leser verblüfft zurückgelassen wird.

Welchen Sinn hatte nun das ganze Unterfangen? Es sollte eine im Geist der eleatischen Philosophie vorgenommene Übung des Denkvermögens sein, unternommen zu dem Zweck, den Aporien des ersten Dialogteils besser begegnen zu können.

Daraus folgt für die Deutung: Die Übung ist formal, nicht inhaltlich zu nehmen, und sie muss rückbezogen werden auf die Probleme, die sie überwinden helfen soll. Was war das Grundproblem des ersten Dialogteils? Mittels der Idee sollte die Brücke geschlagen werden zwischen dem Einen, das nur durch Denken erfasst wird, und dem Vielen, das sich den Sinnen aufdrängt. Doch der Brückenschlag gelang nicht. Dachte man die Idee getrennt vom Ding, so brauchte man wieder etwas zwischen ihnen Vermittelndes, oder die Idee blieb leer; dachte man die Idee im Ding, so war sie zugleich von sich getrennt, oder sie ging auf im Vielen und war nicht mehr eine. Genau das sind aber auch die Ergebnisse der Deduktionen. Entweder dem Einen kommt nichts zu – die Trennung vom Vielen –, oder dem Einen kommt alles zu – das Aufgehen im Vielen. Die Übung löst die Aporien also nicht etwa auf, sondern sie leitet sie logisch ab und bestätigt sie damit. Was aber bleibt dann übrig? Das einzige, was bleibt, nachdem das Eine ist und nicht ist, zu sein scheint und nicht scheint, ist das Denken, das dieses denkt. Das Denken wird zum eigentlichen Sein, nachdem ein Sein jenseits des Gedacht-Seins sich als nicht denkbar erwiesen hat.

Mit *Theaitetos* und *Parmenides* lotet Platon so die Philosophie aus, als dessen schlechthinnige Alternative sich die Sokratisch-Platonische präsentiert: Es ist die Philosophie, die nie über die eigenen Setzungen hinausgelangt, es ist das Denken ohne Transzendenz. Selbst wenn solches Denken Transzendenz beansprucht, kann es doch nur eine vorgestellte Transzendenz meinen. Transzendenz im Platonischen Sinn ist allein in der Erkenntnis des Guten zu finden, von der weder Empirismus noch Rationalismus etwas wissen.

Der Empirismus ist Reflex des unmittelbaren Weltverhältnisses. Eine unendliche Vielfalt von Dingen und Geschehnissen, ein steter Wandel ohne jede Beständigkeit ist der zunächst maßgebliche Eindruck von der uns umgebenden Wirklichkeit, der sich den Sinnen darbietet. Von daher liegt der Schluss nahe, dass dieses Viele bereits die ganze Wirklichkeit ist. Weil sich alles dauernd ändert, gibt es nichts Einheitliches, Konstantes, und weil der Zugang des Menschen zur Welt immer nur der je eigene ist, gibt es nichts Objektives. Obwohl die Welt so als übermächtig empfunden werden muss, weil sich der Mensch ganz in ihrer kontingenten Vielfalt verliert, ist er bei solchem Wirklichkeitsverständnis doch tatsächlich völlig in sich gefangen. Denn sein subjektiver Zugang zu allem lässt weder tatsächliche Welterfahrung noch wahre Erfahrung des anderen Menschen zu. Dass dies letztlich auch die Selbsterfahrung unmöglich macht, da das Ich des Nicht-Ich zur Selbstverständigung bedarf, zeigte der *Theaitetos* an der Position des Protagoras.

Der Rationalismus durchschaut den Fehler des Empirismus. Was dieser für Unmittelbarkeit hält, ist doch in Wahrheit durch das Denken vermittelt. Es gibt für den Menschen keine Erfahrung von Wirklichkeit, die er hätte, ohne sie mittels Bewusstsein zu haben. Wenn aber das Denken das Entscheidende ist und nicht die Wahrnehmung, dann stellt sich die Wirklichkeit auf einmal gänzlich anders dar. Dann ist das Viele nur scheinbar etwas, weil der Mensch an ihm vergisst, dass er selbst es ist, der dies Viele denkt. Wie immer die Welt dann noch verstanden wird – als reine Projektion des Ich oder als etwas, über das man keine Aussagen treffen kann, weil es jenseits des Bewusstseins liegt –, die eigentliche Wirklichkeit ist nun nurmehr das Eine, das Einheit des Denkens ist. Diese Position entwickelt der zweite Teil des *Theaitetos* in ihrem Zusammenhang mit dem Empirismus und der *Parmenides* in sich. Beide Dialoge offenbaren aber auch das grundlegende Problem dieser Position, nämlich das der Trennung, des Chorismos. Wenn das Denken die eigentliche Wirklichkeit ist, was denkt es dann? Wie kommt das

Denken zur Sache, die es zu denken vorgibt? Transzendenz fehlt dem Rationalismus ebenso wie dem Empirismus, beide gelangen nicht über sich hinaus. Deswegen kritisieren sie einander auch mit gutem Grund. Bemängelt der Rationalismus, dass der Empirismus das Wahrgenommene schon für die Wirklichkeit hält, ohne zu sehen, dass die Wahrnehmung stets gedacht sein muss, so kann der Empirismus den Rationalismus fragen, wie denn das wirklicher sein soll, was sich nur im Denken und ausschließlich dort befindet. Leibniz' Antwort auf das »nihil est in intellectu [...]« (vgl. S. 172) des Empiristen Locke lautete »nisi ipse intellectus«[79] – nichts außer dem Verstand selbst. Leibniz' Folgerung aus seinem rationalistischen Ansatz, dass die Gesetzmäßigkeit des Denkens gottgewollter Widerhall der Gesetzmäßigkeit der Welt sei, wurde wiederum von Voltaire in seinem *Candide* böse karikiert.[80] Die schrecklichen Erlebnisse des Helden sollen einzig und allein belegen, dass Leibniz' »beste aller möglichen Welten« nur in seinem Kopf existiert.

Platons Auseinandersetzung mit Protagoras und Parmenides verdeutlicht nochmals seinen eigenen Standort in der Wissenschaft seiner Zeit – und darüber hinaus. Weder die wahrgenommene noch die bloß gedachte Wirklichkeit hat Bestand. Die eigentliche Wirklichkeit ist die des Menschen selber, die im Aufstieg geschaffen werden muss. Transzendenz bedeutet dann nicht Überschritt in die Welt jenseits des Menschen, sondern Überwindung der Befangenheit in der Deutung der Welt, die ohne Erkenntnis des Guten nur die Projektion des Ich auf die Welt sein kann. Das Gute ist der Antipode des Ich, die Tugend ist die Selbstverwirklichung, die das Selbst vom Ich löst. Deshalb gelangt eine Wissenschaft ohne die Erkenntnis des Guten nie über die von ihr selbst gesteckten Grenzen hinaus.

Das Spätwerk im Überblick

Der Philosoph, der von der Höhle zum Sonnenlicht aufgestiegen ist, muss in die Höhle zurückkehren, ist in der *Politeia* gefordert worden. Denn nach anfänglicher Blindheit aufgrund der unten herrschenden Finsternis sieht er doch klarer als alle anderen, weil allein der den Schatten zu erkennen vermag, welcher das Licht kennt. Im späten Werk unternimmt Platon diesen Rückstieg und betrachtet die Welt mit den Augen des Aufgestiegenen: Er untersucht ihr Wissen *(Theaitetos, Parmenides, Sophistes)*, er fragt nach der in ihr möglichen Praxis *(Philebos, Politikos, Nomoi)*, er deutet nach Maßgabe des für sie Besten die Natur *(Timaios)*.

Zwei dieser Dialoge werden noch von Sokrates selbst geführt, beide haben ein für Sokrates zentrales Thema zum Gegenstand: die Erkenntnis *(Theaitetos)* und das Gute *(Philebos)*. In den übrigen Dialogen fungiert Sokrates als Zuhörer, ein anderer führt – offenbar in seinem Sinn – die Untersuchung. Nur in den *Nomoi* ist Sokrates gar nicht mehr präsent, wohl weil es in ihnen um die Einrichtung einer politischen Ordnung geht, die auf den Weisen verzichten muss. Auch noch zum Spätwerk gehörig ist der schon mehrfach erwähnte *Siebte Brief* Platons an die Freunde Dions. Er ist Lebensresümee und Anleitung zum richtigen Umgang mit dem eigenen Werk. Deshalb soll er auch den Abschluss unserer Darstellung bilden.

Wissen
Erkenntnis im Platonischen Sinn ist Überwindung bloßen Wissens durch Einsicht in die Ursache von allem, das Gute. Wissen als solches ist in sich grundlos, es bleibt ohne Begründung unverstanden und unverstehbar. Die Theorie solchen Wissens hat Platon in *Theaitetos* und *Parmenides* untersucht,

die Praxis unbegründeten Wissens stellt Platon im *Sophistes* dar.

Der Sophist ist der Inbegriff dessen, was philosophischer Ursachenforschung im Wege steht: Er ist der Mensch ungebrochener Selbstzufriedenheit und Wissensgewissheit, jemand, der andere belehren zu können glaubt, ein Händler mit Kenntnissen, der in allen Fragen kompetent zu sein vorgibt. (So. 232c-e) Dennoch – und das bildet den Ausgangspunkt für den Dialog – wird der Philosoph bisweilen mit dem Sophisten verwechselt. Wenn aber beide, Philosoph und Sophist, einander ähnlich sind, was ist dann das sie Unterscheidende? Was ist der Sophist? Diese Frage, der im Dialog nachgegangen wird, wird zur Frage nach dem Wesen des Scheins. Am Ende nämlich zeigt sich, dass das Sein des Sophisten der Schein ist – so wie das Wissen, das er repräsentiert, scheinbares, nicht wirkliches und das heißt nicht begründetes Wissen ist.

Um den Sophisten »einzufangen« (vgl. So. 226a), will der Fremde aus Elea, der in Sokrates' Beisein das Gespräch führt, dihairetisch, also mittels Begriffszergliederung verfahren. Da der Sophist als Fachmann gilt, wird so die Fachkunde in hervorbringende und erwerbende unterteilt, die erwerbende wiederum in eine solche, die mit Freiwilligkeit, und eine, die mit einer gewissen Gewaltsamkeit operiert usw. (So. 219a ff.), bis man den Sophisten als jemanden definiert hat, der unter Zuhilfenahme der Überredungskunst Jagd auf reiche Jünglinge macht. (So. 223b) Doch diesem nicht eben schmeichelhaften Bild wird durch weitere Dihairesen noch eine Reihe von anderen zur Seite gestellt, was die Grenzen dieses in der Literatur immer als besonders wissenschaftlich gepriesenen Verfahrens[81] deutlich macht. Die Dihairese ist stets rein deduktiv, das heißt, man muss am Anfang schon wissen, was man sucht, denn danach bestimmt sich, in welcher Weise man unterteilt. Dies

Verfahren beim Sophisten anzuwenden ist insofern unproblematisch, als das Phänomen »Sophist« tatsächlich schon vorliegt – bei der Suche nach der Tugend könnte man so nicht vorgehen. Dass man allerdings viele Antworten auf die Frage nach dem Sophisten gefunden hat statt einer, zeigt, dass man zum Wesentlichen noch nicht vorgedrungen ist. (So. 232a) Zugleich ist es ein Verweis auf den schillernden Charakter des Gesuchten; er erscheint in vielen Gestalten.

Wieder also gilt es, das Eine im Vielen zu bestimmen. Was liegt allen verschiedenen Erscheinungsformen des Sophisten als Gemeinsames zugrunde? Sein Tätigkeitsfeld ist das Gespräch, und er ist ein Meister des Widersprechens – eine Fähigkeit, die er auch andere zu lehren verspricht. (So. 232b) Verwunderlich ist dabei nur seine angebliche Allkompetenz, wenn er jedem, auch dem Fachmann, zu widersprechen vermag. Dass aber jemand alles weiß, ist undenkbar, und so gibt es für dies Phänomen nur eine Erklärung: »sie scheinen nur dessen kundig zu sein, worin sie Widerspruch üben« (So. 233c). Wie aber wiederum der Schein zu erklären ist, ist Thema des zweiten Dialogteils.

Nun müsste dem aufmerksamen Leser eine merkwürdige Parallele auffallen. War es nicht gerade Sokrates, der sich ständig auf einen Disput mit Fachleuten einließ und sie durch Widerspruch in die Aporie trieb? Doch der ganze Dialog, der mit Ähnlichkeit und Unterschied, mit Sein und Schein, mit Dialektik und Streitkunst spielt, will sicher auch hier die Fähigkeit zur Unterscheidung prüfen. Sokrates betont sein Nichtwissen, der Sophist beharrt auf seinem Wissen. Sokrates prüft das entscheidende Wissen, das vom Guten, in dem er allein kompetent ist, auf seine Konsistenz hin. Der Sophist hingegen unterläuft das Fachwissen, das er selber gar nicht haben kann, mit rhetorischen Tricks. Doch selbst wenn der Sophist von der Tugend redet, tut er dies auf gänzlich andere Weise als der Philosoph. Für ihn ist eine wohlfeile Ware, was für den Philosophen nur Ergebnis der je eigenen, mühevollen Selbstveränderung sein kann.

Wie ist nun jenes merkwürdig irreale Phänomen des Scheins zu fassen? Schein beruht auf der Nachahmung eines Seins, es ist also nicht Sein. Als Eleat, der der Fremde ist, gerät man aber nun in eine Problemzone. Denn der große Eleat Parmenides hatte mit der Macht seiner ganzen Autorität verboten, von Nicht-Sein zu reden, als sei es etwas Seiendes. Ohne es zu wollen, arbeitet er dem Sophisten damit aber in die Hände, denn der leugnet, wie schon im *Theaitetos* dargelegt, ebenfalls die Möglichkeit von Nicht-Sein, wenn er die Möglichkeit von Irrtum bestreitet. (So. 240c ff.) Vor die Wahl gestellt, Parmenides zu korrigieren oder den Sophisten ungeschoren davonkommen zu lassen, entscheidet der Fremde sich schließlich doch zum Ungehorsam gegenüber dem »Vater«. (So. 241d) Um über Nicht-Sein reden zu können, muss man aber zuerst wissen, was Sein ist, und so sichtet der Fremde zunächst einmal die bis dato vorherrschenden, das heißt die vorsokratischen Seinsvorstellungen.

Da zeigt sich Erstaunliches. Alle – inklusive Parmenides – reden über das Sein, als müsste jedem klar sein, was das ist. Tatsächlich aber ergeben sich aus ihren Vorstellungen lauter Widersprüche, ob sie das Sein nun quantitativ (So. 243b-245e) oder qualitativ (So. 246a-249d) deuten. Die ersten benennen ein oder mehrere Prinzipien als Ursache von allem und behandeln das Sein damit offenbar noch als ein weiteres Prinzip, da alle diese Ursachen als seiende ausgegeben werden. Die anderen, Idealisten und Materialisten, befinden sich in einem wahren »Gigantenkampf« (So. 246a), in dem sie sich wechselseitig ihre Wahrheit um die Ohren schlagen. Für die Materialisten ist das

Sein Bewegung, für die Idealisten ist das Sein unbewegt. Doch wenn alles unbewegt wäre, könnte es davon keine Erkenntnis geben, denn diese beruht auf einer Denkbewegung. (So. 249b) Umgekehrt könnte das Denken, wäre alles Bewegung, nie zu einem Ergebnis kommen (So. 249c), nicht einmal zu dem, dass das Sein Bewegung ist.

Kurzum: Ruhe und Bewegung, Identität und Verschiedenheit etc. sind nicht selber das Sein, sondern verbinden sich gegebenenfalls mit ihm und auch untereinander. Um zu wissen, was sich mit wem verbinden kann, muss man Dialektiker sein, und so hat man ironischerweise auf der Suche nach dem Sophisten den Philosophen gefunden. (So. 253c) Sicher meint diese philosophische Fähigkeit, Verknüpfungen und Unterscheidungen richtig durchzuführen, auch das dihairetische Verfahren. (So. 253d) Doch da es bei diesem stets auf die Prämissen ankommt, von denen man ausgeht, ist mit Verknüpfung und Unterscheidung, Verbindung und Trennung wohl auf noch Fundamentaleres angespielt. Die Trennung zwischen Idee und Ding oder Denken und Sein zu überwinden hatte sich als das philosophische Fundamentalproblem gezeigt, und so verweist auch das Vermögen zur richtigen Dihairese zurück auf den Aufstieg, in dem die Trennung überwunden ist, wenn das Sein das je eigene geworden ist.

Doch wie steht es nun mit dem Nicht-Sein, dessentwegen man sich auf diese ganze Seinsspekulation eingelassen hatte? Das lässt sich jetzt mittels der Kategorie »Verschiedenheit« dingfest machen. Alles, was von etwas anderem verschieden ist, ist dieses *nicht*. Es ist zwar in sich etwas, verknüpft sich also mit dem Sein, ist aber vieles andere zugleich nicht. Nicht-Sein ist demnach »nicht, wie es scheint, etwas dem Sein Entgegengesetztes, sondern nur ein davon Verschiedenes« (So. 257b). Gibt es – im Gegensatz zu Parmenides' Auffassung – aber ein solch

»relatives« Nicht-Sein, dann gibt es auch Irrtum und Schein. Irrtum oder falsche Vorstellung entsteht, wenn man in Denken und Sprechen undialektisch nicht das Richtige miteinander verbindet und dadurch Nicht-Seiendes, das heißt etwas vom Sein, von der Wirklichkeit Verschiedenes aussagt. (So. 263b)[82] Solch scheinbares Sein bringt auch der Sophist hervor, der jetzt in einer Abschlussdihairese als jemand bestimmt wird, der aus Unkenntnis des Wahren Trugbilder erzeugt und in öffentlicher Rhetorik oder privatem Streitgespräch sein täuschendes Unwesen treibt. (So. 264d-268d)

Betrachtet man das Ergebnis dieses Dialogs, so erscheint es eher bescheiden. Das Falsche, der Schein ist das vom Wahren, vom Sein Verschiedene – hätte man darauf nicht auch ohne große Verrenkungen kommen können? Doch so unerheblich ist das Ergebnis nicht. Nunmehr ist nämlich zweierlei deutlich: Irrtum, Schein und Täuschung sind möglich, dies gegen jeden Relativismus gesagt; und ein Wissen, das das Sein oder die Wahrheit mit einem seinerseits wissbaren Prinzip identifiziert, verfällt selbst dem Schein, und das heißt: dem Nicht-Sein. Im Sophisten findet sich nur in seiner extremsten Ausformung und skrupellosesten Verwendung, was jedes Wissen kennzeichnet, das nicht durch Erkenntnis begründet ist. Es hat keine Wirklichkeit jenseits der Vorstellung und damit keine Bindung an die mit ihm gemeinte Sache. Bindungslos ist es beliebig instrumentalisierbar, einsetzbar beispielsweise als Herrschaftswissen. Eine in diesem Sinne betriebene Wissenschaft steht nicht im Dienst der Wahrheitssuche, sondern der Selbstdurchsetzung. In der *Politeia* hat Platon beschrieben, wie der philosophische Umgang mit der Wissenschaft auszusehen hätte. Die Wissenschaft muss entgegen der Richtung, in der sie selber denkt, durchdacht werden – nicht auf ihre Ziele wie zum Beispiel Naturbeherrschung hin, sondern zurückgewandt zu ihren Prämissen. Dadurch wird sie vom Selbstzweck zum Mittel für den Aufstieg, letztlich zum Mittel für die Selbstverwirklichung des Menschen. Derart begründet in der Erkenntnis des Guten, gelangen Wissen und Wissenschaft erst selbst zu ihrer Wirklichkeit: nämlich Werkzeuge zu sein für das gute Leben, das Leben der Vernunft.

Praxis

Wie aber sieht dies gute Leben ganz praktisch, ganz konkret aus? Nun, zu konkret wird Platon in dieser Frage auch im Spätwerk nicht, wie sollte er auch – gelebt werden muss dies Leben von jedem einzelnen, und was im konkreten Entscheidungsfall das Vernünftige, Richtige ist, darüber muss die je eigene Urteilskraft befinden. Dennoch sind die fundamentalen Vorarbeiten geleistet. Im Aufstieg ist das benannt, wodurch sich jene Urteilskraft herausbildet; in der Sokratischen Existenz ist vor Augen geführt, wie sich beispielhaft das gute Leben verwirklicht. Was Platon jetzt noch darstellt, ist, wie sich unter den Bedingungen des normalen Alltagslebens das Gute äußern kann, wo es sich findet. Im *Philebos* geht es um das gute Leben des einzelnen, im *Politikos* um das Gute für das Gemeinwesen und in den *Nomoi* um den Versuch, das Bestmögliche für die Gemeinschaft institutionell zu sichern, wenn der im *Politikos* geschilderte weise Politiker nicht zur Verfügung steht.

Philebos. Sokrates sieht sich im *Philebos* mit der verbreiteten Ansicht konfrontiert, das gute Leben beruhe auf dem Angenehmen, dem Vergnügen, der Lust. Er hingegen macht vorsichtig geltend, dass vielleicht das Vernünftigsein, die Einsicht, das Geistige doch besser als die Lust sein könnte. (Phil. 11b, c) Nun sollen beide Meinungen geprüft werden. Doch Philebos, der Hedonist, hat keine Lust, über die Lust zu reden, und verfolgt so schläfrig und damit seine Position auslebend die intellektuelle Aktivität der anderen.

Mit Protarchos zusammen überlegt Sokrates, welche Formen von Lust es gibt, und wäre mit der Untersuchung eigentlich schnell fertig. Da es sowohl besonnen genossene als auch widervernünftige Lust gibt, kann sie gut und schlecht und damit nicht selbst das Gute sein. (Phil. 13b) Es ist das Argument aus der *Politeia* (Pol. 505c), mit dem Sokrates den einen der beiden Lebensentwürfe (Lust ist das Gute; Erkenntnis ist das Gute) auf seine innere Widersprüchlichkeit zurückführte. Der andere Entwurf scheiterte daran, dass nicht Erkenntnis selbst schon gut ist, sondern des Guten als Inhalt noch bedarf. Damit war dann der Weg zu den Gleichnissen, zum Aufstieg eröffnet. Diese recht kurze Art, die wesentlichen Möglichkeiten einer Deutung des Lebenssinns zu widerlegen, hatte für den damaligen Zweck ausgereicht. Jetzt aber, wo der Rückstieg in das alltägliche Leben vollzogen werden soll, muss genauer hingesehen, das Allgemeine stärker konkretisiert werden. Die Unzulänglichkeit bloßen Wissens war Gegenstand der schon behandelten Dialoge *Theaitetos, Parmenides, Sophistes*. Im *Philebos* liegt das Hauptgewicht auf der Untersuchung der Lust, wenn auch das geistige Leben nicht übergangen wird, geht es jetzt doch um das Leben in all seinen Möglichkeiten.

Protarchos sieht den Hedonismus durch den Hinweis auf die Vielfalt der Lust nicht widerlegt, schließlich sei das alles dennoch Lust und somit gut. Wieder ist man damit auf das Problem des Einen und des Vielen gestoßen. Als Sophist könnte man daraus nun pseudodialektische Funken schlagen, als Philosoph hat man seriöser vorzugehen. Alles, was sich im menschlichen Erfahrungsbereich findet, ist aus Einem und Vielem gemischt, doch nicht als kunterbuntes Durcheinander, sondern als differenziertes und so auch differenzierbares Zusammenspiel. Der wahre Dialektiker muss nun zuerst nach dem Einen suchen, dann zur nächsthöheren Quantität fortschreiten und erst dann von unendlich Vielem reden, wenn er den Zwischenraum tatsächlich auch so weit wie möglich ausgemessen hat. (Phil. 16d-17a) So gilt es also nun auch in puncto Lust und Erkenntnis zu verfahren. Das klingt sehr langwierig, Sokrates schlägt deshalb einen kürzeren Weg vor. Das Gute ist in sich vollendet, autark – es bedarf nichts über sich hinaus. (Phil. 20d) Wenn man zeigen kann, dass weder Lust noch Erkenntnis sich selbst genügen, dann ist bereits damit deutlich, dass sie nicht mit dem guten, glücklichen Leben identisch sind.

Bei der Prüfung der Lust wiederholt sich nun, was im *Theaitetos* an der Wahrnehmung gezeigt wurde: Man hat sie nur, wenn sie in irgendeiner Weise mit Bewusstsein, mit dem rationalen Anteil verknüpft ist. Sie genügt sich also keineswegs. Die Erkenntnis ist zwar nicht auf die Lust angewiesen, ein rein geistiges Leben ohne Lust wäre dem Menschen aber auch nicht gemäß. Das menschliche Gute – das göttliche, vom Sinnlichen losgelöste Gute wird nur mit einem Seitenblick gestreift (Phil. 22c) –, das menschliche Gute also muss aus einer Mischung aus Lust und Einsicht bestehen. Erneut sieht man sich in der Untersuchung mit dem Phänomen der »Mischung« konfrontiert, und das ist auch kein Wunder. Immerhin hat man es jetzt nicht mehr wie im Frühdialog primär mit der geistigen Wirklichkeit zu tun, die man aus dem Empirischen aufsteigend zu gewinnen sucht, sondern nun ist der Blick wieder auf die Empirie zurückgerichtet, wie sich in ihr Geistiges und Körperliches, Sein und Werden verbinden. Die »irdische« Mischung besteht aus Grenzenlosem und Begrenztem. Lust ist dem Grenzenlosen zuzurechnen, denn sie hat in sich kein Maß, während Vernunft der Ursache für die Mischung, also für die Tatsache, dass das in sich Grenzenlose eine Schranke findet, ganz offenbar verwandt ist. (Phil. 31a) Damit ist schon deutlich, dass Vernunft der Lust übergeordnet ist, denn die Ursache ist immer dem überlegen, was sie bewirkt. Doch so einfach will Sokrates es sich nicht machen, sondern, wie vom Dialektiker gefordert, den ganzen Bereich der Lust und auch der Erkenntnis ausmessen, um die Rangordnung der Güter festzustellen.

Also folgt nun eine detaillierte Lustuntersuchung, die so trocken ist, dass dem Leser dabei jede Lust vergehen muss. Ob Platon im Alter derart griesgrämig geworden ist, dass er einem die Lust an der Lust vergällen möchte? Vielleicht ist aber auch nur der alte Ironiker am Werke, der zeigen will, dass die Lust gar nicht so lustig ist, wenn man sie durchdenkt. Jedenfalls stellt sich heraus: Der Inbegriff dessen, was für körperlich gehalten wird, das Begehren, ist tatsächlich ein seelisches Phänomen, nämlich die geistige Vorwegnahme der Erfüllung (Phil. 35c); demgemäß gibt es auch falsche oder bloß scheinbare Lust, wenn das Lustkalkül nicht aufgeht oder man das Aufhören von Unlust für Lust hält (Phil. 36c-44a); und überhaupt sind Lust und Unlust, Freude und Leid meist innig vermischt, und das nicht nur bei den Schauspielen auf der Bühne, sondern »auch in der gesamten Tragödie und Komödie des Lebens« (Phil. 50b). Reine Lust findet man dann nur noch in der Freude an der Schönheit von Formen, Farben und ähnlichem und in der Lust an Kenntnissen, und so hat sich die Lust letztlich entweder fast in Luft aufgelöst, oder sie hat sich vergeistigt.

Der Hedonist muss also wissen, worauf er sich einlässt. Die großen, heftigen Lüste sind in der Regel mit ebenso heftiger Unlust erkauft. Wer reine Lust will, hat sich damit für das Maß, die Begrenzung entschieden, also gerade für das, was der Lust selbst nicht eignet. Und, noch fundamentaler: Was mit der Lust intendiert ist, ist das Gute, Wahre, Schöne – ein Sein. Lust selber aber ist immer nur Werden (Phil. 55a). Sie ist demnach nicht das, um dessentwillen sie erstrebt wird.

Die Lust ist nicht das Gute, aber die Erkenntnis als solche auch nicht; das gilt es jetzt noch zu zeigen. Die empirischen Kenntnisse und Wissenschaften haben es immer nur mit Wahrscheinlichkeit, nicht mit beständigem Wissen und Sein zu tun. Je größer ihr Anteil an mathematischen Verfahren ist, um so präziser sind die Wissenschaften, wobei die um der Praxis willen betriebene Mathematik an Wahrheit und Genauigkeit hinter der wissenschaftlich betriebenen zurückbleibt. (Phil. 57c, d) Doch nur die Wissenschaft, die sich ausschließlich mit dem, was ist, beschäftigt – die Dialektik also –, dringt durch die bloße Vorstellung zu wahrer Erkenntnis hindurch. Sie ist verwirklichte Vernunft. (Phil. 59c, d) Alles andere Wissen bleibt im Bereich des Werdens, welches aufgrund seiner ständigen Veränderungen nie genau und eindeutig zu fassen ist. Das gilt, und das ist der Witz bei der Sache, natürlich auch für die Lust, so dass nun im nachhinein die ganze komplizierte Lustanalyse als Versuch gelten muss, Wasser mit einem Sieb zu schöpfen.

Und dennoch, das Leben spielt sich im Bereich des Vergänglichen ab, und die Vernunft muss sich in ihm bewähren, das Vergängliche ist der ihr gemäße Ort. Das gute, glückliche Leben war als Mischung aus Lust und Einsicht gekennzeichnet worden. Nun, da man Lust und Einsicht in Reinform vorliegen hat, kann man sie mischen, um zu ermitteln, was das Gute ist am Zusammenwirken beider, die beide für sich nicht selbst schon das Gute sind. Zum richtigen Leben gehören alle Kenntnisse, nicht nur die Dialektik, sondern auch empirisches Wissen (Phil. 62a-d), schließlich will man sich in der Alltagswelt zurechtfinden. Von den Lüsten aber sollen die widervernünftigen nicht zugelassen werden, wenn man die Mischung nicht wieder auflösen will. Ein Leben, das den gesamten Bereich des Geistigen ausschöpft und die Lust als ihm dienendes Element (Phil. 63a) gebraucht, ist das Ergebnis dieser Mischung. Und was macht dieses Leben gut? Es ist in sich harmonisch, denn seine Bestandteile sind aufeinander abgestimmt; es ist schön, da es das rechte Maß in sich birgt; und es ist wahr, weil es sich nicht an Scheinzielen orientiert, wie das bei der vernunftwidrigen Lust der Fall ist. All diese Aspekte des Guten aber sind der Vernunft, der Einsicht viel näher als der Lust, so dass diese am Ende weit abgeschlagen in der Rangordnung der Güter einen Platz erhält, der es nicht mehr rechtfertigt, in ihr auch nur im mindesten ein Lebensziel zu sehen – selbst »wenn alle Ochsen und Pferde und die anderen Tiere insgesamt es behaupten, indem sie ihrem Vergnügen nachgehen« (Phil. 67b).

Politikos. Der einzelne findet zum guten, glücklichen Leben, wenn er, das rechte Maß vor Augen, sein Leben so einrichtet, dass sich Lust und Einsicht harmonisch verbinden. Dafür ist jeder selbst verantwortlich, das betont Platon immer wieder. Welche Aufgabe bleibt dann noch dem Politiker? In der *Politeia* hat Platon die Aufgabe des Philosophenherrschers so definiert: Als derjenige, der erkannt hat, was für den Menschen gut ist, muss er dafür sorgen, daß jeder das Seine tun kann und auch das Seine bekommt. Das klingt nun wieder so, als wäre der Regent für alles zuständig. Dass dies nicht so gemeint ist, zeigt der *Politikos.*

Wie er schon den Sophisten durch Dihairese gefunden hat, will der Fremde aus Elea nun auch den wahren Politiker auf diesem Weg ausfindig machen. Mit einem jungen Namensvetter des Sokrates begibt er sich auf die Suche, wobei sich beide über die grundlegende Prämisse einig sind. Die Kunst des Politischen beruht auf einer Erkenntnis, nicht bloß auf praktischer Erfahrung. (Pkos. 258d ff.) Durch fortgesetzte Unterteilung dieser Erkenntnis gelangt man schließlich zu dem Ergebnis, der Politiker müsse als »Hüter und Ernährer der menschlichen Herde« (Pkos. 268c) bestimmt werden – nicht ohne sofort zu bezweifeln, ob man ihn damit richtig bestimmt hat. Zu viele andere Professionen nämlich sind mit eben dem beschäftigt, was man der Politik zugeschrieben hat, zum Beispiel die Kaufleute, Bauern, Ärzte und viele andere mehr. Wo liegt der Fehler? Was ist das Spezifische politischen Wissens, das die Dihairese verfehlt hat? Der Fremde zieht einen alten Mythos zu Rate (Pkos. 268d-274e), an dem der Fehler erkennbar wird.

Vor dem gegenwärtigen Zeitalter, das unter der Herrschaft des Zeus steht, gab es eine Zeit, in der Kronos die Welt lenkte. Das war die Zeit der vollendeten Fürsorge. Alles bot sich den Menschen von selbst dar, sie wurden von Göttern und Daimonen geleitet, nicht einmal um die Zeugung mussten sie sich kümmern, da die Zeit rückwärts lief und die ehemals Toten aus der Erde wieder auferstanden. Natürlich gab es weder Not noch Krieg, aber, und nun kommt der Fremde auf den Punkt, auch keine Politik, denn die ist im Paradies überflüssig.

Grundlegend anders entwickelten sich die Dinge, als Kronos die Welt losließ und sie damit sich selbst überlassen blieb. Ihrem Eigengewicht folgend, drehte sie sich allmählich in die Gegenrichtung, und auf einmal stellten sich die Verhältnisse ein, wie wir sie kennen. Der Mensch musste sich nun selbst um alles kümmern, die Götter zogen sich aus ihrer Versorgerrolle zurück, Mangel, Not und Zwist kehrten in die Welt ein. Dennoch lässt der Fremde offen, in welcher Zeit man glücklicher lebte, macht aber deutlich, woran sich für ihn Glück bemisst. Das Leben ohne Sorge ist nur dann das bessere Leben, wenn man die auf diese Weise gewonnene Muße philosophisch, das heißt zur Ausbildung der Vernunft nutzt. Ob man aber im Paradies überhaupt die Not erfährt, die, wie Platon in seinen früheren Dialogen zeigte, erst zum Philosophieren treibt, ist fraglich, und so scheint der üblicherweise gegen Platon erhobene Weltflucht-Vorwurf[83] ohne Fundament. Die Unvollkommenheit des irdischen Lebens liefert gerade den Anstoß für den Aufstieg und damit für die Vervollkommnung des Menschen.

Der Ertrag des Mythos für die Bestimmung des Politikers ist die Besinnung auf die Conditio humana, auf die er reagieren muss. Die Stunde der Politik schlägt, wenn es gilt, den Mangel zu verwalten, nicht das Füllhorn auszuleeren. Mit der ersten Definition des Politikers hat man fälschlich den Allesversorger der Kronos-Zeit, nicht den Regenten der Zeus-Zeit erfasst. (Pkos. 274e, 275a) Das irdische Paradies zu errichten kann nicht Aufgabe des Politikers sein. Seine Art der Fürsorge ist eine andere als die göttliche und auch eine andere als die der Professionen, die sich um das materielle Wohlergehen kümmern. Diese werden nun als bloßes Werkzeug der Politik gekennzeichnet. (Pkos. 287b ff.) Auch das Priestertum wird aus dem Bereich des Politischen ausgeschieden, ebenso der größte »Tausendkünstler unter den Sophisten« (Pkos. 291c). Auf wen der Fremde hier anspielt, wird deutlich, wenn er sich mit den gängigen Staatsformen auseinandersetzt.

Gemeinhin unterscheidet man Staatsformen nach quantitativen und qualitativen Gesichtspunkten; die Quantität bezieht sich auf die Zahl der Regierenden, die Qualität auf den Regierungsmodus, ob Freiwilligkeit oder Zwang, Gesetz oder Gesetzlosigkeit, Armut oder Reichtum herrschen. So ergibt sich die gute oder schlechte Herrschaft eines Menschen (Königtum oder Tyrannei), weniger (Aristokratie oder Oligarchie) und vieler Menschen (beide Formen: Demokratie) – die auch von Aristoteles verwandte Staatsformenlehre. Doch beide Kriterien, das quantitative und das qualitative, sind für den Fremden sekundär. Entscheidend ist, ob der Regierende über die Erkenntnis des Politischen verfügt, zu der allerdings wohl nur wenige gelangen. (Pkos. 292e) Wer sie aber hat, der kann sogar ohne Gesetz regieren, weil es ihm um Gerechtigkeit geht, das Gesetz aber Einzelfallgerechtigkeit oft unmöglich macht, weil es in seiner Allgemeinheit starr ist. Doch das gilt wohlgemerkt nur für den, der quasi fleischgewordene Vernunft ist. Die Regenten aller üblichen Staatsformen haben sich tunlichst an die Gesetze zu halten, weil sich in ihnen doch lange Erfahrung und Verstand verkörpern. (Pkos. 300b, c) Die Alternative zum Gesetz ist nämlich die Willkür und der Egoismus. So geht der entscheidende dihairetische Schnitt nicht durch die genannten sechs Staatsformen hindurch, sondern er ist zwischen ihnen und dem erkenntnisgeleiteten, nur am Gemeinwohl orientierten Staat anzusetzen. Jetzt lässt sich auch der »größte Sophist« ausmachen: Es ist der Politiker, der sich ohne Erkenntnis des Richtigen für das Gemeinwesen die Regentschaft in einer der genannten Staatsformen anmaßt, in dem Glauben, sie sei bereits das Bestmögliche. Ein solcher ist bloßer Parteigänger, nicht Staatsmann. (Pkos. 303c)

Nachdem nun auch der normale Politiker aus dem Rennen ausgeschieden ist, trennt der Fremde noch drei Bereiche von der eigentlichen politischen Wissenschaft ab: die Kriegsführung, die Justiz und die Rhetorik. Sie alle sind, sofern sie im Dienst der gerechten Sache stehen, wertvolle Werkzeuge der Politik, unterstehen aber ihrem Primat. Was bleibt dann, jenseits all dessen, was als vor- oder außerpolitisch ausgeschieden wurde, als das spezifisch Politische übrig? Der Politiker muss all das, was ihm als Werkzeug unterstellt ist, so einsetzen, dass sich ein harmonisches Ganzes ergibt, und das erfordert vor allem eines – die einander widerstreitenden Kräfte in der Gesellschaft durch das Band der Vernunft zusammenzuflechten. Auch im Gemeinwesen geht es also, ebenso wie beim einzelnen Menschen, um die rechte Mischung heterogener Elemente, und darunter versteht der Fremde hier vor allem die einander entgegengesetzten Naturen der Besonnenen und der Tapferen.

Besonnene, introvertierte Menschen neigen zur Beharrung, zum Rückzug ins Private, zum bedingungslosen Pazifismus. (Pkos. 307e) Tapfere, extrovertierte Naturen hingegen drängen auf Veränderung, auf politische Aktion und verfallen leicht dem Bellizismus. (Pkos. 308a) Dem Politiker obliegt es, dafür zu sorgen, dass durch Erziehung und die erzieherische Wirkung der Gesetze »die richtige Vorstellung vom Schönen, Gerechten und Guten« (Pkos. 309c) in die Seelen eingeprägt wird und so den Ausgleich zwischen den auseinanderstrebenden Kräften bewirkt. Das bringt den Tapferen dann vielleicht dazu, sich erst zu besinnen, wofür man kämpfen muss, und den Besonnenen, sich auch offensiv für das einzusetzen, was er als richtig erkannt hat. Politik ist damit die Kunst, Freundschaft zu stiften zwischen den Kräften, die, sich selbst überlassen, die Gesellschaft in Extreme treiben und spalten würden. Politik ist geistige Führung und der Politiker nicht der, der sich um alles kümmert, sondern derjenige, der für das Wichtigste sorgt: ein geistiges Klima in der Gesellschaft zu schaffen, in dem das Leben des vernünftigen Ausgleichs auch als das gute Leben gilt.

Nomoi. Ausgleich und Versöhnung stehen auch im Mittelpunkt der *Nomoi*, Platons Alterswerk über die Gesetze. Im *Politikos* sollte den Ausgleich zwischen den einander widerstreitenden Kräften der Mensch besorgen, der kraft der Erkenntnis des Guten weiß, was richtige Mitte ist und nicht schlechter Kompromiss. Ein solcher Politiker aber, der im Grunde Philosoph ist, steht in der Regel nicht zur Verfügung, und auf diese – normale – Situation antwortet Platon in den *Nomoi*. An die Stelle der Person tritt hier die Institution, der maßstabgebende Mensch wird ersetzt durch die maßstabgebenden Gesetze. Nun ist dieser späte Text Platons derart umfangreich und thematisch vielgestaltig, dass sich die Darstellung auf einen Aspekt beschränken sollte: auf den Stellenwert der Gesetze in der politischen Ordnung, die anlässlich einer fiktiven Koloniegründung entworfen wird.

Ein namentlich nicht genannter Athener unterhält sich mit dem Spartaner Megillos und dem Kreter Kleinias über Verfassungen und Gesetze. Alle drei Gesprächspartner repräsentieren Stadtstaaten, die auf große Gesetzgeber zurückblicken können. Doch worauf zielen die Gesetze? In Kreta dienen sie eindeutig der Zurüstung zum Krieg, ideologisch begründet mit der Auffassung, dass der Krieg aller gegen alle ohnehin der Normalfall und Frieden nur der Ausnahmezustand sei. (Nom. 625e, 626a) Nimmt man dieses Prinzip ernst, dann muss es aber nicht nur außen-, sondern auch innenpolitisch gelten und schließlich sogar zur Selbstentzweiung des Menschen führen, denn feindliche Gegensätze gibt es auch im Menschen selbst. Gemeinhin entscheidet den Kampf dann der Stärkere, nicht unbedingt der Bessere. Für den Athener liegt eine sinnvolle Konfliktlösung jedoch nicht in bloßer Übermächtigung, und sei es des Schlechteren durch den Besseren, sondern in der Aussöhnung der Gegner durch eine Art Schiedsrichter, der für alle verbindliche, friedensstiftende Gesetze schafft und eine politische Ordnung entwirft, der sich die Beteiligten freiwillig fügen. (Nom. 627d ff.) Da Kreta ohnehin eine Koloniegründung plant, kommt das nun im Geist entworfene Gesetzeskorpus wie gerufen. (Nom. 702b-d) Doch nicht die Ausführung, sondern nur die Grundlagen sollen hier interessieren.

Was ist es, was die Menschen miteinander und auch mit sich selbst versöhnt? Oder, anders gewendet, was entzweit sie mit sich und den anderen? Die Antwort Platons ist dieselbe wie je, nur wird sie erstmals explizit gegeben: Es ist die falsche Liebe zu sich selbst, die Liebe nämlich, die blind macht, indem sie das Eigene mehr wertschätzen lässt als das Gute. (Nom. 731d ff.) In ihrem Gefolge tritt die Pleonexie, das Mehrhabenwollen auf, das das Heil in den Gütern sucht und unter den Menschen Konkurrenzverhältnisse stiftet. Versöhnend wirkt allein die Tugend, weil sie als rechtes Maß in allen Dingen die inneren Kräfte des Menschen harmonisiert und als äußere Gerechtigkeit Konfliktstoff nimmt, indem sie jedem das Seine zukommen lässt. Deshalb muss der Gesetzgeber die Tugend zum Ziel und Inhalt seines Gesetzeswerkes machen, und zwar die ganze Tugend, nicht nur wie in Kreta die kriegerische, die Tapferkeit. (Nom. 630a-d) So müssen durch die Erziehung Besonnenheit *und* Tapferkeit eingeübt werden, weil der Ausgleich beider die Voraussetzung für Gerechtigkeit ist. Zugleich lernt der einzelne auf diesem Weg die Selbstbeherrschung, die allein es rechtfertigt, auch Herrschaft über andere auszuüben.

Nunmehr wird nämlich den Regierenden abverlangt, nicht Herren, sondern Diener zu sein – »Diener der Gesetze« (Nom. 715c). Als Regierungsform sieht der Fremde eine Mischung aus monarchischen und demokratischen Elementen vor, doch eigentlich herrschend sind nicht die Menschen, sondern das gesetzliche Regelwerk. Das mag verwundern angesichts der im *Politikos* über die Gesetze angestellten Überlegungen, hängt aber mit der veränderten Ausgangslage zusammen. Dort war die Gesetzesherrschaft an der Herrschaft des Weisen gemessen worden und musste dieser gegenüber geringer erscheinen, weil die Anwendung des Gesetzes in seiner Allgemeinheit oft zu Ungerechtigkeiten im Konkreten führt. Hier wird die Gesetzesherrschaft an der Gesetzlosigkeit und an einem positivistischen Rechtsverständnis gemessen, für das Gesetze immer nur Instrumente der Herrschaftssicherung sind. (Nom. 714b ff.) Dass sie so gehandhabt werden können, ist auch Platon klar, wie im *Politikos* ersichtlich. Dass diese Handhabung aber eine ihnen gemäße ist, dagegen wird in den *Nomoi* vehement gestritten.

Schon an den Folgen einer sinnwidrigen Handhabung der Gesetze wird erkennbar, dass hier das Richtige verfehlt ist. Werden Gesetze dazu verwandt, der siegenden Partei im innerstaatlichen Machtkampf den Sieg auf Dauer zu sichern, so geht diese Herrschaftsstabilisierung stets auf Kosten der Beherrschten. Nicht Gemeinwohl, Parteiinteresse diktiert dann den Inhalt der für alle verbindlich gemachten Normen. Wie es aber trotz dieses ersichtlichen Unrechts zu der Auffassung kommen kann, Gesetze beruhten gemeinhin nur auf Durchsetzung des Stärkeren, und sei es die Durchsetzung der vielen Schwachen mittels Gesellschaftsvertrag, erklärt der Fremde in einem theologischen Exkurs. (Nom. 887c-907d)

Es ist ein ganzes Weltbild, das sich hinter der These, Gesetze seien bloße Konvention, verbirgt; es ist ein Bild von der Welt, das in dieser nicht das Wirken eines Gottes, des Guten zu erkennen vermag, sondern nur Zufall und mechanische Abläufe hinter den Dingen vermutet. Auch der Mensch kann so keinen Ort finden, der ihm von Natur aus zukäme, vielmehr muss dann auch sein ganzes Wirken ohne Notwendigkeit, ohne Seinsbezug erscheinen. Das Geistige wird damit zum Epiphänomen des Materiellen, die Gesetze beispielsweise zu bloßen Werkzeugen der Sicherung des physischen Überlebens. Doch damit ist die tatsächliche Ordnung der Dinge auf den Kopf gestellt. Der Geist geht der Materie voraus, die Vernunft ist ursprünglicher als das Vernunftlose. Denn wenn alles Leben auf Bewegung beruht, dann kann die Ursache von Bewegung nicht ihrerseits etwas Mechanisches, das heißt von außen Bewegtes sein. Die Ursache aller Bewegung ist die Selbstbewegung, und das ist die Definition von Seele. Dass eine gute und nicht eine böse Seele über die Weltläufe waltet, darauf lässt die Vernunftförmigkeit des Kosmos schließen. Als der menschlichen Vernunft zugänglich, muss auch die übermenschliche Wirklichkeit Vernunft sein.

Wenn der Mensch sich aber oft gottverlassen fühlt, so liegt das an seiner mangelnden Einsicht in das Ganze. Welche Funktion sein vermeintliches Unglück im Zusammenhang des Ganzen haben mag, entzieht sich seiner Kenntnis, und ob seine Not nicht durch ihn selbst zum Guten zu wenden wäre, versäumt er dann zu fragen, wenn er mit Gott und der Welt hadert.

Sokrates ist nicht dabei, als der Fremde diese Theologie entwickelt, und das hat seinen Grund. Es ist eine Theologie für die Welt der Höhle, die auf Vorstellungsdenken zurückgreift und vergegenständlicht, was Sokrates im Aufstieg zur Wirklichkeit bringt. Der Weg zum erkannten Guten kann nicht über die Betrachtung des Kosmos führen, wohl aber der Weg zum geglaubten Guten. Dieser Glauben verkörpert sich in den Gesetzen der *Nomoi*, denen der Satz »Gott ist das Maß« vorangestellt ist.

Natur
Sokrates hat seinen philosophischen Weg mit der Naturphilosophie begonnen, sich aber von dieser abgewandt, als er merkte, dass die letzte Ursache im sich Gott angleichenden Menschen zu suchen ist, nicht in der Natur. Wenn Platon sich am Ende seines Lebens auch noch der Natur zuwendet, nachdem er den Bereich des Menschlichen in seiner ganzen Vielfalt durchmessen hat, dann nicht in In-Frage-Stellung des Sokratischen Weges, sondern in dessen Vollendung. Der *Timaios* entwickelt eine Sicht der Natur, in der diese nach Maß des Menschen, allerdings des vernünftig gewordenen Menschen, verstanden wird. Was Sokrates im *Phaidon* an der herrschenden Naturphilosophie vermisste, die klare Trennung zwischen dem Guten als Ursache und den mechanischen Abläufen als Bedingungen, unter denen die Ursache wirksam wird (vgl. S. 145 f.), wird im *Timaios* zum Programm. Hier wird eine Natursicht entfaltet, die in manchem

vereinbar sein mag mit den Ergebnissen der modernen Naturwissenschaft, in einem sicher nicht: Sie teilt nicht deren Tendenz, die Natur im Sinne einer seelenlosen Mechanik zu behandeln und sie dem Menschen zu unterwerfen, der sich an ihr selbst vergessen hat.

Bevor der Pythagoreer Timaios sein großes Gemälde von der Erschaffung der Welt verfertigen darf, wird sein Schöpfungsbericht in zweifacher Hinsicht relativiert. Er ist nicht Selbstzweck, sondern er soll erklären, woher der Mensch kommt, mit dem im folgenden Dialog (dem unvollendet gebliebenen *Kritias*) ein Staat, nämlich Ur-Athen, bevölkert werden soll. (Tim. 27a) Schon hier ist deutlich: Die Kosmologie steht im Dienst des Menschen, und der Mensch findet seinen ihm gemäßen Ort im Politischen, im Gemeinwesen. Weiterhin hat man es nun mit dem Vergänglichen zu tun, über das auch nur dem Gegenstand Entsprechendes geäußert werden kann – man darf nicht Wahrheit, sondern nur Wahrscheinlichkeit erwarten. (Tim. 29c) Die folgende Darstellung beruht also auf Prämissen, die geradezu konträr zu denen sind, auf denen der moderne Zugriff auf die Natur basiert. Die äußere Natur ist das andere für den Menschen, gerade hier ist keine wissenschaftliche Exaktheit möglich – anders als dort, wo der Mensch sich mit dem Eigenen befasst: dem Guten. Was an der Natur überhaupt nur verstehbar ist, ist das dem Menschen Verwandte, das Vernünftige. Nun wird von Timaios in seiner »wahrscheinlichen Rede« unterstellt, dass der Schöpfergott, der Demiurg, die Welt vernünftig geordnet hat und sie dem menschlichen Erkennen deshalb zugänglich ist. Doch wenn Timaios es als den eigentlichen Sinn der Sehkraft feiert, mittels ihrer die Ordnung der kosmischen Umläufe erblicken zu können und dadurch zur philosophischen Betrachtung, dem größten Gut für den Menschen, angeregt zu werden (Tim. 47a, b), dann zeigt sich, dass man den Zusammenhang auch umgekehrt deuten kann. Weil der Mensch an der Natur immer nur sich selbst erfahren kann, ist die vermeintliche Vernunft der Welt die des Menschen und das Bild vom Schöpfergott eine Vergegenständlichung dessen, was der Mensch an der Welt zu verwirklichen hat.

Die Welt ist geworden, und alles Gewordene hat eine Ursache. Da die Welt schön ist, muss ihr Urheber gut sein; so hat sie also der Demiurg als zeitliches Abbild des ewigen Seins geschaffen. Von diesen Voraussetzungen ausgehend, erklärt Timaios jetzt – Sokrates hört offenbar voller Zustimmung zu –, wie die Erschaffung der Welt im Menschen ihre Vollendung fand. Dreimal setzt er am Anfang an. Zuerst stellt er dar, was durch Vernunft hervorgebracht wurde: Gottes Ordnung der Materie nach Maßgabe des Besten. (Tim. 29d-47e) Dann betrachtet er das von der Notwendigkeit Erzeugte: die Materie selbst und ihr inneres Wirken. (Tim. 47e-69a) Schließlich erläutert er das Zusammenwirken von Vernunft und Notwendigkeit: der Mensch als Einheit von Geist und Materie. (Tim. 69a-92c) Vernunftursache und die Bedingung, unter der sie wirksam wird, werden also zunächst analytisch geschieden, um dann im Menschen wieder zusammengeführt zu werden.

Der Grund Gottes, die Welt zu erschaffen, war der Wunsch, dass ihm alles möglichst ähnlich werde. (Tim. 29e) Es sollte also alles vernünftig, gut sein, und so nahm Gott das regellos sich bewegende Körperliche und gab ihm Ordnung. Als Träger der Vernunft bildete er die Weltseele und als Träger der Seele den Körper der Welt. Diesen setzte er aus den vier Elementen zusammen, die er mittels Zahlproportionen miteinander verband. Da die vollkommenste geometrische Form die Kugelform, die vollkommenste Bewegung die Kreisbewegung ist, gab er der Welt die Gestalt einer in sich kreisenden Kugel, die sich selbst genügt und weder Zu- noch Abnahme erfährt. Die bereits vor dem Körper erschaffene Weltseele entstand aus einer Mischung von Sein und Werden, also einer dritten Gattung, die Gott analog auch beim Selben und beim Verschiedenen herausbildete. Alle drei »irdischen« Formen des Seins, des Selben und des Verschiedenen fügte Gott dann mittels komplizierter mathematischer Operationen zur Harmonie. Mit der Weltseele verbunden, begann der Weltkörper daraufhin seinen Umlauf, der »göttliche Anfang eines unaufhörlichen und vernunftbegabten Lebens für alle Zeit« (Tim. 36e). Zeitlichkeit im irdischen Sinn war anschließend hervorzubringen – als Abbild göttlicher Unvergänglichkeit. Um dieses Abbildes willen schuf Gott die Planeten und bestimmte ihre Bahnen.

Doch so vollkommen die Welt jetzt auch schon war, es fehlten zu ihrer Vollendung doch noch die verschiedenen Formen der Vernunft in den Lebewesen. Deshalb brachte Gott als nächstes die bekannten Götter hervor – aus Pietät, nicht aus Vernunftgründen folgt Timaios den traditionellen Vorstellungen von der griechischen Götterwelt – und gab diesen Göttern den Auftrag, die sterblichen Lebewesen zu erzeugen. Deren Seelen sollten sie vom Demiurgen übernehmen, das übrige aber nach seinem Vorbild erschaffen. Den Seelen gab Gott folgendes Gesetz: Der Anfang ist für alle gleich. Wer als Mensch geboren wird, erhält neben dem göttlichen Anteil der Seele als Ausstattung die Gaben wahrzunehmen, zu lieben, überhaupt zu fühlen. Gelingt es dem Menschen im Leben, Herr seiner selbst zu werden, also gerecht zu sein, so kehrt er in den Ursprung zurück. Ansonsten durchlebt er so viele Erdenschicksale wie erforderlich, um zur Vernunft zu gelangen und wieder heimzukehren. Diesem Zweck gemäß erschufen die Götter dann den menschlichen Körper – den Kopf, seiner Form nach dem All nachgebildet, als Leitinstanz, den restlichen Körper als Instrument. Ob der Mensch seinen Körper in diesem Sinn verwendet, die

Sinneswahrnehmungen als Anregung zur Vernunfttätigkeit, das Sprachvermögen als Mittel, der Vernunft eine Stimme zu verleihen (Tim. 46e-47c), hängt von ihm selbst ab. Die Ausstattung, die Gott dem Menschen gab, ermöglicht ihm die Wahl.

So sieht für Timaios die Welt aus, betrachtet man sie unter dem Aspekt ihrer Ursache, des Guten. Die Welt ist Kosmos, Ordnung und, da vernünftig angelegt, auch der Vernunft zugänglich. Sie findet ihre Vollendung im Menschen, der den Kosmos gleichsam in sich zurückkehren lässt, wenn er sich Gott angleicht durch ein vernünftiges Leben und so Anfang und Ende zum Kreis verknüpft. Doch nun soll die Welt unter dem Aspekt der Notwendigkeit betrachtet werden: Welches ist das Material, das Gott seinem Vorbild gemäß ordnete? Hier eröffnet sich der Bereich der Naturwissenschaft, jedenfalls in ihrem neuzeitlichen Selbstverständnis, es nur mit den immanenten Gesetzen der Materie zu tun zu haben. Kepler dachte die Natur noch im Schöpfungszusammenhang[84], Galilei schon nicht mehr.

Kurz zusammengefasst stellt sich das Reich der Notwendigkeit folgendermaßen dar. Neben dem geistigen Vorbild jedes geschaffenen Sinnesdinges und diesem Ding selbst muss es etwas Drittes geben, in dem es geschaffen werden konnte. Platon nennt es die Chora, den Raum (Tim. 52a) oder die »Amme« (Tim. 49a) für alles Werdende, modern gesprochen: die Materie. Sie ist der reine Stoff, die gestaltlose, unsichtbare Prägemasse, der das »Etwas« abgerungen werden kann, wenn ihr eine Form aufgeprägt wird. Nur der geformte Stoff ist wahrnehmbar, und so ergibt sich das Paradox, dass das, was Körperlichkeit ermöglicht, selbst nicht körperlich ist. Doch hier wiederholt sich nur, was Platon in anderen Zusammenhängen bereits analog gezeigt hat. Wirkliche Wahrnehmung ist nur die gedachte Wahrnehmung, wahre Lust ist nur die intellektuell vermittelte Lust, und nun eben – wahrhaft stofflich ist nur der geformte Stoff. Wenn man also all das, was sich in der Praxis des Lebens in Mischung befindet, analytisch trennt, stößt man allseits auf geistige Prinzipien – in der Materie, in der Lust, in der Wahrnehmung. Genau dies Geistige ist an all diesen Phänomenen auch nur verstehbar, das andere ist es wohl nicht.

War man im ersten Durchgang einfach vom Vorhandensein der vier Elemente ausgegangen, so werden sie nun erklärt. Es handelt sich um ständig ineinander übergehende Zustände der Materie. Dort fließt tatsächlich alles, wie Heraklit behauptet hat, aber auch nur dort. Aus der inneren Vielfalt der Materie ergeben sich Ungleichgewichte und somit Dynamiken, alles bewegt sich. Erst durch Gottes Eingriff wurden diese Bewegungen gesetzmäßig, Ausdruck von »Formen und Zahlen«. (Tim. 53b) Damit ist man bei den Bausteinen der Materie angelangt, aus denen sich auch die Elemente zusammensetzen. Die Urbestandteile der Materie sind rechtwinklige, zum Teil gleichschenklige Dreiecke, aus denen sich die regelmäßigen geometrischen Körper bilden lassen, die für jedes Element spezifisch sind – die später so genannten »Platonischen Körper«. Hat man im *Theaitetos* kritisiert, dass zeitgenössische Philosophen zur Erklärung der Wirklichkeit unerklärbare Urbestandteile heranziehen wollten, so legt Platon hier, wohl in Anlehnung an Pythagoras, allem Zahlenverhältnisse, also Erklärbares, zugrunde. Auch in der modernen Jagd nach den Urbestandteilen der Materie, der Teilchenphysik, zeigt sich, dass die Materie, dringt man in sie ein, sich als Materie zunehmend entzieht und sich in nur mathematisch erfassbare Kräfteverhältnisse auflöst.

Mittels des Modells der Dreiecke lassen sich nun die Übergänge der Elemente ineinander verstehen und auch der anhaltende Werdeprozess. Da die Bewegung des Alls Rückkehr in sich ist, lässt sie keinen leeren Raum übrig. Vielmehr dringen die kleinsten, leichtestbeweglichen Bestandteile überall ein, bewirken Spaltung und Vereinigung und halten so den kosmischen Lebensprozess in Gang. Ebenso ist die Wahrnehmung über die Urbestandteile vermittelt. Sowohl das, was vom Objekt ausgeht, als auch das, was vom Subjekt wahrgenommen wird, erfolgt durch Bewegung der Urbestandteile, wobei auch hier kein leerer Raum existiert. Alles wird durch unmittelbare Berührung und Umwandlung von Körpern weitergegeben, selbst dort, wo der materielle Träger nicht sichtbar ist wie beim Magnetismus. (Tim. 80c)

Was Gott für seinen Bauplan verwandte, ist damit, sofern man der »wahrscheinlichen Rede« trauen kann, hergeleitet. Doch man darf nicht vergessen, dass es sich nur um das Material handelt, das zur Verwirklichung des Guten gebraucht wird. Deshalb empfiehlt Timaios, in allen Dingen zunächst nach der göttlichen Ursache zu suchen, sich um das Notwendige aber nur um ihretwillen zu kümmern. Ohne sie ist jenes gar nicht verstehbar. (Tim. 68e, 69a) Für eine »Platonische Naturwissenschaft« bedeutete das die Einbindung der Naturforschung in einen übergeordneten Zusammenhang. Nur diejenige Forschung ist sinnvoll, die Mittel ist zum Leben der Vernunft.

Wie sich Vernunft und Notwendigkeit im Menschen verbinden, erzählt Timaios abschließend und offenbar mit einigem Augenzwinkern. Alles Physische am Menschen steht im Dienst des Geistigen. So hat er zum Beispiel vielfach gewundene Därme bekommen, damit die Nahrung länger im Körper verbleibt und das menschliche Geschlecht nicht »aufgrund seiner Gefräßigkeit unphilosophisch und unmusisch und ungehorsam gegenüber dem Göttlichen, das wir besitzen« (Tim. 73a), werde. So amüsant es auch zu lesen ist, wie Haut und Haare, Knochen und Fleisch von ihrer Funktion für die Vernunft her erklärt werden, so nachdenklich muss einen der vergleichende Blick auf die moderne Medizin stimmen. Auch sie geht davon aus, dass alles im Körper seine Funktion hat. Doch für sie besteht diese Funktion in der Sicherung des Überlebens; wofür das Überleben seinerseits Mittel ist, fragt sie nicht und sichert es konsequent auch dann, wenn es über sich hinaus keinen Sinn mehr erfüllt.

Ob es allerdings überhaupt Aufgabe der Naturwissenschaften sein kann, diese Sinnfrage, die Frage nach dem Guten zu stellen, lässt der *Timaios* offen. Vielleicht ist aber der Verweis darauf, dass der im *Timaios* geschaffene Mensch Bürger im idealen Staat werden soll (Tim. 27a, b), zugleich der Verweis auf den Philosophen-Politiker, der dafür zuständig ist, die Sinnfrage stets neu zu stellen. Dass unabhängig davon jedoch jeder einzelne Mensch für sich klären muss, was in seinem Leben Mittel ist und was Zweck, daran lässt der *Timaios* keinen Zweifel.

6. Was bleibt (Siebter Brief)

Das Staunen ist der Anfang der Philosophie – und worin kommt sie zu ihrem Ende? Die Philosophie kommt nie zu einem Ende, folgt man Platon, denn ihr letztes Ziel, die Erkenntnis des Guten, ist nicht etwas, das man besitzen könnte. Sie ist vielmehr etwas, das immer wieder gegen ihr Fehlen durchgesetzt und aufrechterhalten werden muss, so wie Sokrates es im Dialog vorgeführt hat. Der erste »Ort«, an dem sie fehlt, ist im Philosophierenden selbst, weil Vernunft, die Wirklichkeit dieser Erkenntnis, keine natürliche Mitgift des Menschen ist. Mitgegeben ist dem Menschen nur die Möglichkeit, vernünftig zu werden, so er es denn will; das betont Platon immer wieder. Der andere »Ort«, an dem Vernunft fehlen mag, beim Mitmenschen oder in der Mitwelt, ist zugleich der Ort des möglichen Aufstiegs, da dieser an den Dialog mit dem anderen, mit der Welt gebunden ist. Deshalb kann auch der *Timaios* die Welt gegen allen Augenschein als gut preisen – sie ist es, wenn sie mit dem Blick dessen betrachtet wird, der an ihr die Möglichkeit der Selbstveränderung findet.

Solche Sorge um das Eigene ist alles andere als Egoismus, denn sie gelingt nur über den liebenden Bezug zum anderen, wie *Symposion* und *Phaidros* zeigten. Und es ist auch nicht eine Sorge, die rein privaten Charakter hätte, denn zugleich mit dem Eigenen auch das Gemeinwesen zum Guten hin zu verändern wäre erst vollendete Verwirklichung des Ziels, wie die *Politeia* ausführte. Dennoch muss jeder möglichen Veränderung der politischen Wirklichkeit die der eigenen vorausgehen. Alles andere wäre Anmaßung: der Gesellschaft verordnen zu wollen, was man selbst nicht ist.

Dass der Mensch zur Verwirklichung seiner Möglichkeiten eine grundlegende innere Umkehr vollziehen muss, ist nicht nur die zentrale Botschaft der Platonischen Philosophie. Es ist auch die des Christentums. Doch die Philosophie, derer man sich in der Scholastik, der Zeit der Ausbildung der christlichen Dogmatik, hauptsächlich bediente, um den Glauben philosophisch zu begründen, war die des Aristoteles. Sein Systemdenken, seine philosophische Lehre ließ sich dort, wo es eben um Lehre, um Dogma ging, besser verwenden als die Platonische Philosophie. Sofern sich Platonismus und Christentum verbanden, handelte es sich nicht um die ursprüngliche, sondern um die neuplatonische, also von Plotin geprägte Form platonischen Denkens. Der Neuplatonismus aber weiß nichts mehr von Sokrates und dem Dialog, sondern reduziert Platon auf bestimmte, vor allem dem *Parmenides* entnommene Lehrinhalte. Den Zugang zum Guten findet er in einer Art mystischer Schau[85] – ein Unterschreiten von Rationalität anstelle des von Platon vorgeführten Überschreitens.

Dogmatisierung der Inhalte oder Verortung des Ziels in einem dem Denken nicht mehr zugänglichen Raum, diese beiden Versuche, des so schwer Verstehbaren Herr zu werden, mussten Christentum wie Platonismus über sich ergehen lassen. Die Ähnlichkeit der Schicksale von Sokrates und Jesus bewahrte sich so über den Tod hinaus. Im Fall des Christentums war diese Entwicklung allerdings wohl unvermeidlich, denn die philosophische Begründung für die von Jesus vorgelebte Wirklichkeit fehlte, und die Übersetzung dieser Wirklichkeit in eine für jeden verstehbare Form ließ kaum eine andere Wahl als die

Lehre. Nietzsche veranlasste das zu der boshaften Bemerkung, Christentum sei »Platonismus fürs Volk«[86]. Im Fall der Platonischen Philosophie war diese Entwicklung aber nicht unvermeidlich, wenn auch vorhersehbar. Platon musste schon zu Lebzeiten mitansehen, wie andere seine Philosophie missverstanden. Das bezeugt sein *Siebter Brief*.

Als Platon, wie geschildert, bei seinem dritten Aufenthalt in Sizilien Dionysios der Philosophenprobe unterzog (vgl. S. 25), merkte er, dass der Tyrann in keiner Weise bereit war, die Mühen des philosophischen Weges auf sich zu nehmen. Doch er gab nicht nur vor, das Entscheidende bereits zu wissen, sondern maßte sich sogar an, selber darüber zu schreiben. Andere folgten seinem Beispiel. (SB 341b) Für Platon aber war klar, dass über das Eigentliche seines Denkens niemand angemessen schreiben könne, nicht einmal er selbst, schon gar nicht aber die, die das nicht vollzogen hatten, was die Erkenntnis der letzten Ursache erst ermöglicht: den Aufstieg. Übertragbar, mitteilbar ist das, was durch ihn verwirklicht wird, nicht, denn nur »aus vielen Gesprächen über die Sache selbst und wenn man ganz in ihr aufgeht, entsteht es plötzlich – so wie ein Licht aufleuchtet, das einem Feuer entspringt – in der Seele und nährt sich dann schon aus sich heraus« (SB 341c, d).

Wenn man es aber dennoch unternähme, die Sache selbst in Worte zu fassen – und nur Platon hätte das Recht dazu –, dann wären zwei Reaktionen vorstellbar. (SB 341e) Die einen würden denken: »Das ist alles?« und nicht einsehen, warum man für dieses Ergebnis einen solchen Aufwand treiben sollte. Die anderen würden sich im Besitz des Steins der Weisen dünken und ihr äußerliches Wissen schon für Erkenntnis halten. Beides, die Geringschätzung wie der Dünkel, beruht darauf, dass man das, was man nun weiß, nicht verstehen kann, solange man es nur übernommen, nicht aber selbst hervorgebracht hat. Es ist wohl ähnlich wie mit einer mathematischen Gleichung. Bekommt man nur die Lösung mitgeteilt, versteht man sie nicht, weil man nicht weiß, wie man zu ihr gelangt. Man kann sie zwar auswendig lernen, doch sobald die Aufgabe nur ein wenig anders gestellt ist, ist diese Lösung schon nicht mehr brauchbar. Was das Gute, das Richtige in der konkreten Alltagssituation ist, darauf würde eine formalisierte Definition des Guten keine Antwort geben können.

Weil das Ziel nichts ist ohne den Weg, weist Platon in seinem *Siebten Brief* noch einmal beschwörend auf die Unverzichtbarkeit des Aufstiegs hin. Obwohl er darüber schon früher öfter geschrieben habe, fühle er sich jetzt – das heißt angesichts der nun schon einsetzenden Platon-Literatur – nochmals genötigt, an das Gesagte zu erinnern. (SB 342a) Die Aufstiegsschilderung, die sich anschließt, ist abstrakter als alle früheren Formen. Doch für sie gilt, was auch schon für alle anderen Varianten galt: Sie ist bildliche Übersetzung eines Sachverhalts, der selbst auf diesem Wege nicht mitteilbar ist. Es wäre daher widersinnig, sich als jemand, der Platon verstehen will, mit dem Wissen von diesem Aufstieg begnügen zu wollen, wenn Platon ihn zu keinem anderen Zweck anführt, als um zu seinem Vollzug aufzufordern.

Drei Stufen muss das Denken passieren, um über sie zur Einsicht in seinen Erkenntnisgegenstand zu gelangen. Die vierte Stufe ist dann diese Einsicht, die fünfte aber die Sache, auf die sich die Einsicht bezieht. (SB 342a ff.) Es geht immer um diese fünfte Stufe, und um sie beschreiten zu können, darf keine der davorliegenden vier Stufen übergangen werden. Die ersten drei Stufen kennzeichnet Platon als Benennung, Erklärung und Abbild und erläutert, was er damit meint, am Beispiel des Kreises. Der Name des Gegenstands ist Kreis oder Zirkel, seine Erklärung ist die Definition, nämlich dass diejenige geometrische Figur Kreis ist, bei der jeder Punkt auf der Peripherie gleichweit vom Mittelpunkt entfernt ist, und sein Abbild ist der gezeichnete Kreis. Die geistige Verarbeitung dieses vom Gegenstand Ermittelten bildet die vierte Stufe. Doch keine dieser vier Stufen ist in sich eindeutig. Benennungen beruhen auf Konvention und können wechseln. Definitionen müssen sich dieser wechselnden Begrifflichkeit bedienen. Ein Abbild bildet nie wirklich ab, wovon es Abbild sein soll, denn das sinnliche Material, in dem abgebildet wird, hat seine eigenen Gesetze, und das sind andere als die des nichtsinnlichen Vorbilds. Das Denken schließlich konstituiert sich an all diesen in sich ambivalenten Stufen und bleibt insofern an sie gebunden.

Hauptursache für die Uneindeutigkeit dessen, was der fünften Stufe vorausgeht, ist aber, dass es auf eine Frage antwortet, die gar nicht gestellt war. Wer Erkenntnis sucht, will wissen, was die Sache selbst ist. Alles jedoch, was nicht die Sache selbst ist, ihre äußere Erscheinung und das Reden über sie, lenkt den Blick auf das Wie statt auf das Was. Das erinnert an die Situation im Frühdialog. Immer wenn Sokrates danach fragte, was die Tugend ist, urteilten die Gesprächspartner bereits darüber, wie sie sich äußert, welches ihre Folgen sind, auf welche Weise sie zu erlangen ist. All das setzt das Was der Tugend aber voraus, und genau an dieser unbegründeten Voraussetzung scheiterten die Dialogpartner.

Dennoch gibt es keinen anderen Weg zur Sache selbst als den im Dialog vorgeführten, worauf Platon auch in diesem abschließenden Kommentar zu seiner eigenen Philosophie noch einmal hinweist: »Mit Mühe nur, wenn jedes von ihnen am anderen gerieben wird – Benennungen und Erklärungen, Ansichten und auch Wahrnehmungen – und wenn es in wohlwollenden Untersuchungen untersucht wird und von solchen, die ohne Missgunst fragen und antworten, dann leuchten Einsicht in jeden Gegenstand und Vernunft auf, sofern man sich anspannt, soweit es in den menschlichen Kräften steht.« (SB 344b) Wer das nicht tut und auch nicht von sich aus den Drang zur Wahrheitssuche empfindet, wird nicht weit kommen, schon gar nicht in dem, worum es eigentlich geht: in der Wahrheit über menschliche Tugend und Schlechtigkeit. »Nur zugleich nämlich mit Unwahrheit und Wahrheit über das ganze Sein kann man diese Wahrheit notwendig erfahren.« (SB 344b)

Weil jede Art des Welt-Verhältnisses unumgänglich geprägt ist vom Selbst-Verhältnis des Menschen, sieht Platon die erste und vordringliche Aufgabe eines jeden darin, in sich Gerechtigkeit zu schaffen, um der Welt gerecht werden zu können. Von dem Verhältnis des Menschen zu sich selbst hängt es ab, wie er dem anderen gegenübertritt, in welcher Weise er mit der Sinnlichkeit verfährt, wie er sein Wissen versteht und gebraucht. Diesem Rückstieg in die ganz konkrete, Entscheidungen und auch Kompromisse abverlangende Wirklichkeit muss der Aufstieg vorangehen, das ist die Botschaft des *Siebten Briefes*, gerichtet vor allem auch an jene, die über die Platonische Philosophie schreiben wollen. Ob man diese Botschaft verstanden hat, wenn man aus der verbindlichen Forderung einer praktischen Umorientierung eine unverbindliche Theorie macht, ist fraglich. Dabei ist es dann auch unerheblich, ob man in Platon den politischen Reaktionär[87] oder den erbaulichen Höhere-Töchter-Philosophen[88], den verknöcherten Sinnenfeind[89] oder den schwärmerischen Idealisten[90] sieht. Wenn Zustimmung oder Ablehnung sich an Theoriebestandteilen festmachen, die für Platon nur das Material sind, an dem sich Erkennen vollziehen muss, dann ist beides gleichermaßen verfehlt. Was also bleibt dem, der über den von Platon geforderten philosophischen Weg begründet urteilen will, übrig? Er darf sich nicht mit Wissen über Platon zufriedengeben, sondern er muss sich um Verstehen bemühen. Es bleibt also nur eines: nicht über den Weg zu reden – den Weg zu gehen.

Anmerkungen

1 Vgl. Aristoteles, Metaphysik, 982b, 1. Halbband, hrsg. von H. Seidl, 3., verb. Aufl., Hamburg 1989, S. 13.
2 I. Kant, Kritik der praktischen Vernunft, in: ders., Werke in sechs Bänden, hrsg. von W. Weischedel, Bd. 4, Darmstadt 1998, S. 300.
3 G.W.F. Hegel, Phänomenologie des Geistes, Vorrede, hrsg. von H.-F. Wessels u. H. Clairmont, Hamburg 1988, S. 6.
4 Alle Platon-Zitate im Text wurden für diesen Zweck von der Verfasserin neu übersetzt. Die Stellenangaben beziehen sich auf die üblicherweise verwandte Stephanus-Paginierung.
5 Ein Beispiel dafür wäre die neukantianische Platon-Deutung; vgl. P. Natorp, Platos Ideenlehre, Hamburg 1997 (unveränd. Nachd. der 2., erw. Aufl. 1921).
6 Den Gedanken einer sich im Werk niederschlagenden Entwicklung Platons systematisierte erstmals: K.F. Hermann, Geschichte und System der platonischen Philosophie, Heidelberg 1839.
7 Vgl. z.B. K. Schilling, Platon, Reutlingen 1948, S. 212.
8 Der Ansatz der sogenannten »Tübinger Schule«, s. H.J. Krämer, Arete bei Platon und Aristoteles, Heidelberg 1959; K. Gaiser, Platons ungeschriebene Lehre, 2. Aufl., Stuttgart 1968.
9 Auch W. Wieland (Platon und die Formen des Wissens, Göttingen 1982) wendet sich gegen die Reduktion der Platonischen Philosophie auf eine Lehre. Doch seine Theorie, es sei Platon um ein nichtpropositionales, ein Gebrauchswissen gegangen, birgt nicht weniger Probleme: Worin besteht denn dieses Wissen, und wie gelangt man zu ihm? Auf diese entscheidenden Fragen findet sich bei Wieland keine befriedigende Antwort.
10 Vgl. Xenophon, Erinnerungen an Sokrates, hrsg. von P. Jaerisch, 4., durchges. Aufl., München/Zürich 1987.

11 Vgl. Aristophanes, Die Wolken, übers. von O. Seel, Stuttgart 1990.
12 Vgl. Aristoteles, Metaphysik 1078b, 2. Halbband, 3., verb. Aufl., Hamburg 1991, S. 291.
13 Ebenda, 987b, 1. Halbband, S. 39.
14 Vgl. Diogenes Laertius, Leben und Meinungen berühmter Philosophen, übers. von O. Apelt, 3. Aufl., Hamburg 1990, S. 151. Ob Platon tatsächlich Nordafrika bereiste, ist umstritten. Sehr unwahrscheinlich ist vor allem die von Diogenes behauptete Reise nach Ägypten.
15 »Zurück aus Syrakus?« soll Wolfgang Schadewaldt Heidegger anzüglich gefragt haben, nachdem dieser mit seinem Rektorat gescheitert war. Zitat nach: R. Safranski, Ein Meister aus Deutschland. Heidegger und seine Zeit, München/Wien 1994, S. 324. In der Heidegger-Debatte wurde dieser auch von Hannah Arendt verwendete Vergleich Heideggers mit Platon wieder aufgenommen.
16 Das erste Buch der *Politeia* wird allgemein noch dem Frühwerk Platons, Buch II-X dem mittleren Werk zugeordnet.
17 Ausdrücklich ist vom Vertrag in Buch II, 359a, b die Rede.
18 Vgl. Th. Hobbes, Leviathan, hrsg. von I. Fetscher, 4. Aufl., Frankfurt a.M. 1991, S. 99 ff.
19 Vgl. J. Locke, Zwei Abhandlungen über die Regierung, hrsg. von W. Euchner, 5. Aufl., Frankfurt a.M. 1992, S. 248 ff.
20 Vgl. J.-J. Rousseau, Vom Gesellschaftsvertrag, in: ders., Politische Schriften, Bd. 1, übers. von L. Schmidts, Paderborn 1977, S. 59-208.
21 Vgl. S. 69 ff.
22 Vgl. J. Locke, a.a.O., S. 253 f.
23 Vgl. z.B. H. Bonitz, Platonische Studien, Hildesheim 1968 (Nachdruck der Ausgabe Berlin 1886), S. 265; J.F. Findlay, Plato. The Written and Unwritten Doctrines, London 1974, S. 83 ff.
24 Vgl. F. Nietzsche, Also sprach Zarathustra, in: ders., Werke, Kritische Gesamtausgabe, hrsg. von G. Colli u. M. Montinari, Bd. VI, 1, Berlin 1968, S. 143 f.
25 Vgl. ders., Götzendämmerung, in: ders., Werke, Kritische Gesamtausgabe, hrsg. von G. Colli u. M. Montinari, Bd. VI, 3, Berlin 1969, S. 51.
26 Vgl. ders., Zur Genealogie der Moral, in: ders., Werke, Kritische Gesamtausgabe, hrsg. von G. Colli u. M. Montinari, Bd. VI, 2, Berlin 1968, S. 259 ff.
27 Vgl. dazu S. 62 ff.

28 Der Satz vom Widerspruch besagt, dass etwas nicht zugleich und in gleicher Hinsicht sein und nicht sein kann. Platon führt ihn in *Politeia* 436b an.
29 Zwischen kontradiktorischen Gegensätzen gibt es kein Mittleres. Vgl. Aristoteles, Metaphysik 1057a, a.a.O., 2. Halbband, S. 167.
30 Nichts kann wirklich oder wahr sein, ohne dass es einen zureichenden Grund dafür gäbe, dass es so ist. Vgl. G.W. Leibniz, Monadologie, § 32, in: ders., Vernunftprinzipien der Natur und der Gnade. Monadologie, hrsg. von H. Herring, 2., verb. Aufl., Hamburg 1982, S. 41.
31 Ausführlich wird diese Erkenntnistheorie im Dialog *Theaitetos* behandelt, vgl. dazu S. 170 ff.
32 Z.B. bei R. Robinson, Plato's Earlier Dialectic, New York 1980 (Nachdruck der 2. Aufl., Oxford 1953) S. 14 f.
33 S. dazu I. Kant, Kritik der reinen Vernunft, Vorrede zur zweiten Auflage, in: ders., a.a.O., Bd. 2, S. 25 f.; J.G. Fichte, Grundlage der gesamten Wissenschaftslehre, eingel. und reg. von W. Jacobs, 4. Aufl., Hamburg 1997.
34 Zu finden z.B. bei U. v. Wilamowitz-Moellendorff, Platon, hrsg. von B. Snell, 5. Aufl., Berlin 1959, S. 220 f., oder J.N. Findlay, Plato and Platonism, New York 1978, S. 83 f.
35 Der im 12. Jahrhundert lebende Zisterzienserabt Joachim de Fiore hat ein drittes, unmittelbar bevorstehendes Reich des heiligen Geistes prophezeit, nachdem er das erste Reich, das des Vaters, im vorchristlichen des alten Testaments und das zweite, das des Sohnes, im neuen Testament und der Herrschaft der katholischen Kirche verwirklicht sah.
36 Vgl. K. Popper, Die offene Gesellschaft und ihre Feinde, Bd. 1: Der Zauber Platons, 7. Aufl., Bern 1992, S. 86 ff. Der grundlegende Irrtum Poppers ist darüber hinaus die Annahme, bei der *Politeia* handle es sich um eine politische Programmschrift, nicht aber um eine auf dem äußeren Staat projizierte philosophische Auseinandersetzung mit dem inneren »Staat«, der Seelenordnung des Menschen.
37 Vgl. dazu: B. Zehnpfennig, Hitlers »Mein Kampf«. Eine Interpretation, München 2000, S. 279 ff.
38 Dass es Platon in der *Politeia* überhaupt nicht um die institutionelle Seite der Politik geht, Poppers Kritik also auch in dieser Hinsicht abwegig ist, zeigt: A. Benz, Popper, Platon und das »Fundamentalpro-

blem der politischen Theorie«: eine Kritik, in: Zeitschrift für Politik, 1/1999, S. 95-111.
39 Vgl. Aristoteles, Politik, 1261a, b, übers. von E. Rolfes, Hamburg 1990, S. 32 ff. Vgl. auch D. Sternberger, Drei Wurzeln der Politik, Frankfurt a.M. 1984, S. 105 ff.
40 Vgl. I. Kant, Kritik der praktischen Vernunft, a.a.O., Bd. 4, S. 140.
41 Vgl. S. 59 ff.
42 Vgl. Aristoteles, Politik 1261b, a.a.O., S. 34.
43 Vgl. ders., Metaphysik 990a, b, a.a.O., 1. Halbband, S. 55.
44 Dazu s. z.B. F. Nietzsche, Jenseits von Gut und Böse, in: ders., Werke, Kritische Gesamtausgabe, hrsg. von G. Colli u. M. Montinari, Bd. VI, 2, Berlin 1968, S. 4, oder ders., Die Geburt der Tragödie, in: ders., Werke, Kritische Gesamtausgabe, hrsg. von G. Colli u. M. Montinari, Bd. III, 1, Berlin/New York 1972, S. 11 ff.
45 Vgl. K. Popper, a.a.O., S. 199 ff.
46 Vgl. dazu die Ausführungen von W. Wieland in: Geschichte der Philosophie in Text und Darstellung, hrsg. von R. Bubner, Bd. 1: Antike, Stuttgart 1978, S. 159 ff.
47 Die folgende Deutung orientiert sich weitgehend an: R. Schrastetter, Die Erkenntnis des Guten, in: Anodos. Festschrift für Helmut Kuhn, hrsg. von R. Hofmann u.a., Weinheim 1989, S. 237-258.
48 Platon spricht nur von den »ungleichen Teilen« der Linie, nicht davon, welcher größer ist. Wenn aber die Idee das Eine im Vielen ist, muss der Bereich des Denkbaren kleiner sein als der des Wahrnehmbaren.
49 S. den Untertitel zu Natorps bereits genanntem Buch *Platos Ideenlehre*: Eine Einführung in den Idealismus. Für Natorp ist allerdings Platonische Leistung, was für Aristoteles Platons Grundirrtum war.
50 Polybios, Historien VI, hrsg. von H. Drexler, Zürich/Stuttgart 1961-63.
51 N. Machiavelli, Discorsi, I, Kap. 2, hrsg. von R. Zorn, 2. Aufl., Stuttgart 1977, S. 12 ff.
52 Die Ironie, mit der Sokrates die Berechnung der Veränderung anhand der »Hochzeitszahl« (Pol. 545d ff.) vornimmt, entgeht den meisten Interpreten.
53 Ch. de Montesquieu, Vom Geist der Gesetze, hrsg. und übers. von E. Forsthoff, Bd. 1, 2. Aufl., Tübingen 1992, S. 33 ff.
54 Das zehnte Buch der *Politeia* – eher Appendix als Vollendung des Gesamtbaus – soll hier nicht mehr behandelt werden.

55 Vgl. die Einführung zu: Platon, Phaidon, hrsg. und übers. von B. Zehnpfennig, Hamburg 1991.
56 Vgl. D. Ross, Plato's Theorie of Ideas, Oxford 1953, S. 29, oder H. Gauss, Philosophischer Handkommentar zu den Dialogen Platos, II, 2, Bern 1958, S. 58.
57 Vgl. die Einführung zu: Platon, Symposion, hrsg. und übers. von B. Zehnpfennig, Hamburg 2000.
58 Zwei Triaden ergeben sich, wenn Phaidros jeweils als deren Beginn gedeutet wird. Zum Zusammenhang der Reden vgl. R. Schrastetter, Der Weg des Menschen bei Plato, Phil. Diss., München 1966, S. 92-104.
59 Ein Silen ist eine Art Satyr, ein Walddämon.
60 So U. v. Wilamowitz-Moellendorff, a.a.O., S. 81.
61 Vgl. K. Gaiser, a.a.O., S. 3; R. Ferber, Die Unwissenheit des Philosophen oder Warum hat Plato die »ungeschriebene Lehre« nicht geschrieben?, Sankt Augustin 1991, S. 22 ff.
62 Vgl. J. Locke, Versuch über den menschlichen Verstand, Bd. 1, 5. Aufl., Hamburg 2000, S. 108 ff.
63 Vgl. G. Berkeley, Eine Abhandlung über die Prinzipien der menschlichen Erkenntnis, hrsg. von A. Klemmt, Hamburg 1979.
64 Vgl. D. Hume, Ein Traktat über die menschliche Natur, Buch I-III, hrsg. von R. Brandt, Hamburg 1973.
65 Vgl. Th. Hobbes, Grundzüge der Philosophie, 1. Teil: Lehre vom Körper, übers. von M. Frischeisen-Köhler, Leipzig o.J., S. 135 ff.; ders., Leviathan, a.a.O., S. 11 ff.
66 Vgl. D. Hume, a.a.O., S. 20 ff., 89 ff., 250 ff., 325 ff.
67 Z.B. G. Martin, Platons Ideenlehre, Berlin/New York 1973, S. 88 ff.
68 Vgl. F. Nietzsche, Zur Genealogie der Moral, a.a.O., S. 293.
69 I. Kant, Kritik der reinen Vernunft, a.a.O., Bd. 2, S. 136 ff.
70 Vgl. G.W.F. Hegel, a.a.O., Einleitung, S. 57 ff.
71 Vgl. dazu P. Friedländer, Platon, Bd. 3, Berlin 1960, S. 168 u. Anm. 71, S. 458.
72 Vgl. J.G. Fichte, Die Bestimmung des Menschen, 5. durchges. Aufl., Hamburg 1980, S. 84 ff.
73 Für einige Interpreten enthält der *Parmenides* Platons Selbstkritik an seiner Ideenlehre, s. z.B. F.M. Cornford, Plato's Theory of Ideas, Oxford 1953, S. 85 f., oder H. Gauss, a.a.O., Bd. III, 1, S. 129 ff. Hegel sieht gerade im *Parmenides* »die reine Ideenlehre Platons« und weiß die

dort vorgeführte Dialektik zu rühmen. Vgl. G.W.F. Hegel, Vorlesungen über die Geschichte der Philosophie, in: ders., Werke in zwanzig Bänden, Bd. 19, Frankfurt a.M. 1979, S. 81 f. Im Neuplatonismus wird diese Dialektik wiederum inhaltlich verstanden, vgl. dazu den Parmenides-Kommentar von Proklus. Dagegen betont der Neukantianismus die »Methodenbedeutung« der Ideen, die im dialektischen Teil aufgezeigt werden soll: P. Natorp, a.a.O., S. 221 ff.

74 Vgl. Parmenides, Über das Sein, hrsg. von H.v. Steuben, Stuttgart 1981.
75 Vgl. Menon 98a.
76 Vgl. dazu K. Flasch, Das philosophische Denken im Mittelalter, Stuttgart 2001, S. 48 ff.
77 Vgl. Aristoteles, Metaphysik 990b, a.a.O., 1. Halbband, S. 57.
78 Vgl. Ebenda 1074b, 2. Halbband, S. 267 f.
79 »Nihil est in intellectu, quod non fuerit in sensu, excipe: nisi ipse intellectus.« G.W. Leibniz, Neue Abhandlungen über den menschlichen Verstand, Darmstadt 1959, S. 103.
80 Vgl. Voltaire, Candid oder die Beste der Welten, übers. von E. Sander, Stuttgart 1971.
81 Vgl. J. Derbolav, Erkenntnis und Entscheidung, Wien/Stuttgart 1954, S. 93.
82 Hier wird also erklärt, was im *Theaitetos* ungeklärt blieb – die Möglichkeit des Irrtums.
83 »Plato ist ein Feigling vor der Realität – *folglich* flüchtet er ins Ideal.« F. Nietzsche, Götzendämmerung, a.a.O., S. 150.
84 Vgl. J. Kepler, Weltharmonik, übers. von M. Caspar, München/Berlin 1997 (6., unveränd. Nachdr. der Ausg. von 1939).
85 Vgl. Plotins Schriften, Bd. 1, übers. von R. Harder, Hamburg 1956, S. 177 ff.
86 F. Nietzsche, Jenseits von Gut und Böse, in: ders., a.a.O., S. 4.
87 Wie K. Popper, a.a.O., S. 88 ff.
88 Wie im popularisierten humanistischen Bildungsideal, dem Platon der Künder des »Wahren, Guten und Schönen« war.
89 Wie H. Arendt, Das Urteilen. Texte zu Kants politischer Philosophie, übers. von U. Ludz, München 1998, S. 35 f., 41 f.
90 Wie I. Kant, Von einem neuerdings erhobenen vornehmen Ton in der Philosophie, in: ders., a.a.O., Bd. 5, S. 387 f.

Literaturhinweise

Siglen der zitierten Texte

Apologie – Apol.	(Bd. 2, S. 1-69)*
Charmides – Cha.	(Bd. 1, S. 287-349)
Euthydemos – Eu.	(Bd. 2, S. 109-219)
Gorgias – Gorg.	(Bd. 2, S. 269-503)
Kriton – Krit.	(Bd. 2, S. 71-107)
Laches – La.	(Bd. 1, S. 219-285)
Menon – Men.	(Bd. 2, S. 505-599)
Nomoi – Nom.	(Bd. 8/1, 8/2)
Parmenides – Parm.	(Bd. 5, S. 195-319)
Phaidon – Phd.	(Bd. 3, S. 1-207)
Phaidros – Phdr.	(Bd. 5, S. 1-193)
Philebos – Phil.	(Bd. 7, S. 255-443)
Politeia – Pol.	(Bd. 4)
Politikos – Pkos.	(Bd. 6, S. 403-579)
Protagoras – Prot.	(Bd. 1, S. 83-217)
Siebter Brief – SB	(Bd. 5, S. 366-443)
Sophistes – So.	(Bd. 6, S. 219-401)
Symposion – Symp.	(Bd. 3, S. 209-393)
Theaitetos – The.	(Bd. 6, S. 1-217)
Timaios – Tim.	(Bd. 7, S. 1-209)

* Die Stellenangaben beziehen sich auf folgende Textausgabe: Platon, Werke in acht Bänden, hrsg. von G. Eigler, übers. von F.D. Schleiermacher, H. Müller u.a., 2. Aufl., Darmstadt 1990.

1. Textausgaben

a) *Gesamtausgaben*

Platonis opera, hrsg. von J. Burnet, Oxford 1900-1907 (zahlreiche Nachdrucke). (griechisch)

Platon, Werke in acht Bänden, hrsg. von G. Eigler, übers. von F.D. Schleiermacher, H. Müller u.a., 2. Aufl., Darmstadt 1990. (griechisch-deutsch)

Platon, Sämtliche Werke, hrsg. von K. Hülser, übers. von F.D. Schleiermacher, Frankfurt a.M./Leipzig 1991. (griechisch-deutsch)

Platon, Sämtliche Dialoge, übers. von O. Apelt, Hamburg 1993. (deutsch)

b) *Einzelausgaben* (griechisch-deutsch)

Euthyphron, übers. von K. Reich, Hamburg 1968.
Laches, übers. von R. Schrastetter, Hamburg 1970.
Parmenides, übers. von H.-G. Zekl, Hamburg 1972.
Phaidon, übers. von B. Zehnpfennig, Hamburg 1991.
Der Sophist, Neubearbeitung der Übersetzung von O. Apelt durch R. Wiehl, 2., durchges. Aufl., Hamburg 1985.
Symposion, übers. von B. Zehnpfennig, Hamburg 2000.
Timaios, übers. von H.-G. Zekl, Hamburg 1992.

2. Sekundärliteratur

a) *Bibliographien*

Cherniss, H., Plato 1950-1957, in: Lustrum 4 (1959), 5 (1960).
Brisson, L., Platon 1958-1975, in: Lustrum 20 (1977).
Brisson, L./ Joannidi, H., Platon 1975-1980, in: Lustrum 25 (1983).
Dies., Platon 1980-1985, in: Lustrum 30 (1988).
Dies., Platon 1985-1990, in: Lustrum 35 (1994).
Holzhey, H. (Hrsg.), Grundriss der Geschichte der Philosophie. Begründet von Friedrich Überweg, Die Philosophie der Antike. Herausgegeben von Hellmut Flashar. Band 2/2. Platon, von Michael Erler, Basel 2007.
Manasse, E., Bücher über Platon, in: Philosophische Rundschau 5 (1957), Beih. 1 (deutsche Literatur); Philosophische Rundschau 8

(1960), Beih. 2 (englische Literatur); Philosophische Rundschau 23 (1976), Beih. 7 (franz. Literatur).

Totok, W., Handbuch der Geschichte der Philosophie, Frankfurt a.M. 1964.

Überweg, F., Grundriß der Geschichte der Philosophie, Bd. 1: Prächter, J.K., Die Philosophie des Altertums, Darmstadt 1967 (Nachdruck der Ausgabe Leipzig 1926).

b) *Monographien und Aufsätze*

Bachmann, V., Der sokratische Dialog. Ein Weg zum Verständnis der eigenen Lebensführung, Saarbrücken 2007.

Dies., Der Grund des guten Lebens. Eine Untersuchung der paradigmatischen Konzepte von Sokrates, Aristoteles und Kant, Hamburg 2013.

Dies., Der Mensch als ein Wesen im Übergang. Ansätze zu einer platonischen Anthropologie, in: Buchhammer, B. (Hrsg.), Lernen, Mensch zu sein. Women Philosophers at Work. A Series of SWIP Austria, Bd. 2, Berlin 2017, 21-50.

Batthyány, P., Thrasymachos: »Der Glücklichste ist der Tyrann«. Sokrates und der Sophist über Gerechtigkeit in Platons Politeia, Berlin 2021.

Blößner, N., Dialogform und Argument. Studien zu Platons ›Politeia‹, Stuttgart 1997.

Ders., Argument und Dialogform in Platons ‚Menon', in: M. Erler/J. E.Heßler (Hrsg.), Argument und literarische Form in antiker Philosophie, Berlin 2013.

Bordt, M., Platon, Freiburg im Breisgau 1999.

Ders., Platons Theologie, Freiburg/München 2006.

Brandwood, L., The Chronology of Plato's Dialogues, Cambridge u.a. 1990.

Ebert, T., Meinung und Wissen in der Philosophie Platons. Untersuchungen zum ›Charmides‹, ›Menon‹ und ›Staat‹, Berlin/New York 1974.

Eckl, A./Kauffmann, C. (Hrsg.), Politischer Platonismus, Würzburg 2008.

Eming, K., Die Flucht ins Denken: die Anfänge der platonischen Ideenphilosophie, Hamburg 1993.

Erler, M., Platon, München 2006.

Ders., Platon, Grundriss der Geschichte der Philosophie. Die Philosophie der Antike 2/2, Basel 2007.

Ferber, R., Platos Idee des Guten, 2., durchges. und erw. Aufl., Sankt Augustin 1989.

Figal, G., Sokrates, 2., überarb. Aufl. München 1998.

Ders., Das Untier und die Liebe. Sieben platonische Essays, Stuttgart 1991.

Frank, E., Platon und die sogenannten Pythagoreer, Darmstadt 1962 (Nachdr. der Ausg. Halle 1923).

Frede, D., Platon und die Augen des Geistes als Zugang zur Wahrheit, in: G. Figal (Hrsg.), Interpretationen der Wahrheit, Tübingen 2002, 82-111.

Dies., Platons Ideen. Form, Funktion, Struktur, in: Information Philosophie, Heft 2 (2011), 4457.

Friedländer, P., Platon, 3 Bde., 3. durchgesehene Aufl., Berlin 1964-75 (Erstausgabe 1928).

Fröhlich, B., Die sokratische Frage. Platons Laches, Berlin 2007.

Dies., B., Die »Kunst der Liebe«. Zur Liebeskonzeption in Platons Phaidros, in: Scherbel, M./Goedert, G. (Hrsg.), Perspektiven der Philosophie. Neues Jahrbuch Bd. 38, 2012, 47-63.

Dies., Selbsterkenntnis und Lebenspraxis. Zur apollinischen und platonischen Ethik, Göttingen 2017.

Dies./Hansen. H./Heimann, R. (Hrsg.), Platonisches Denken heute, Festschrift für Barbara Zehnpfennig, Baden-Baden 2021.

Dies., Platon. Eine Einführung, Stuttgart 2023.

Gadamer, H.-G., Platos dialektische Ethik und andere Studien zur platonischen Philosophie, Hamburg 1968.

Gaiser, K., Platons ungeschriebene Lehre. Studien zur systematischen und geschichtlichen Begründung der Wissenschaften in der Platonischen Schule, Stuttgart 1963.

Gerson, L. P., Plato on Understanding, in: The Southern Journal of Philosophy 43 (2005), 213-239.

Gonzalez, F. J., Nonpropositional Knowledge in Plato, in: Apeiron 31 (1998), 235-284.

Graeser, A., Platons Ideenlehre. Sprache, Logik und Metaphysik, Bern/Stuttgart 1975.

Guardini, R., Der Tod des Sokrates. Eine Interpretation der platonischen Schriften Eutyphron, Apologie, Kriton und Phaidon, 5. Aufl., Mainz 1987.

Hegel, G.W.F., Vorlesungen zur Geschichte der Philosophie, in: ders., Werke in zwanzig Bänden, Bd. 19, Frankfurt a.M. 1979.

Heidegger, M., Platons Lehre von der Wahrheit, Bern 1954.

Heimann, R., Die Frage nach Gerechtigkeit. Platons Politeia I und die Gerechtigkeitstheorien von Aristoteles, Hobbes und Nietzsche, Berlin 2015.

Ders., Sokrates und Jesus – maßgebende Menschen?, in: Oberprantacher, A. u.a. (Hrsg.), Mensch sein – Fundament, Imperativ oder Floskel? Kongressband zum 10. Kongress der Österreichischen Gesellschaft für Philosophie, Innsbruck 2017.

Höffe, O. (Hrsg.), Platon, Politeia (= Klassiker Auslegen, Bd. 7), Berlin 1997.

Horn, Chr./Müller, J./Söder, J. (Hrsg.), Platon-Handbuch: Leben – Werk – Wirkung , Stuttgart/Weimar 2009.

Jaeger, W., Paideia, Berlin/New York 1989 (Nachdruck der 5. Aufl.).

Jaspers, K., Plato, 2. Aufl., München 1983.

Kahn, Ch. H., Plato and the Socratic dialogue. The philosophical use of a literary form, Cambridge 1996.

Karfik, F., Gott als Nous. Der Gottesbegriff Platons, in: D. Koch/I. Männlein-Robert/N. Weidtmann (Hrsg.), Platon und das Göttliche, Tübingen 2010, 82-97.

Kaufmann, E.-M., Sokrates, München 2000.

Kelsen, H., Die Illusion der Gerechtigkeit. Eine kritische Untersuchung der Sozialphilosophie Platons, Wien 1985.

Kierkegaard, S., Über den Begriff der Ironie. Mit ständiger Rücksicht auf Sokrates, Düsseldorf/Köln 1961.

Kobusch, Th./Mojsisch, B. (Hrsg.), Platon. Seine Dialoge in der Sicht neuer Forschung, Darmstadt 1996.

Dies., Platon in der abendländischen Geistesgeschichte: Neue Forschungen zum Platonismus, Darmstadt 1997.

Krämer, H.J., Arete bei Platon und Aristoteles. Zum Wesen und zur Geschichte der Platonischen Ontologie, Heidelberg 1959.

Krüger, G., Einsicht und Leidenschaft, 3. Aufl., Frankfurt a. M. 1963.

Kuhn, H., Sokrates. Versuch über den Ursprung der Metaphysik, München 1959.
Levinson, R.B., In Defense of Plato, Cambridge 1953.
Martin, G., Platons Ideenlehre, Berlin/New York 1973.
Maurer, R., Platons »Staat« und die Demokratie, Berlin 1970.
Mittelstraß, J., Platon, in: O. Höffe (Hrsg.), Klassiker der Philosophie, Bd. 1, München 1994, 38-62.
Müller, G., Studien zu den platonischen *Nomoi*, München 1951.
Nails, D., Problems with Vlastos's Platonic Developmentalism, in: Ancient Philosophy 13 (1993), 273-291.
Natorp, P., Platos Ideenlehre, Hamburg 1997 (unveränd. Nachdr. der 2. erw. Aufl., 1921).
Neschke-Hentschke, A., Politik und Philosophie bei Plato und Aristoteles. Die Stellung der NOMOI im platonischen Gesamtwerk und die Politik des Aristoteles, 2. Aufl., Frankfurt a.M. 2004.
Nietzsche, F., Die Geburt der Tragödie aus dem Geiste der Musik, in: ders., Kritische Studienausgabe, Bd. III, 1, hrsg. von G. Colli u. M. Montinari, Berlin/New York 1972.
Novotny, F., The Posthumous Life of Plato, Den Haag 1977.
Oehler, K., Die Lehre vom noetischen und dianoetischen Denken bei Platon und Aristoteles, 2. Aufl., München 1985.
Peterson, S., Socrates and Philosophy in the Dialogues of Plato, Cambridge 2011.
Popper, K., Die offene Gesellschaft und ihre Feinde, Bd. 1: Der Zauber Platons, 7. Aufl., Tübingen 1992.
Quarch, C., Sein und Seele. Platons Ideenphilosophie als Metaphysik der Lebendigkeit, Münster 1998.
Reale, G., Zu einer neuen Interpretation Platons, Paderborn 1993.
Robinson, R., Plato's earlier Dialectic, New York 1980 (Nachdr. der 2. Aufl. Oxford 1953).
Ross, W. D., Plato's Theory of Ideas, Oxford 1951.
Rowe, C., Plato and the Art of Philosophical Writing, Cambridge 2007.
Rudolph, E. (Hrsg.), Polis und Kosmos. Naturphilosophie und politische Philosophie bei Platon, Darmstadt 1996.
Ryle, G., Plato, in: P. Edwards (Hrsg.), The Encyclopedia of Philosophy VI, London/New York 1967, 314-333.

Sayre, K., Why Plato never had a Theory of Forms, in: J. J. Cleary and W. Wians (Hrsg.), Proceedings of the Boston Area Colloquium in Ancient Philosophy vol. 9, Lanham 1995, 167-199.

Schäfer, Chr. (Hrsg.), Platon-Lexikon, Darmstadt 2007.

Schleiermacher, F. D., Über die Philosophie Platons, hrsg. u. eingel. von P. Steiner, Hamburg 1996.

Schmitt, A., Die Moderne und Platon. Zwei Grundformen europäischer Rationalität, 2. Aufl., Stuttgart/Weimar 2008.

Ders., Die Moderne und Platon, Stuttgart 2003.

Ders., Worin besteht die Sicherheit des Erkennens? Platons Ideenlehre und die Absicherung des Wissens in der Erfahrung, in: B. Reis (Hrsg.), Zwischen PISA und Athen – Antike Philosophie im Schulunterricht, Göttingen 2007, 89-112.

Schrastetter, R., Die Erkenntnis des Guten, in: Anodos. Festschrift für Helmut Kuhn, hrsg. von R. Hofmann, J. Jantzen u. H. Ottmann, Weinheim 1989, S. 237-258.

Ders., Der Weg des Menschen bei Plato, Phil. Diss., München 1966.

Ders., Die Sprachursprungsfrage in Platons »Kratylos«, in: Theorien vom Ursprung der Sprache, hrsg. von J. Gessinger u. W.v. Rahden, Berlin/New York 1989, S. 42-64.

Shorey, P., The Unity of Plato's Thought, New York 1980 (Nachdr. der 2. Aufl., Chicago 1960).

Stenzel, J., Platon der Erzieher, Hamburg 1961 (Nachdruck der Ausgabe Leipzig 1928).

Strauss, L., The City and Man, Chicago/London 1983.

Szlezàk, Th.A., Platon und die Schriftlichkeit der Philosophie. Interpretationen zu den frühen und mittleren Dialogen, Berlin/New York 1985.

Ders., Das Höhlengleichnis, in: O. Höffe (Hrsg.), Platon. Politeia, Berlin 1997, 205-228.

Vlastos, G., Platonic Studies, Princeton 1973.

Voegelin, E., Ordnung und Geschichte, Bd. 6: Platon, hrsg. von D. Herz, München 2001.

Weizsäcker, C. F. v., Ein Blick auf Platon, Stuttgart 1981.

Wieland, W., Platon und die Formen des Wissens, Göttingen 1982.

Wilamowitz-Moellendorff, U.v., Platon. Sein Leben und seine Werke, Bd. 1, 5. Aufl., Berlin/Frankfurt a. M. 1959.

Zehnpfennig, B., Reflexion und Metareflexion bei Platon und Fichte. Ein Strukturvergleich des Platonischen »Charmides« und Fichtes »Bestimmung des Menschen«, Freiburg/München 1987.

Dies., Die Rolle der Diotima in Platons *Symposion*, in: A. Havlícek/M. Cajthaml (Hrsg.), Plato's *Symposium*. Proceedings of the Fifth Symposium Platonicum Pragense, Prag 2007.

Dies., Die Abwesenheit des Philosophen und die Gegenwärtigkeit des Rechts – Platons »Nomoi«, in: Jahrbuch Politisches Denken 2008, 265-284.

Dies., Die Bedeutung des ersten Buchs der *Politeia* für das platonische Staatskonzept, in: P. Nitschke (Hrsg.), Politeia. Staatliche Verfasstheit bei Platon, Baden-Baden 2008, 35–58.

Dies., Kallikles und Hitler: Über die Aktualität des sokratischen Dialogs, in: Andreas Eckl/Clemens Kauffmann (Hrsg.), Politischer Platonismus, Würzburg 2008, 103-113.

Dies., (Hrsg.), Jahrbuch Politisches Denken 2008: Die Herrschaft des Gesetzes und die Herrschaft des Menschen – Platons »Nomoi«, Berlin 2008.

Dies., Die Begründung des Politischen in der Antike: Die sokratische Suche nach Begründung, in: Nida-Rümelin, J./ Özmen, E. (Hrsg.): Deutsches Jahrbuch Philosophie, Bd. 4, Welt der Gründe, Hamburg 2012, 846-860.

Dies., Die aristotelische Platonkritik, in: Zehnpfennig, B. (Hrsg.): Die »Politik« des Aristoteles, Baden-Baden 2012, 37-55.

Dies., Platon – von Gott als Maß in der Politeia bis zum göttlichen Gesetz in den Nomoi, in: Hidalgo, O./Polke, C. (Hrsg.), Staat und Religion. Zentrale Positionen zu einer Schlüsselfrage des politischen Denkens, Wiesbaden 2017, 23-34.

Dies., Gesetz und Tugend in Platons Nomoi, in: Knoll, M./ Lisi, F. (Hrsg.), Platons Nomoi. Die politische Herrschaft von Vernunft und Gesetz, Baden-Baden 2017, 147-164.

Dies., Was ist der Sophist? Eine Spurensuche in den platonischen Dialogen, in: Zehnpfennig, B. (Hrsg.): Die Sophisten. Ihr politisches Denken in antiker und zeitgenössischer Gestalt, Baden-Baden 2019, 53-73.

Zeittafel

431-404	Peloponnesischer Krieg.
ca. 427	Geburt Platons in Athen.
ca. 407	Begegnung mit Sokrates.
404	Herrschaft der dreißig Tyrannen.
403	Wiederherstellung der Demokratie durch Thrasybulos.
399	Hinrichtung des Sokrates.
399-389	Beginn der schriftstellerischen Tätigkeit: das Frühwerk.
389	1. Reise nach Sizilien; Bekanntschaft mit Dion.
388	Rückkehr nach Athen.
387	Gründung der Akademie.
ca. 388-366	Abfassung des weiteren Werks; vermutlich die letzten Dialoge des Frühwerks und das mittlere Werk.
366	2. Reise nach Sizilien (Eudoxos übernimmt die Leitung der Akademie); Verbannung des Dion aus Sizilien.
365	Rückkehr nach Athen.
365-361	Vermutlich Abfassung des ersten Teils des Spätwerks.
361	3. Reise nach Sizilien (Herakleides übernimmt die Leitung der Akademie).
360	Rückkehr nach Athen.
360-357	Abfassung weiterer Dialoge des Spätwerks.
357	Landung von Dion in Syrakus, Vertreibung des Tyrannen.
354	Ermordung Dions.
ca. 357-347	*Nomoi, Siebter Brief.*
ca. 347	Tod Platons in Athen.

Barbara Zehnpfennig, Studium der Philosophie, Soziologie, Germanistik und Geschichte in Berlin; 1983 Promotion; ab 1984 Lehrtätigkeit an der Freien Universität und der Hochschule der Künste in Berlin; 1991-1999 wissenschaftlicher Assistent und Oberassistent am Institut für Politikwissenschaft der Universität der Bundeswehr Hamburg. 1998 Habilitation. Von 1999-2022 Professor für Politische Theorie und Ideengeschichte an der Universität Passau. Arbeitsgebiete: politische Philosophie, antike Philosophie, amerikanische Verfassungstheorie, Totalitarismus, Demokratietheorie und Kulturphilosophie.
Veröffentlichungen: Reflexion und Metareflexion. Ein Strukturvergleich des Platonischen »Charmides« und Fichtes »Bestimmung des Menschen« (1987); Hitlers »Mein Kampf«. Eine Interpretation (2000); Adolf Hitler: Mein Kampf. Studienkommentar (2011); als Herausgeber und Übersetzer: Platon, Phaidon (1991); Hamilton/Madison/Jay, Die Federalist Papers (1993); Platon, Symposion (2000); als Herausgeber: Karl Marx. Ökonomisch-Philosophische Manuskripte (2005); Die »Politik« des Aristoteles. Staatsverständnisse (2012); Politischer Widerstand (2017); als Mitherausgeber: zus. mit Frank-Lothar Kroll, Ideologie und Verbrechen (2013); zus. mit Hendrik Hansen, Die Prägung von Mentalität und politischem Denken durch die Erfahrung totalitärer Herrschaft (2017). Zahlreiche Aufsätze und Rezensionen.